比叡山からの琵琶湖遠望(大津市)

日野富子・足利義満・足利義尚
参籠札(左より)
(明王院,大津市)

浮御堂(満月寺,大津市)

盛安寺木造十一面観音立像
(大津市)

大津中・南部

琵琶湖疏水
（大津市）

大津港（大津市）

大津祭
（天孫神社，大津市）

膳所城跡公園
(大津市)

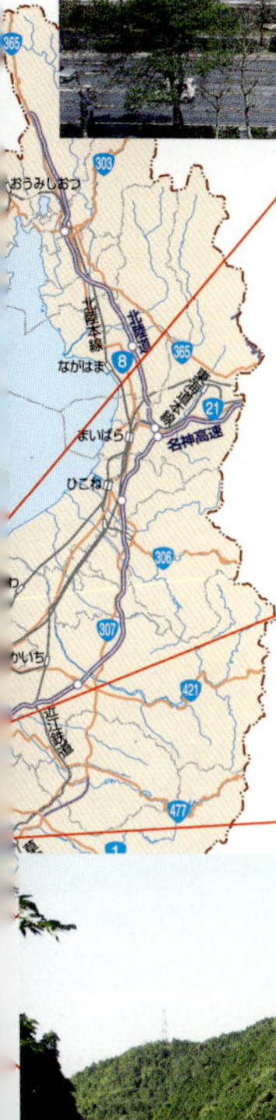

船幸祭
(建部大社,大津市)

南郷洗堰
(大津市)

瀬田川・鹿跳橋付近
(大津市)

湖南

兵主大社庭園
（野洲市）

すし切りまつり
（下新川神社, 守山市）

砂ずりの藤
（三大神社, 草津市）

勝部の火まつり
（勝部神社, 守山市）

大岩山出土銅鐸
(野洲市)

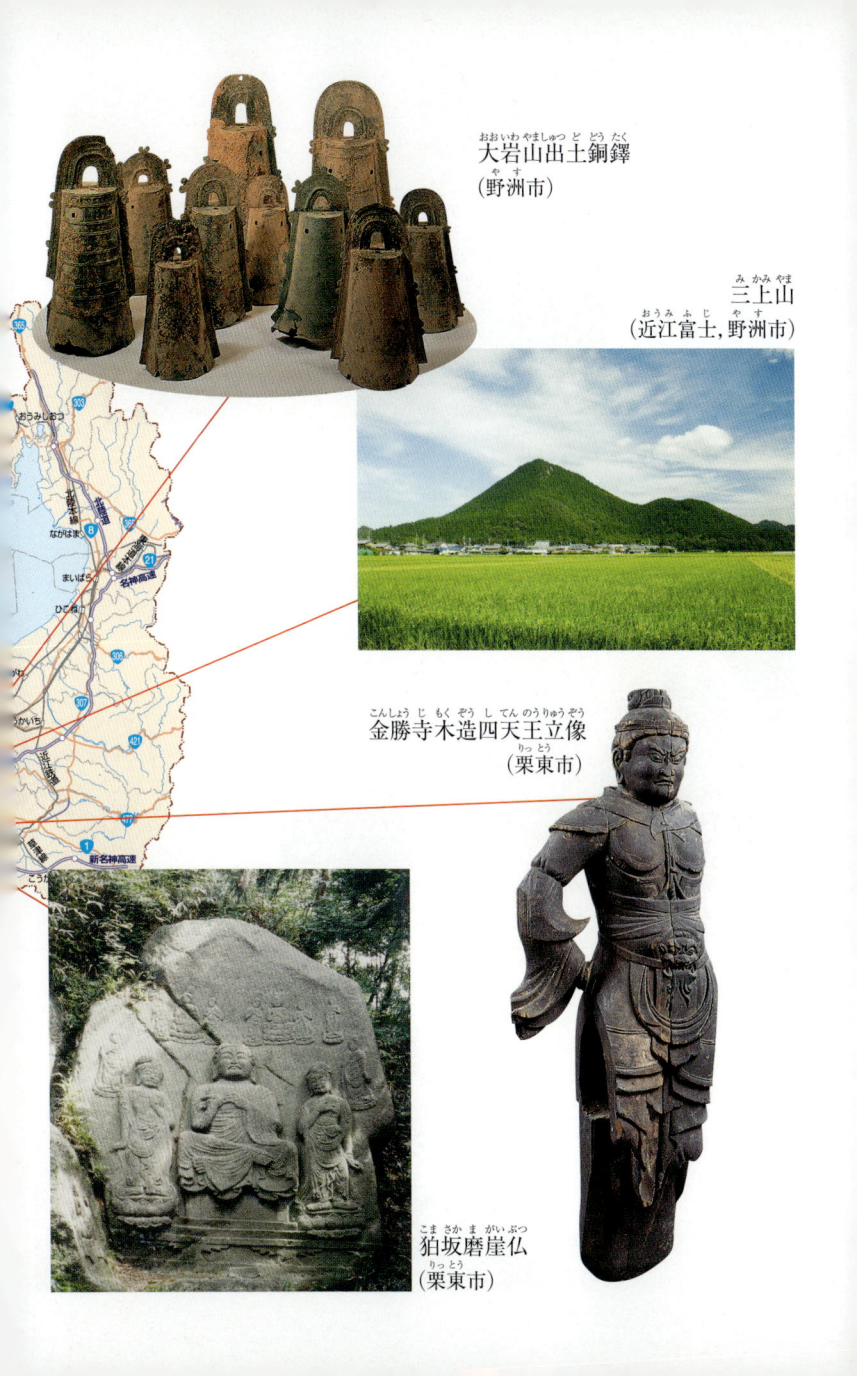

三上山
(近江富士, 野洲市)

金勝寺木造四天王立像
(栗東市)

狛坂磨崖仏
(栗東市)

甲賀

長寿寺山門(湖南市)

MIHO MUSEUM
(甲賀市)

信楽焼のタヌキ
(甲賀市)

善水寺本堂
(湖南市)

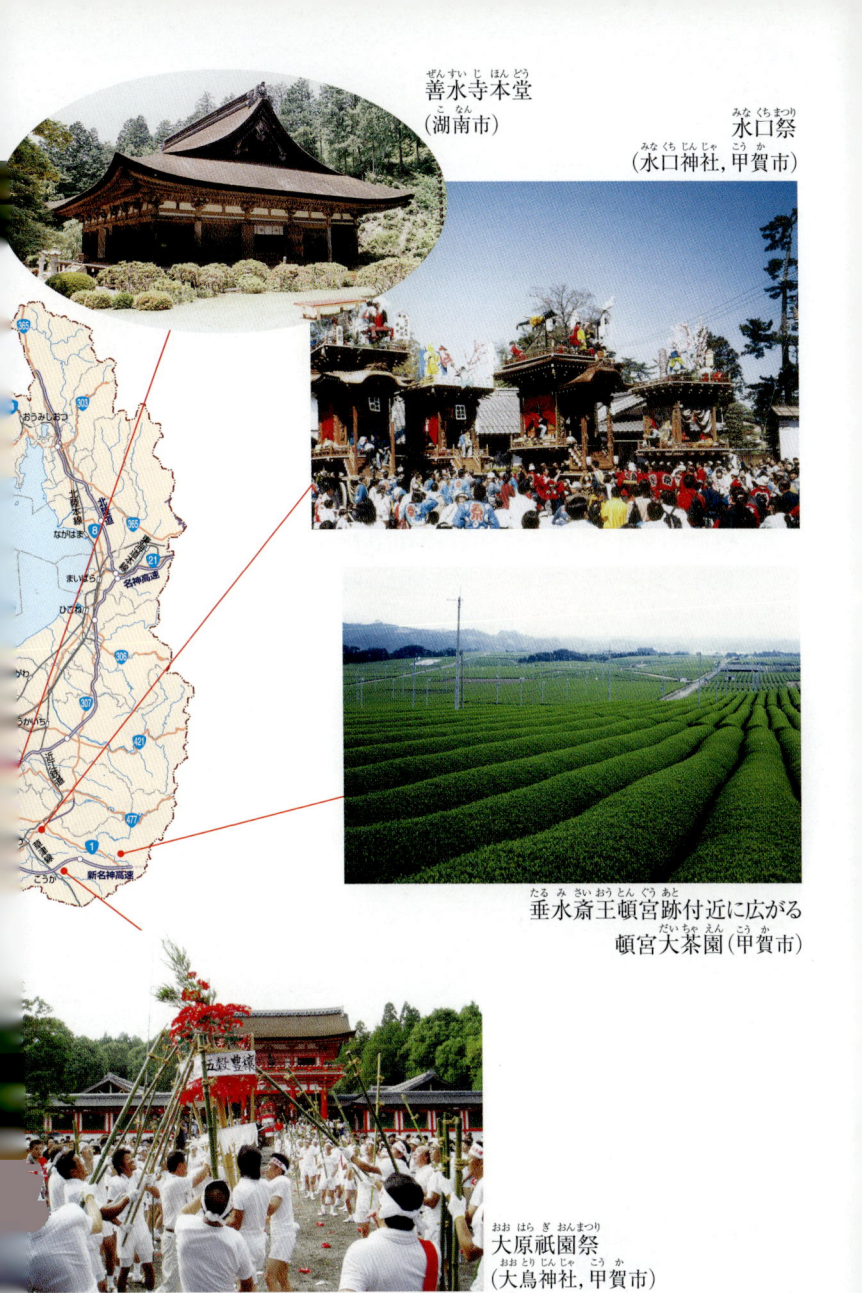

水口祭
(水口神社,甲賀市)

垂水斎王頓宮跡付近に広がる
頓宮大茶園(甲賀市)

大原祇園祭
(大鳥神社,甲賀市)

もくじ　赤字はコラム

大津北部

❶ 大津宮辺り--- 4
　大津宮跡／近江神宮／宇佐山城跡／南滋賀町廃寺跡／百穴古墳／崇福寺跡／唐崎神社／高穴穂宮跡／盛安寺

❷ 門前町坂本--- 12
　聖衆来迎寺／東南寺／坂本城跡／日吉大社／坂本と下阪本／日吉東照宮／山王祭／慈眼堂／生源寺／滋賀院門跡／西教寺／安楽律院／延暦寺の里坊／公人屋敷(旧岡本邸)／ケーブル駅舎／延暦寺／不滅の法灯／ブルーノ・ペツォルト／比叡山頂の特攻基地

❸ 湖辺の堅田から葛川の峡谷へ-------------------------------------- 35
　本福寺／光徳寺／浮御堂(満月寺)／伊豆神社／祥瑞寺／居初家／神田神社(真野)／志賀廼家淡海／神田神社(真野普門)／新知恩院／慈眼庵／還来神社／勝華寺／地主神社／明王院

大津中・南部

❶ 逢坂山越え -- 56
月心寺／逢坂山関跡の碑／大津絵／安養寺／関蟬丸神社／長安寺宝塔／大津宿本陣跡／大津算盤

❷ 大津中央部の史跡 -- 62
弘文天皇陵／新羅善神堂／法明院／大津市歴史博物館／園城寺（三井寺）／円満院／琵琶湖疏水／大津事件記念碑／天孫神社／大津祭／大津城跡／大津別院

❸ 膳所城下 -- 77
義仲寺／竜ヶ岡俳人墓地／石坐神社／和田神社／縁心寺／膳所神社／膳所城跡／禾津頓宮／膳所茶臼山古墳／篠津神社／膳所焼美術館／蘆花浅水荘／杉浦重剛旧宅／粟津の晴嵐

❹ 瀬田・石山をめぐる --- 89
瀬田の唐橋／瀬田城跡／建部大社／近江国庁跡／瀬田廃寺跡／石山寺／近江国分寺跡／保良宮跡／幻住庵跡

❺ 南郷から大石・田上へ -- 103
南郷洗堰／岩間寺／立木観音／大石義民碑／佐久奈度神社／富川磨崖仏／石居廃寺跡／田上不動／オランダ堰堤

もくじ

湖南

❶ 宿場町草津と湖辺の史跡-- 116
　　草津宿本陣／常善寺／立木神社／新宮神社／青地城跡／姥が餅と野路の玉川／木川薬師堂／矢橋港跡／石津寺／伊砂砂神社／志那街道／芦浦観音寺

❷ 栗東市の史跡-- 129
　　金勝寺／狛坂磨崖仏／安養寺／旧和中散本舗／新善光寺／大宝神社／永正寺

❸ 守山市をめぐって-- 140
　　東福寺／勝部神社／守山宿と東門院／今宿一里塚／金森懸所／蓮正寺／小津神社／少林寺／蜊江神社／近江妙蓮公園／福林寺／下新川神社／下之郷遺跡と伊勢遺跡

❹ 野洲市をめぐって-- 152
　　銅鐸博物館／大岩山古墳群・桜生史跡公園／大笹原神社／御上神社／宗泉寺／円光寺／常念寺／菅原神社／妓王寺／錦織寺／蓮長寺・兵主大社

もくじ

甲賀

❶ **石部から水口へ** -- 168
吉御子神社／宿場の里・東海道石部宿歴史民俗資料館／常楽寺／長寿寺／ウツクシマツ自生地／廃少菩提寺／正福寺／善水寺／永照院／妙感寺／天保義民碑／横田の常夜灯／水口城跡・水口城資料館／水口祭／水口歴史民俗資料館（曳山の館）／旧水口図書館／大池寺

❷ **あいの土山を行く** -- 184
垂水斎王頓宮跡／瀧樹神社／土山宿／土山宿本陣跡／常明寺／田村神社／鈴鹿峠／加茂神社と清凉寺／土山の太鼓踊り／若宮神社

❸ **忍者の里，甲南・甲賀** -- 193
正福寺／新宮神社／甲賀流忍術屋敷／檜尾寺／甲賀忍者／大鳥神社／大原祇園祭／櫟野寺／阿弥陀寺／油日神社

❹ **陶都信楽** -- 204
飯道神社／史跡紫香楽宮跡／信楽窯元散策路／滋賀県立陶芸の森／信楽焼／玉桂寺／MIHO MUSEUM／小川城跡

滋賀県のあゆみ／地域の概観／文化財公開施設／無形民俗文化財／おもな祭り／有形民俗文化財／無形文化財／重要伝統的建造物群保存地区／散歩便利帳／参考文献／年表／索引

もくじ

[本書の利用にあたって]

1. 散歩モデルコースで使われているおもな記号は，つぎのとおりです。なお，数字は所要時間(分)をあらわします。

　　………………… 電車　　　　　========= 地下鉄
　　───────── バス　　　　・・・・・・・・・・・・・・・・・・ 車
　　------------- 徒歩　　　　～～～～～～～～ 船

2. 本文で使われているおもな記号は，つぎのとおりです。

   🚶　徒歩　　　🚌　バス　　　✈　飛行機
   🚗　車　　　　⛴　船　　　　Ⓟ　駐車場あり

   〈M ▶ P.○○〉は，地図の該当ページを示します。

3. 各項目の後ろにある丸数字は，章の地図上の丸数字に対応します。

4. 本文中のおもな文化財の区別は，つぎのとおりです。

   国指定重要文化財=(国重文)，国指定史跡=(国史跡)，国指定天然記念物=(国天然)，国指定名勝=(国名勝)，国指定重要有形民俗文化財・国指定重要無形民俗文化財=(国民俗)，国登録有形文化財=(国登録)
   都道府県もこれに準じています。

5. コラムのマークは，つぎのとおりです。

泊	歴史的な宿	憩	名湯	食	飲む・食べる
み	土産	作	作る	体	体験する
祭	祭り	行	民俗行事	芸	民俗芸能
人	人物	伝	伝説	産	伝統産業
‼	そのほか				

6. 本書掲載のデータは，2011年9月末日現在のものです。今後変更になる場合もありますので，事前にお確かめください。

Ōtsu-Hokubu 大津北部

薬樹院のシダレザクラ

居初氏庭園

①大津宮跡
②近江神宮
③宇佐山城跡
④南滋賀町廃寺跡
⑤百穴古墳
⑥崇福寺跡
⑦唐崎神社
⑧高穴穂宮跡
⑨盛安寺
⑩聖衆来迎寺
⑪東南寺
⑫坂本城跡
⑬日吉大社
⑭日吉東照宮
⑮恵日院慈眼堂
⑯生源寺
⑰滋賀院門跡
⑱西教寺
⑲安楽律院
⑳延暦寺の里坊
㉑公人屋敷(旧岡本邸)
㉒延暦寺
㉓本福寺
㉔光徳寺
㉕浮御堂(満月寺)
㉖伊豆神社
㉗祥瑞寺
㉘居初家
㉙神田神社(真野)
㉚神田神社(真野普門)
㉛新知恩院
㉜慈眼庵
㉝還来神社
㉞勝華寺
㉟地主神社
㊱明王院

大津北部

◎大津北部散歩モデルコース

本能寺の変に思いを馳せるコース　　JR湖西線比叡山坂本駅_15_聖衆来迎寺_30_坂本城跡_20_唐崎神社_20_盛安寺_10_高穴穂神社_2_高穴穂宮跡_5_京阪電鉄石山坂本線穴太駅

大津宮を偲ぶコース　　京阪電鉄石山坂本線近江神宮前駅_3_大津宮跡_5_近江神宮_5_宇佐山城跡_5_南滋賀町廃寺跡_20_百穴古墳_3_志賀の石仏_3_崇福寺跡_20_京阪電鉄石山坂本線滋賀里駅

門前町坂本を歩くコース　　京阪電鉄石山坂本線坂本駅_1_公人屋敷(旧岡本邸)_5_生源寺_5_延暦寺の里坊_3_滋賀院門跡_2_恵日院慈眼堂_3_日吉東照宮_5_日吉大社_15_西教寺_20_安楽律院_40_坂本駅

比叡山コース　　比叡山鉄道線ケーブル坂本駅[ケーブルカー]_5_比叡山鉄道線もたて山駅_15_紀貫之の墓[ケーブルカー]_6_比叡山鉄道線ケーブル山上駅_10_比叡山一帯_10_ケーブル山上駅[ケーブルカー]_11_ケーブル坂本駅

湖族の郷をめぐるコース　　JR湖西線堅田駅_6_出町バス停_3_湖族の郷資料館_2_浮御堂(満月寺)_3_本福寺_1_其角邸跡_1_光徳寺_2_伊豆神社_2_祥瑞寺_5_居初家_3_末広町バス停_10_JR堅田駅

葛川参籠のコース　　JR湖西線堅田駅_24_途中バス停_2_勝華寺_2_途中バス停_22_坊村バス停_2_地主神社_1_明王院_3_坊村バス停_44_JR堅田駅

① 大津宮辺り

歴史上、何度か滋賀県が日本の中心となったことがある。その最初が大津宮である。

大津宮跡 ❶

〈M▶P.2,6〉 大津市錦織2-8 P
京阪電鉄石山坂本線近江神宮前駅🚶2分

激動の古代の舞台はここ

大津宮跡

近江神宮前駅から山のほうへ歩き、バス通りを右に折れると、すぐ錦織バス停がある。バス停から琵琶湖側の少し高くなっている所が御所之内遺跡で、発掘の結果、巨大な柱跡が7本みつかり、大津宮跡と推定され、近江大津宮錦織遺跡として国史跡に指定された。天智天皇が、白村江の戦い(663年)の後、飛鳥(現、奈良県明日香村)より、大津へ遷都したことは、『日本書紀』にみえている。しかし、その場所を特定することは、「御所之内」という地名によって推定されていたものの、建物が現在あるなかで困難であったが、1974(昭和49)年、民家の建替えによる発掘調査で、確定されるに至った。この地はやがて天智天皇の死後、古代史の重要な転機になった壬申の乱(672年)の舞台となっていく。

壬申の乱に勝利した大海人皇子は、絶大な権力をもつ「天皇」となり、敗れた大友皇子は、「山前」で自害したとされるが、「山前」がどこかは不明である。即位の記録のない大友皇子に対して、明治政府は1870(明治3)年「弘文天皇」の諡号を贈った。

近江神宮 ❷
077-522-3725

〈M▶P.2,6〉 大津市神宮町1-1 P
京阪電鉄石山坂本線近江神宮前駅🚶7分

祭神は天智天皇、創建は1940年

近江神宮前駅西口から線路沿いに北に進み、最初の道を左へ折れて、県道47号線に出たら右へ行くと、突き当りに近江神宮がある。天智天皇をまつっているが、創建は1940(昭和15)年、紀元2600年を

近江神宮

記念してのことで,新しい。『日本書紀』に,天智天皇のとき「漏刻を新台に置きて,始めて候時を打ち鐘鼓をならす」とあることから,境内に時計館・宝物館がつくられ,約100点の時計が展示されている。また,近江神宮は崇福寺跡(国史跡)出土の舎利容器(崇福寺塔心礎納置品,国宝)や南滋賀町廃寺跡(国史跡)発見の蓮華文方形軒瓦,曽我蕭白筆の紙本墨画淡彩楼閣山水図・白磁水注(ともに国重文)なども所蔵している。毎年6月10日の時の記念日には,漏刻祭が行われる。

　当神宮は「かるた(百人一首)」でも有名で,毎年1月初旬に全国大会が開かれる。名人・クイーンの争いが繰り広げられ,選手たちの憧れの場でもある。

宇佐山城跡 ❸
077-521-2100(大津市歴史博物館)

〈M▶P.2,6〉大津市錦織牛尾487　P(近江神宮)
京阪電鉄石山坂本線近江神宮前駅 徒25分

戦国時代に思いを馳せて

　近江神宮正面鳥居から左方向に,道標に従って宇佐山(336m)にあがって行くと,宇佐八幡宮(祭神誉田別尊・応神天皇)がある。1065(治暦元)年,源頼義が宇佐八幡宮(現,宇佐神宮〈大分県宇佐市〉)を勧請して創建した。近くに頼義の屋敷があったという。八幡宮からさらにのぼった宇佐山山頂に,1570(元亀元)年織田信長が森可成(森蘭丸の父)に命じてつくらせた,宇佐山城跡(志賀城跡)がある。石段と石垣が残っているが,発掘調査により,本丸・二の丸・貯水槽が発見されている。姉川の戦い(1570年)で,信長が苦戦し,京都へ退却した後,森可成は坂本(現,大津市坂本)で戦死,浅井・朝倉軍は宇佐山城に迫ったが,出城(端城)で,武藤五郎右衛門らによってくいとめられたという。その後,優勢になった信長は,浅井・朝倉軍が逃げ込んだ比叡山延暦寺の焼討ちを,宇佐山城を拠点として行ったと伝えられる。

大津宮辺り

大津宮跡周辺の史跡

南滋賀町廃寺跡 ❹
みなみしがちょうはいじあと
077-528-2638（大津市教育委員会文化財保護課）

〈M ▶ P.2,6〉大津市南志賀1-6　P
京阪電鉄石山坂本線南滋賀駅🚶10分

　南滋賀駅で降りて，すぐ左手に進み，150m余り行った交差点を右折すると，志賀小学校の北西に公園があり，園内に南滋賀町廃寺跡（国史跡）の碑がある。1928（昭和3）年から数度の発掘調査により，西に小金堂，東に塔，その奥に金堂・講堂が並ぶ川原寺式伽藍配置
かわらでら

飛鳥の昔の面影は？

であったと考えられている。出土した複弁蓮華文の瓦から、白鳳期の大津宮造営に関連して建立された寺院跡と考えられているが寺院名はわからない。公園の北西200m、比叡山ドライブウェイにつながる山中越え（県道30号線）と西大津バイパスが交差する地点に、南滋賀町廃寺で使用されたサソリ文瓦と通称される蓮華文方形軒瓦などを焼いた窯跡が榿木原遺跡として保存されている。

百穴古墳 ❺

077-528-2638（大津市教育委員会文化財保護課）
〈M ▶ P.2, 6〉 大津市滋賀里町甲 Ｐ
京阪電鉄石山坂本線滋賀里駅 🚶15分

群集墳を目の当りに

　滋賀里駅から山手（西）に進むと、すぐに八幡社に行き当る。これを左手にまわり込み、道沿いにさらに山手に向かって穴太衆積みの石垣をもつ両側の家々の間の坂道を15分ほど歩くと、右手に百穴古墳の標識がある。名前から、崖に穴を開けた群集墳を想像しがちであるが、ここは湖西一帯の群集墳と同じく、朝鮮半島の古代の墳墓と共通の特徴であるドーム型天井の横穴式石室の円墳の集まりである。竹藪の中に点々と石室は存在し、いくつも確認することができる。石棺などは残っていないが、古墳時代後期、この地に渡来人が移り住み、生活していたことは、土器などの発見で明らかである。古代の人びとの息吹を感じられる場所である。

　百穴古墳の辺りで人家は途絶える。ここから続く道は、京都に至る旧道で、古くは山中越えといわれ、現在の山中越え（県道30号線）とつながる、人びとの往来の多い道であった。この道を進むと、右手に大きな石仏があらわれる。鎌倉時代につくられたと伝える弥勒

百穴古墳案内板

志賀の石仏

大津宮辺り

菩薩坐像である。現在も地元の人びとで講を組み，御詠歌を年に3度あげているようだが，西へ向かう人びとの往来を守る存在であった。山中越えの京都側，今出川と斜めに結ばれる辺り（京都市左京区吉田本町）にある子安観音像と，対でつくられたとも伝えている。ともに，大きな石板を光背のようにもつ形態が共通点である。

崇福寺跡 ❻

077-528-2638（大津市教育委員会文化財保護課）

〈M▶P.2,6〉大津市滋賀里町甲
京阪電鉄石山坂本線滋賀里駅🚶20分

飛鳥時代の栄華の跡

　石仏を後にして道に沿って流れるせせらぎに導かれるようにさらに山をのぼると，崇福寺跡（国史跡）の標識に行き当る。崇福寺は，大津宮遷都翌年の668（天智天皇7）年に，神託を受けた天智天皇が建立したという。『扶桑略記』によると，「大津宮の乾（西北）」とある。典型的な山岳寺院で，尾根ごとに伽藍が建てられ，行き来には，尾根から谷におりて，また尾根にのぼる必要がある。百穴古墳から右手にかなりの勾配をのぼり，さらにUターンのようにのぼると，「崇福寺旧址」の碑のある金堂跡に着く。現在の研究では，この南尾根の建物は，桓武天皇が建立した梵釈寺跡であると考えられる。そこは尾根を削り平坦にし，礎石が配置されている。現在はその偉容を想像するしかないが，琵琶湖岸からも望める立派なものだったと思われる。

　つぎに，左手に尾根をおりて再び北側の尾根をあがると，尾根が削られ，礎石の配置された場所に出る。崇福寺の小金堂と三重塔の跡である。さらにまた北に向かって谷をおり尾根をあがると，いちばん広い平地に出る。弥勒堂（金堂）と講堂のあった崇福寺の中心地である。本来，寺とは仏像のために建てられたのではなく，釈迦の遺骨（仏舎利）のために建てられたものであり，崇福寺の場合は仏舎

「崇福寺旧址」の碑

利が塔心礎近くの柱に埋め込まれていたと思われる。1928（昭和3）・38年の発掘調査で、『扶桑略記』に記された伽藍配置が確認されているが、このとき、仏舎利を入れるための塔型の立派なガラスの容器と、それを収める青銅の箱（舎利容器）が塔心礎から発見され、現在、舎利容器を含む出土遺物（崇福寺塔心礎納置品、国宝）は、近江神宮所蔵となっている。大津宮が造営されたのとほぼ同時期に、山には堂々たる寺院が伽藍を並べていたことになる。

その後、奈良時代には、聖武天皇が参拝しており、橘奈良麻呂が伝法会（弥勒会）を行ったという伝えもある。火災に遭ったが、平安時代には東大寺・興福寺（ともに奈良県奈良市）とともに、十大寺院に数えられた。崇福寺は志賀寺とも志賀山寺とも称され、『今昔物語集』や『拾芥抄』にも登場し、鎌倉時代には園城寺（三井寺、大津市）の管理下におかれたという。その後、歴史上から姿が消えている。

唐崎神社 ❼
077-579-8961
〈M ▶ P.2, 6〉大津市唐崎1-7-1 P
京阪電鉄石山坂本線・京津線浜大津駅🚌堅田行唐崎🚶3分

みたらし団子の生まれた所

唐崎バス停で降りて100mほど琵琶湖岸へ進むと、唐崎神社に着く。日吉大社（大津市坂本）の摂社であり、毎年4月の日吉大社の山王祭では、下阪本の七本柳から出発した船渡御（神輿の湖上移動）のとき、唐崎沖の湖上で「粟津の御供」とよばれる神事がとり行われる。この地は、近江八景の1つ「唐崎の夜雨」の地であり、境内のマツは、現在3代目とされるが見事である。松尾芭蕉も「からさきの松は花よりおぼろにて」の句を残している。祭神は、天智天皇が三輪山（奈良県）から勧請してこのマツに影向した大己貴命ともいうが、現在、唐崎神社の由緒書は女別当命としている。唐崎神社独自の「みたらし祭」は、毎年7月28・29日に行われるが、

唐崎神社

大津宮辺り

唐崎のマツ

これは夏越の祓えで、茅の輪くぐりは、その利益を受けるための行為である。クライマックスの手筒花火奉納は、戦国時代の名残りとされている。御手洗団子が授与されるが、これは各家の門口につけ、病魔退散を願うものである。和菓子のみたらし団子の起源でもあり、門前にその店が1軒あって、注文するとつくってくれる。

高穂宮跡 ❽
たかあなほのみやあと
077-528-2638（大津市教育委員会文化財保護課）

〈M▶P.2,6〉大津市穴太1-3-1
京阪電鉄石山坂本線穴太駅 🚶 1分

伝説の都の跡

穴太駅から東に道をくだり、すぐ左に折れて突き当りを右折し、約200m進んで丁字路を左に行くと、高穂神社（祭神事代主命・景行天皇）に着く。この社前の道が北国街道の碑のある古道で、西側山手の県道47号線が、昭和時代になってつくまでは、多くの人馬が往来した。この道をさらに北へ約50m行った石薬師堂には、鎌倉時代の石仏があり、古い街道であることを示している。

神社の拝殿・本殿の西側を100mほど行った、京阪電鉄の線路近くに、1926（大正15）年に建てられた、高さ3.04mの高穂宮跡の石碑がある。前面の揮毫は、東郷平八郎によるもので、背面の由来記は、高橋安雄が記した。そばには、平沼騏一郎の参拝記念石碑も立っているが、考古学的な遺構は発見されていない。『古事記』や『日本書紀』には、景行天皇のとき、近江国の志賀の高穂宮で 政を行ったと記されているが、伝承の域は出ておらず、史実とはいいがたい。ただこの辺り（大津市穴太一帯）は古くから開けた所で、山手には古墳群も多く、竪穴住居跡や7世紀末の建物跡なども発見され、また白鳳期の瓦の断片などもみつかっていることから、穴太廃寺跡（国史跡）と命名されている。穴太廃寺と高穂宮との関係は、つかめていないのが現状である。

盛安寺 ❾
077-578-2002

〈M ▶ P.2, 6〉大津市坂本1-17-1 P
京阪電鉄石山坂本線穴太駅 🚶 5分

井上靖『星と祭』の十一面観音立像と対面

　高穴穂神社の前の道を北に約200mたどると，城郭のような立派な穴太衆積みの石垣をもつ盛安寺(天台真盛宗)に至る。2005(平成17)年に石垣が修復されたが，以前と同様の穴太衆積みである。穴太衆積みは，坂本の延暦寺の里坊のほとんどでみることができる石垣である。穴太衆は，穴太(現，大津市坂本近郊一帯)に古くから住み，湖西一帯の古墳にみられる石工技術をもつ渡来人の末裔という説をもち，延暦寺の堂塔伽藍建造にかかわったと伝えられている。織田信長の安土城(近江八幡市)の石垣工事で注目されることになり，以後，多くの城の工事に参加した。穴太衆積みは，石を切ることなくそのまま積み重ねていく野面積みで，2015(平成27)年現在，人間国宝であった故粟田万喜三まで続いてきた技術は，粟田建設として受け継がれている。

　盛安寺は文明年間(1469～87)に，西教寺(大津市坂本)の真盛上人に帰依した杉若盛安(朝倉貞景家臣)が廃寺を復興，その後，織田信長の比叡山延暦寺焼討ち(1571年)で炎上したが，明智光秀が再興，さらに兵火で焼失して，1652(慶安5)年，伏見城(京都府京都市)の遺材によって客殿を建てるなどして再建されたと伝えている。客殿(附 指図2枚，国重文)は桃山御殿といわれ，長谷川派の金碧の障壁画が残っている。

　道を挟んだ南側の飛び地にある観音堂の本尊は，平安時代作の木造十一面観音立像(国重文)で，崇福寺の遺物と伝えられ，現在は収蔵庫に安置されている。この仏像は，湖北に数多くある十一面観音像とともに，井上靖の小説『星と祭』に登場することでも知られている。

　また，盛安寺南隣の宝光寺(天台真盛宗)には，室町時代作の本尊木造阿弥陀如来立像(国重文)がある。

大津宮辺り

❷ 門前町坂本

古墳時代から人びとが住み，天台宗が開かれて幾度も歴史の舞台となった坂本。今なお，いにしえを感じる町である。

聖衆来迎寺 ⑩
077-578-0222

〈M ▶ P.2, 17〉大津市比叡辻2-4-17 P
JR湖西線比叡山坂本駅🚶5分，または京阪電鉄石山坂本線・京津線浜大津駅🚌堅田行来迎寺鐘化前🚶すぐ

比叡山の正倉院

来迎寺鐘化前バス停で降りると，聖衆来迎寺（天台宗）がある。当寺には，21もの国宝・重要文化財があり，比叡山の正倉院といわれる。織田信長が，姉川の戦い（1570年）の後，浅井・朝倉氏の味方をしたとして，比叡山延暦寺の焼討ちを行ったとき，延暦寺の念仏道場であったにもかかわらず，除外されたため，多くの文化財が残った。

徹底的に延暦寺の堂宇を焼きつくし，老若男女を殺した信長が，このとき当寺を焼討ちしなかった理由については，森蘭丸の父森可成（姉川の戦いで討死）の墓があるためとする説もある。

聖衆来迎寺

森可成の墓（聖衆来迎寺）

国宝 重要文化財	鎌倉時代	絹本著色 六道絵15幅	聖衆来迎寺所蔵のおもな文化財
	奈良時代	銅造薬師如来立像	
	平安時代	木造十一面観音立像・犀角如意・法華経 霊山院釈迦堂毎日作法	
	鎌倉時代	木造釈迦如来坐像・木造地蔵菩薩立像	
		絹本著色 十二天像12幅・銅水瓶	
		絹本著色阿弥陀 廿五菩薩来迎図	
		絹本著色釈迦三尊十六善神図	
		絹本著色恵心僧都像	
	室町時代	木造日光菩薩立像・月光菩薩立像	
		燭台・華瓶・香炉	
		絹本著色十八羅漢図	
	江戸時代	客殿(狩野探幽襖絵)・本堂・開山堂・表門	
	そのほか	堆朱香盒	
		絹本著色楊柳観音像	
		鋳銅三具足	

東南寺 ⑪

077-578-0001(比叡山延暦寺)

〈M▶P.2,17〉 大津市下阪本3-6-14 P

京阪電鉄石山坂本線・京津線浜大津駅 🚌 堅田行下阪本

🚶 3分

天台座主への登竜門

下阪本バス停で降り,国道161号線を南へ約100m行き,ガソリンスタンドのある曲がり角を右折して進むと,東南寺(天台宗)に着く。最澄が,延暦年間(782〜806)に創建した寺院で,比叡山の東南に位置することが名の由来という。元亀年間(1570〜73)の兵火で焼けた後,1638(寛永15)年に,今津(現,高島市)にあった堂舎を移し,今津堂とよんだのが現在の東南寺である。山門を入ると,正面に本尊釈迦如来を安置する本堂があり,東側に坂本城落城(1582年)のとき討死した,明智一族とその家来たちの首塚がある。

東南寺が有名なのは,戸津説法の行事による。最澄が始めたと伝えられる戸津説法は,毎年8月21日から5日間,民衆に法華経を

東南寺

門前町坂本

わかりやすく説法するもので、天台座主になるための通過儀礼とされている。

東南寺の北に、坂本城落城のとき、明智秀満が敵将堀秀政に渡さなかった名刀を埋めた所とされる明智塚がある。

坂本城跡 ⑫
077-521-2100
(大津市歴史博物館)
〈M ▶ P.2,17〉 大津市下阪本3-5　P（北大津湖岸緑地）
京阪電鉄石山坂本線・京津線浜大津駅🚌堅田行下阪本🚶4分

明智光秀の栄華の跡

東南寺からきた道をさらに進むと、すぐに丁字路に出る。ここを右折するとすぐ左手に、坂本城跡の碑がある。現在では、渇水時に琵琶湖の中から石塁がみつかった近くの国道161号線沿いにも、大きな石碑が建てられている。

坂本城は1571（元亀2）年9月、比叡山延暦寺焼討ちの後、織田信長に滋賀郡の支配を命じられた明智光秀が築城した。湖の水を引き入れ、まわりの小川を堀に利用した水城形式の豪壮な城であったが、1582（天正10）年6月の本能寺の変によって運命がかわっていく。光秀敗死後、娘婿明智秀満が坂本城に帰り、豊臣秀吉の家臣堀秀政を迎え撃ったが、城に火を放って、妻女・家臣とともに討死した。その後、丹羽長秀が再建、秀吉臣下の杉原家次・浅野長吉と城主が変遷し、1586年廃城の憂き目をみた。

坂本城跡

日吉大社 ⑬
077-578-0009
〈M ▶ P.2,17〉 大津市坂本5-1　P
京阪電鉄石山坂本線坂本駅🚶10分

山の神を中心にさまざまな神がつどう

坂本駅から県道47号線を山のほうへ向かって、石鳥居を越えて参道をのぼっていくと、日吉大社に着く。鳥居はJR湖西線比叡山坂本駅と京阪電鉄坂本駅の間にもあって、この鳥居は二の鳥居となるが、この鳥居からの道を日吉馬場という。鳥居の中をくぐる道は現在車道で、人は両脇の歩道を通るが、この道も昔からの道で、多く

坂本と下阪本

コラム

気づかない人も多い「坂本」と「下阪本」

　お気づきだろうか。大津市内には「さかもと」と読む地名が2カ所あるが、坂本は土偏の「坂」、下阪本は阜偏の「阪」と、異なる文字を用いている。JR湖西線比叡山坂本駅のある辺りは、下阪本になる。江戸時代の絵図には、上坂本と下坂本とみえている。

　現在の「大阪」も江戸時代までは、「大坂」と土偏の文字が用いられていた。しかし、明治時代になって、土に返る意味をもつことをきらって、「大阪」と阜偏が使われることになった。じつは下阪本の表記もそのとき、阜偏にかえられたのである。まわりのいくつかの集落との合併を契機として、新しく「下阪本」となった。しかし、ほとんど合併のなかった上坂本は、「坂本」というもともとの文字が使用されていくのである。気がつけば疑問が湧くが、地名1つでも歴史を刻んでいる。

の里坊から続くせせらぎが気持ちをゆったりとさせてくれるうえに、まわりは穴太衆積みの石垣で、これもまた風情がある。参道の両側にたくさんの石灯籠が並んでいるが、これは明治時代初期に廃仏毀釈がこの日吉大社から始まったとき、神社境内から仏教的なものを放り出した名残りである。しばらくは乱雑におかれていたが、廃仏毀釈の嵐の静まりとともに、現在のように整然と並べられた。これらを越えて、ようやく日吉大社の入口の鳥居にたどり着く。現在は、この鳥居を右手にみて左手に大きくカーブを描く県道47号線があるが、この道は、昭和時代になってからつけられたもので、それまでは、日吉馬場から日吉大社に至るまっすぐな道しかなかった。

　鳥居を越えて求法寺を右手にみて進むと受付があり、日吉大社に入ることになる。日吉大社は大きく西本宮・東本宮に分かれ、さらに摂社の樹下神社・牛尾神社・三宮神社・宇佐宮・白山姫神社があり、日吉山王七社という。山王とは、大津宮がおかれた7世紀頃

日吉馬場の灯籠

門前町坂本　15

西本宮楼門

に大和(現，奈良県)から遷された上の社・中の社・下の社あわせて社内108社の総称である。

入ってまっすぐ行き大宮橋を渡る。右手に続く走井橋・二宮橋とともに，日吉三橋(国重文)とよばれ，豊臣秀吉の寄進である。大宮橋を渡ってしばらく行くと，山王鳥居(県文化)とよばれる，笠木の上に山型の破風を組んでその中央に束をもつ，独特の形式の，神仏習合の象徴ともいえる鳥居をくぐる。すると社務所が左手にあり，その向かいには，日吉大社の神の使い「神猿」がいる。それをみつつ奥へ進むと，朱色の西本宮楼門(国重文)に至る。

いよいよ西本宮である。楼門をくぐると拝殿(国重文)で，奥に西本宮本殿(国宝)がある。ともに，安土桃山時代の建造である。西本宮は大比叡ともいわれ，天智天皇が大津宮を造営するとき，大和の三輪明神(現，大神神社〈奈良県桜井市〉)を勧請したと伝える。そのため祭神は，三輪明神と同じ大己貴命(大国主命)であり，山である。本殿は，1586(天正14)年に豊臣秀吉が寄進したものと伝えられ，様式は平安時代の聖帝造(日吉造)で，ほかに例をみない。神体が後方の牛尾山であるため，背後が正面のような屋根をもっている。日吉大社のほとんどの本殿には，階段をあがって左右に狛犬がおかれている。西本宮の東には，豊前の宇佐八幡宮(現，宇佐神宮〈大分県宇佐市〉)から勧請された宇佐宮本殿及び拝殿(国重文)，さらに加賀の白山比咩神社(現，石川県白山市)からの白山姫神社本殿及び拝殿(国重文)と続く。ここまでが西本宮に属することになる。

本殿から山裾に沿って進むと，江戸時代につくられた豪華な日吉山王七社の日吉山王金銅装神輿(国重文)が展示されている展示館がある。平安時代末期の院政期に，延暦寺の僧兵は，日吉大社の神輿をもって院に強訴に押しかけ，白河法皇をして三不如意の1つといわしめた。その神輿は，織田信長によって焼かれたが，系譜を引く

坂本周辺の史跡

のがこれらの神輿である。その先に、八王子山にのぼる石段があり、両側に小さな社殿があるが、これは山頂奥宮2社の遙拝所である。遙拝所が必要な理由はすぐわかる。急な坂を850mほどのぼらなければ、ともに懸崖造(山肌に張りつくような建物)の牛尾神社本殿及び拝殿(国重文)、三宮神社本殿及び拝殿(国重文)に至ることはできないからである。この2社の横に磐座(神が降りてきた大きな岩)があり、日吉大社の根源と考えられている。祭神は、牛尾神社と東本宮、三宮神社と樹下神社はそれぞれ同じである。この2社からさらにのぼる道は延暦寺に続くが、くだって登山口に戻り東本宮を目指す。すぐに東本宮楼門(国重文)があり、中には、1595(文禄4)年の建造である東本宮本殿(国宝)・拝殿(附 旧天井格縁、国重文)がある。ともに安土桃山時代の建造で、本殿は聖帝造である。東本宮は小比叡とも二宮ともよばれ、地主神である大山咋命をまつっている。

このように元来地元でまつられてきた神と、中央権力者があらたに合祀した神(ここでは西本宮)とが、1つの神社を構成するという構図は、伊勢神宮(三重県伊勢市)にもみられ、中央の神が地方の神をあわせていくという、政 が祭でもある古代における勢力の広

門前町坂本　17

げ方をみせている。

　明治時代初期の廃仏毀釈は、ここ東本宮から始まった。日吉大社が延暦寺の守護神で、日吉大社を総本社とする全国約3800社の日吉神社の多くに、神宮寺が隣接していたことからもわかるように、神仏習合・本地垂迹によって発展してきたため、ことさら仏教との結びつきは強かった。日吉山王七社の本殿床下には、下殿とよばれる祭祀施設があり、廃仏毀釈までは仏像を安置し、仏事を営んでいたという。日吉大社を「ひえたいしゃ」と読むこともあるが、それは延暦寺のある比叡山からきており、ここにも神仏習合の影響をみることができる。本殿左手には亀井水があり、最澄の頃より涸れていないという。

　この東本宮の手前に樹下神社（祭神鴨玉依姫）があり、本殿・拝殿は、国の重要文化財に指定されている。樹下神社の下殿には井戸があり、現在も水をたたえている。

　東本宮の境内外側を右手に進むと、古墳時代後期の日吉大社古墳群という群集墳がある。一帯は土砂崩れの危険があって、現在は入ることができないが、湖西地区のほかの群集墳と同様に横穴式石室が多数ある。現在でも道沿いに、横穴が1基露出しており、みることができる。古代より、真水が手に入るこの地域に、人びとが住んでいたことを示しており、そこで水を生む山が、神と崇められてきたのであろう。

日吉東照宮（ひよしとうしょうぐう） ⓮　〈M▶P.2, 17〉大津市坂本4-2-12　P
077-578-0009（日吉大社）　京阪電鉄石山坂本線坂本駅🚶15分

日光東照宮の雛形として造営したと伝えられる

　日吉大社に入る三の鳥居をくぐった右手に、求法寺（天台宗）があり、走井堂とよばれている。「走井大師縁起」によると、釈迦如来が大海原を渡って止まった所という意味の、「波止土濃」が語源という。天台座主4世安恵の里坊として創建され、のち、良源が入った。鎌倉時代に木造慈恵大師坐像（国重文）がまつられ、幾度かの戦火をくぐり抜けて再建され、今日に至っている。本尊とされているこの像には、「文永四(1267)年」の銘がある。

　日吉大社の入口、三の鳥居に戻ると、向かって左手すぐに六角形の堂をもつ最澄作と伝える早尾地蔵がある。さらに南に向かうと、

山王祭

コラム

けが人も出るという日吉大社の山王祭

　日吉大社の山王祭は豪快である。3月の初めに、八王子山山頂へかつぎあげられた2基の神輿が、4月12日夜、山頂から駕輿丁とよばれる下帯1本の若い衆によって、一気に急な坂をかつぎおろされる「午の神事」は一般の人びともみることができ、その勇壮さに酔いしれる。その後、東本宮の拝殿で、この2基の神輿は交合の神事を行う。つまり結婚である。

　13日午後、日吉馬場を献花とともに、甲冑姿の稚児行列が西本宮へ向かう。「花渡り」とよばれる。その夜、若宮の誕生となる。

それは、宵宮場で駕輿丁の若い衆が4基の神輿を激しく揺すり、また同時に、神の陣痛を人目から守るため神輿の前に並び立つなか、甲冑姿の武者の走り込みがあり、その後、神輿は地上に落とされ、若宮の出産となってクライマックスを迎えるものである。

　14日は天台座主の読経などの後、神輿は琵琶湖を船に乗って静かに渡る(申の神事)。ここまで見物が可能で、その高ぶりをともにすることができる。翌15日で、祭りは終わりとなる。

右手に早尾神社(祭神素盞嗚尊)がある。その南は、延暦寺に至る本坂で、ケーブルやドライブウェイが開通するまでの延暦寺に行く道であった。現在は階段がしつらえてあるが、坂の入口にある石の道標が、往時を偲ばせている。県道47号線の左手にある遮那王杉をみながら、比叡山高校の正門前を通り権現川を渡る。少し歩くと、左手に慈眼堂に至る道、右手に長い石段がある。この東西の道は現在は、昭和時代につけられた県道によって分けられているが、日吉大社への参道と平行につくられた、日吉東照宮への古来からの参道で、権現馬場とよばれていた。

　右手の急な石段をのぼると、日吉東照宮に着く。もとは延暦寺に属していたが、現在は、日吉大社の摂社になっている。徳川家康に重く用いられた天海(慈眼大

日吉東照宮

門前町坂本

師)が，1634(寛永11)年，日光東照宮(栃木県日光市)の雛形として造営したと伝えられており，正面の唐門，周囲を囲む透塀(ともに国重文)も，日光東照宮を思わせる華やかな造りである。本殿と拝殿を相の間である石の間(いずれも国重文)でつなぐ典型的な権現造で，家康をまつる。内外ともに絢爛豪華な極彩色の，桃山文化を彷彿とさせる建物で，関西の日光とよばれている。

恵日院慈眼堂 ⓯
077-578-0130(滋賀院門跡)

〈M▶P.2, 17〉大津市坂本4-6 P
京阪電鉄石山坂本線坂本駅 🚶10分

静かに昔を思う所

慈眼堂

十三石仏

日吉東照宮から，権現馬場をくだり県道47号線を越えると，すぐ左に小道がある。慈眼堂に至る道だが，ここを入るとすぐ1軀の阿弥陀如来石仏がある。石仏の前を通って慈眼堂に入ることも可能だが，石仏があることを確認したら，戻って参道をくだり，圓頓坊という里坊の先を左に折れて入る，正門からの参拝をおすすめする。正門をくぐると，石畳と美しいスギゴケが迎えてくれる。両脇の重厚な石灯籠が導く奥に，徳川家康の政治顧問天海の坐像がある廟所で，江戸幕府3代将軍徳川家光がつくらせたという恵日院慈眼堂(県文化)がある。ここの庭は小ぶりではあるが，四季折々の風情をみせる名庭である。慈眼堂の向かって左手は，近世以降の天台座主らの

20　大津北部

廟所になっており，多くの石造五輪塔や宝篋印塔がある。中央のひときわ大きい桓武天皇の宝塔のほか，紫式部・新田義貞らの供養塔もみつけることができる。その後方，一段高く，穴太衆積みの石垣を背景にして，12軀の阿弥陀如来石仏が並んでいる。先ほどの1軀は，その左手斜め後ろに位置するが，あわせて13軀のこの阿弥陀仏は，1553（天文22）年に観音寺城（近江八幡市）主六角（佐々木）義賢が，母の追善のため造立した鵜川（現，高島市）の四十八体仏を移したものであるという。慈眼堂から右におりる道は，滋賀院門跡につながっている。

生源寺 ⑯ 〈M▶P.2, 17〉大津市坂本6-1871
077-578-0205　京阪電鉄石山坂本線坂本駅🚶2分

最澄生誕の地

坂本駅で降りると，駅前の広場に隣接して日吉茶園がある。最澄が当時薬とされた，唐より持ち帰った茶を植えたのが始まりという。茶園から県道47号線を渡り，日吉大社の鳥居に向かうと，すぐ右手に坂本観光案内所がある。それを過ぎると，「開山伝教大師御誕生地」の碑のある生源寺（天台宗）の山門に着く。

山門を入ると右手に井戸があり，「伝教大師御産湯井」とある。最澄の生誕には諸説あるが，『叡山大師伝』によると，767（神護景雲元）年8月18日とされ，毎年この日に当寺で，盛大な誕生会が行われる。本尊は，円仁作と伝える木造十一面観音菩薩立像で，延暦寺の末寺として，延暦年間（782〜806）に開かれたとされる。現在の本堂は，1595（文禄4）年の再建，1710（宝永7）年改築と伝えられている。織田信長による比叡山延暦寺焼討ちの際，里人によって強く打ち鳴らされたため，ひびが入ったという「破鐘」があったが，現在，大津市に寄贈され，JR湖西線比叡山坂本駅前の「坂本石積みの郷」公園に設置されている。

滋賀院門跡 ⑰ 〈M▶P.2, 17〉大津市坂本4-1772 P
077-578-0130　京阪電鉄石山坂本線坂本駅🚶7分

静かに昔を思う坂本御所

坂本駅から県道47号線を西に向かい，生源寺の前の道を左に折れると右手3軒目に，大正時代に建てられた建物で現在も営業している，手打ちそばの老舗鶴喜そばがある。隣には鶴屋益光，少し先には廣栄堂寿延があり，ともに延暦寺・日吉大社・西教寺にちなん

門前町坂本

滋賀院門跡

だ和菓子をつくっており、各寺院の御用達となっている。この道を進むと、すぐ右手に滋賀院の門があり、くぐると左手に、叡山文庫・叡山学院が続く。突き当りに御成門があり、両側に坂本随一とされる穴太衆積みの石垣が延びている。左手通用門から玄関に入るが、ここは総里坊(数多くある里坊の中心)といわれ、1615(元和元)年に天海が、後陽成天皇から京都の法勝寺を賜って移築し、1655(明暦元)年、後水尾天皇から滋賀院の号を受けたという。江戸時代には、天台座主でもある法親王の住居であったので、滋賀院御殿とも称されたという。

約2万m²の境内に、内仏殿・宸殿・二階書院・客殿・庫裏・御成門・通用門に加えて、6棟の土蔵がある。内仏殿の本尊は、木造薬師如来像で、最澄を始め、後陽成・後水尾・明治の各天皇および江戸幕府歴代将軍の位牌もまつられている。宸殿の謁見の間には、海北友松筆と伝える高士放亀・王質看碁・淡採仙の図が描かれ、梅の間には、江戸時代初期の渡辺了慶筆の水墨楼閣山水之図がある。古い建物は1878(明治11)年に焼けたが、その後、山上の無動寺谷の学頭寺法曼院の御殿を移した。二階書院は、門跡の格式に相応しい建物で、松の間には鈴木松年筆の襖絵がある。このほか、大塔宮護良親王消息(手紙のこと)や後水尾天皇の宸翰などがある。宸殿の西側には、江戸幕府3代将軍徳川家光によってつくられたという細長い池泉観賞式庭園がある。中央の滝口・水分石・3つの石橋も、見どころである。とくに船着石は、硯石の手法をとり入れてある。滋賀院の東側の庭は、琵琶湖を借景にしたものである。

西教寺 ⑱ 〈M ▶ P.2,17〉大津市坂本5-13 P
077-578-0013
京阪電鉄石山坂本線坂本駅・JR湖西線比叡山坂本駅🚌西教寺行終点🚶すぐ

天台真盛宗総本山西教寺は、天台の円頓菩薩戒と弥陀信仰を中心

西教寺

とする念仏門の寺で、もともとは聖徳太子が、高麗僧恵慈・恵聡のために建立し、良源・源信が民衆の修行道場としていたものが荒廃し、真盛上人が源信の天台浄土教を発展させて一派を開き、1486(文明18)年に再興したと伝える。

西教寺バス停で降りると坂本城のものを移築したという総門があり、くぐると左右に塔頭がある。この道は春のサクラ、秋の紅葉、ともに美しく、知られざる名所である。突き当りの門を左にまわると、本堂に出る。桁行7間・梁間5間の入母屋造・瓦葺きで、1731(享保16)年に改築されている。本尊は木造阿弥陀如来坐像(国重文)で、1731年信楽の浄福寺(甲賀市)から移した、定朝の様式をもつ平安時代作の高さ約2.8mの大仏で、後陣の木造聖観音立像(国重文)も、平安時代の作である。本堂背後の枯山水の書院前庭は、江戸時代のものであるが、鎌倉時代の石灯籠(国重文)が配置されている。廊下づたいの西側には、柿葺き書院造の客殿(国重文)がある。1589(天正17)年の建造で、襖絵・杉戸絵、いずれも安土桃山時代の豪華なものである。仏間には鎌倉時代作の木造薬師如来坐像(国重文)、背後の庭には、六角形の室町時代の石灯籠(国重文)がある。西教寺には絹本著色阿弥陀如来像(国重文)、絹本著色当麻曼荼羅図・絹本著色釈迦如来像(ともに国重文、奈良国立博物館寄託)を始め、彫像・絵画など22点が文化財に指定されている。加えて鰐口(国重文、京都国立博物館寄託)も見事であり、梵鐘(国重

光秀の墓もあり、サクラも紅葉も美しい

明智光秀の墓

門前町坂本

文)も平安時代の作と伝えている。納骨堂裏の石垣の上に,「天正十二(1584)年」の銘をもつ, 阿弥陀像を中心とする二十五菩薩石仏があるが, 近年摩耗が激しく, 2005(平成17)年に, 新しい石仏が奉納された。

　境内には, 開祖真盛上人の御廟があり, 墓地には明智光秀一族の墓・加賀前田公息女菊姫の墓・大津算盤開拓者長谷川藤広の墓もあり,「天文十九(1550)年」銘の石仏六地蔵が, 入口を守っている。

重要文化財	奈良時代	注大般涅槃経 巻第八	西教寺所蔵のおもな文化財
	平安時代	紙本著色扇面古写経	
		無量義経疏　上中下	
		法華経(色紙金銀箔散)	
	鎌倉時代	絹本著色山王諸神像	
	室町時代	後土御門天皇宸翰真盛上人号	
	桃山時代	絹本著色豊臣秀吉像	
	江戸時代	本堂	
	そのほか	絹本著色阿弥陀如来像	
		絹本著色天台大師像	

あんらくりついん
安楽律院 ⑲
077-578-0001(比叡山延暦寺)

〈M ▶ P.2, 17〉大津市坂本本町4239
京阪電鉄石山坂本線坂本駅🚶15分

今は昔、寺の跡

　西教寺から県道47号線を北上すると安楽律院に着く。安楽律院は, 985(寛和元)年, 藤原師輔(慈忍の父)一門の僧叡桓によって開基されたと伝えられる天台宗の寺で, 源信も隠棲したという。源信作と伝える弥陀・観音・勢至の三尊仏を本堂にまつっていたが, 1949(昭和24)年伽藍とともに焼失し, 本堂・護摩堂がひっそりと無人の寺のたたずまいをみせている。寺には, 絹本著色弥陀三尊二十五菩薩来迎図(国重文), 絹本著色千手観音像(国重文, 京都国立博物館寄託)がある。往時を偲ぶには江戸時代の復興第3世であった玄門智幽筆の「秘蔵窟」の額をもつ山門以外は, 礎石を目にするのみである。

えんりゃくじ　さとぼう
延暦寺の里坊 ⑳

〈M ▶ P.2, 25〉大津市坂本2～6　 P (旧竹林院)
京阪電鉄石山坂本線坂本駅🚶10分

穴太衆積み、せせらぎの道

　坂本駅で降りて日吉馬場(県道47号線)を西へあがる道の両側には, 穴太衆積みの石垣と八王子山からの渓流を取り込んだ庭をもつ約50

延暦寺の里坊の史跡

カ寺の延暦寺の里坊が，右図のように存在する。里坊とは，天台座主の常住の御殿や，比叡山延暦寺での厳しい戒律修行を終えた老僧に隠居所として与えられた坊舎である。どの坊も清閑なたたずまいをもっているが，現在でも，僧侶と家族の住居であるので，原則として非公開である。しかし，毎年5月の連休時期には交代で公開される。また，サクラ・紅葉の季節のみ見学可能な所もあり，坂本駅すぐの二の鳥居右手の薬樹院は，樹齢300年を超すというシダレザクラが見事で，サクラの季節には，周辺とともにライトアップされている。また大津市が所有する旧竹林院は常時拝観でき，旧白毫院は，芙蓉園という料亭となっており，いつでも雄大な庭と石窟をみることができる。薬樹院の南西の寿量院は，石材・石橋・手水鉢が見どころで，西隣の実蔵坊は，作庭が素晴らしい。

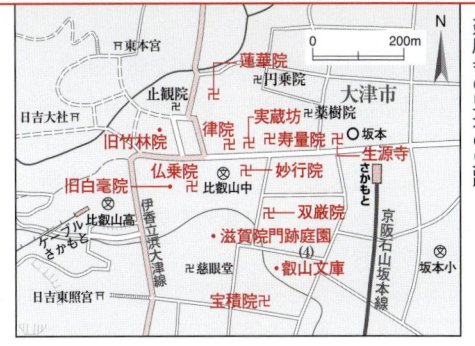

　実蔵坊北西の律院は，横川(延暦寺三塔の1つ)の総里坊(里坊の中心)の位置にあり，山門・石垣などに格式の高さを示しており，庭の築山と小川も美しい。100mほど北西の蓮華院は東塔(延暦寺三塔の1つ)の里坊で，安土桃山時代の遺構をもち，見応えがあり，止観院と仏乗院も庭が美しい。日吉馬場を日吉大社に向かって左に曲がると，滋賀院門跡庭園に至るが，その手前左手の仏足石のある双厳院や門跡より奥，叡山学院の東南にある宝積院も，薬樹院よりさらに北側に進んだ所にあり，最澄の父三津首百枝をまつる百枝社に隣接する円乗院も，庭が見事である(赤字の里坊の庭園

薬樹院

は「延暦寺里坊庭園」として国名勝に指定)。

このほかに，比叡山中学校の隣にある妙行院には，地獄の炎の責め苦の身代わりになったという伝説をもつ頬焼地蔵尊(木造地蔵菩薩立像，国重文)があり，叡山学院の東隣には，貴重な古文書・記録・絵図などを一堂に集めた叡山文庫があるなど，この辺り一帯の奥深さを示している。

坂本は，日吉大社や延暦寺の門前町という性格以外に，別の側面ももっている。最澄の俗名の氏，三津首という名前からもわかるように，この辺りは「津」つまり港であった。北国から人や物資が琵琶湖を使って運ばれ，ここで陸上げされた。もっとも栄えたのは室町時代で，ウマの背に荷物を乗せて運ぶ馬借という運送業者も多くおり，坂本の馬借は，一揆(正長の土一揆，1428年)の主人公として歴史に名を刻んでいる。

公人屋敷(旧 岡本邸) ㉑
077-578-6455
〈M ▶ P.2,17〉大津市坂本6-27-10
京阪電鉄石山坂本線坂本駅 1分

延暦寺の実生活を知る手がかり

比叡山延暦寺へ物資を供給する門前町坂本(現，大津市坂本)には，里坊とよばれる隠居所で暮らす僧侶以外にも，たくさんの人びとが延暦寺と関係をもって生活していた。この地は延暦寺の寺領であったので，町全体の行政も延暦寺が行っており，妻帯と苗字帯刀を認められた延暦寺の僧侶が「公人」として，年貢や諸役を収納する寺務をとり行っていた。公人の住居は公人屋敷とよばれ，坂本に数多く存在していたが，近年取りこわされることが多くなってきた。1999(平成11)年に，代々公人をつとめた岡本家から大津市に，歴史的遺産の保存を目的として，主屋・米蔵・馬屋などの建物が寄贈され，2004年の保存改修工事完工後，2005年に「旧岡本家住宅ほか，岡本家住宅表門」として大津市指定文化財となり，公開されている。

主屋は改修時に，「元治元(1864)年」銘の棟札がみつかり，新築もしくは改修が行われたことが明らかになった。桁行8間の切妻造で，東に土間，西に大小9部屋が配置され，襖絵も江戸時代に，坂本ですごした横井金谷のものが残されている。米蔵は，瓦に延暦寺の紋があって，個人の米蔵ではなく，延暦寺の年貢蔵であったことを示している。「寛政六(1794)年」の銘がみつかっている。馬屋は

ケーブル駅舎

コラム

日本一長いケーブル

　日吉大社から南に進み，比叡山高校の石垣を曲がり込んで行くと，ケーブル坂本駅に着く。坂本ケーブル(比叡山鉄道比叡山鉄道線)は，全長約2kmの日本一長いケーブルカーで，1927(昭和2)年開業である。ほうらい丘駅の近くには，織田信長との戦いで亡くなった人を弔う，250体の地蔵がまつられている。ケーブル坂本駅舎は，建設当時とほとんどかわらず，終点のケーブル延暦寺駅舎とともに，国の登録有形文化財に登録されている。もたてやま駅は，キャンプ場のための駅でもあるが，下車してしばらく行くと紀貫之の墓がある。『土佐日記』のゆかりで，高知県から参詣する人も多い。

ウマの飼育用ではなく，上級武士のウマを預かる所として機能していたとみられる。岡本家は，明治時代初期の神仏分離のとき延暦寺を離れ，日吉大社の神職となった。公人屋敷は，坂本駅から県道47号線を東へ150m余り行った左手にある。

いわずと知れた日本仏教のふるさと

延暦寺 ㉒
077-578-0001

〈M ▶ P.2,17〉大津市坂本本町4220　P

JR東海道本線(琵琶湖線)大津駅🚌比叡山行延暦寺🚶2分，またはJR東海道本線(琵琶湖線)京都駅・京阪電鉄本線三条駅・京阪電鉄石山坂本線・京津線浜大津駅🚌比叡山頂行延暦寺バスセンター🚶2分，または叡山電鉄叡山本線八瀬比叡山口駅乗換え京福電鉄叡山ケーブル・ロープウェイ比叡山頂駅🚶5分，または京阪電鉄石山坂本線坂本駅乗換え比叡山鉄道比叡山鉄道線(坂本ケーブル)ケーブル延暦寺駅🚶15分

　延暦寺には，上記交通手段のほか，京都北白川と大津近江神宮を結ぶ山中越えの田ノ谷峠から比叡山ドライブウェイ，またはJR湖西線雄琴駅付近仰木から奥比叡ドライブウェイなど，昔ながらの徒歩による道が幾筋もある。

［延暦寺の歴史］　比叡山延暦寺(境内は国史跡)は天台宗の総本山で，歴史上，南都興福寺(奈良県奈良市)と並び，北嶺といわれてきた。最澄が近江国分寺行表の下で得度し，奈良東大寺戒壇院で受戒した後，比叡山にのぼり，785(延暦4)年，山上に一乗止観院を建てたことに始まる。最澄はその後，804年に唐に渡り，翌年帰国して天台宗を開き，一乗止観院を根本中堂と改め，823(弘仁14)年に開基の年号をとって延暦寺と称することを勅許された。これ以降，い

			延暦寺所蔵のおもな文化財
国宝	平安時代	宝相華蒔絵経箱（ほうそうげまきえきょうばこ） 伝教大師将来目録（でんぎょうだいししょうらいもくろく） 羯磨金剛目録（かつまこんごう）　伝教大師筆 天台法華宗年分縁起（てんだいほっけしゅうねんぶんえんぎ）　伝教大師筆 嵯峨天皇宸翰光定戒牒（さがてんのうしんかんこうじょうかいちょう）	
	そのほか	七条刺納袈裟（しちじょうしのうげさ）・刺納衣 六祖恵能伝（ろくそえのうでん） 伝教大師入唐牒（にっとうちょう）	
重要文化財	平安時代	木造四天王立像（してんのう） 木造吉祥天立像（きっしょうてん） 木造四天王立像（所在釈迦堂）（しゃか） 木造薬師如来坐像（やくしにょらい） 紙本墨書道邃和尚伝道文（しほんぼくしょどうずいかしょうでんどうぶん） 華厳要義問答（けごんようぎもんどう）　行福筆（ぎょうふく） 伝述一心戒文（でんじゅついっしんかいもん）　上中下 悉曇蔵（しったんぞう） 紺紙金銀交書法華経（こんしきんぎんこうしょほけきょう） 紺紙銀字法華経（ぎんじ） 延暦寺楞厳三昧院解（えんりゃくじりょうごんざんまいいんのげ）
	鎌倉時代	木造不動明王立像（ふどうみょうおう） 木造大威徳明王像（だいいとく） 木造金剛夜叉明王立像（やしゃ） 木造降三世明王立像（ごうざんぜ） 木造軍荼利夜叉明王立像（ぐんだり） 木造阿弥陀如来立像（あみだ） 木造慈恵大師坐像（じえ） 木造大黒天立像（だいこくてん） 絹本著色天台大師像（けんぽんちゃくしょく）　有賛 絹本著色天台大師像 絹本著色文殊菩薩像（もんじゅぼさつ） 絹本著色相應和尚像（そうおう） 絹本著色不動明王三大童子五部使者像（さんだいどうじごぶししゃ） 尾長鳥繡縁花文錦打敷（おながどりぬいふちかもんにしきうちしき）
	南北朝時代	木造光定大師像（こうじょう） 絹本著色山王本地仏像（さんのうほんじぶつ）
	室町時代	転法輪堂（てんぽうりん） 紙本著色山王霊験記（れいげんき）
	桃山時代	山門再興文書（さんもんさいこう）

くつかの年号を寺名とする寺が出てくるが，延暦寺が最初の例である。桓武天皇の勅願（ちょくがん）によって，鎮護国家（ちんご）の祈禱（きとう）道場となり，京都

根本中堂

御所の鬼門を守る寺として，不動の位置を得て，名僧を輩出した。一方，争いもあり，延暦寺(山門派)と園城寺(三井寺〈大津市〉，寺門派)の争いでは，多くの堂宇を焼き，再建することを繰り返してきた。興福寺との僧兵による争いや，僧兵たちが日吉大社の神輿をかついで強訴を行ったことについて，白河法皇は「賀茂川ノ水，双六ノ賽，山法師ハ，是レ朕ガママニハナラヌ」として，自身の思い通りにならない「三不如意」の1つであるとしてなげいた。この「山法師」とは延暦寺の僧兵を指すが，「山」が比叡山を示すことは，慈円の「世の中の山てふ山は多かれど　山とは比叡のみ山をぞいふ」(『拾玉集』)によって周知のところとなっていた。

　さらに延暦寺について特筆すべきは，鎌倉仏教の宗祖の多くがここで修行したことである。浄土宗法然・浄土真宗親鸞・日蓮宗日蓮・曹洞宗道元・臨済宗栄西ら，すべて出発は天台宗延暦寺ということになる。さらに六歌仙の1人僧正遍昭や『徒然草』を著した吉田兼好も天台宗の僧であった。

　その延暦寺が灰燼に帰したのは，織田信長による焼討ちであった。姉川の戦い(1570年)の後，浅井・朝倉氏に味方したとして，信長は火を放ち，数千人の僧侶を始めとする人びとを焼き殺したといわれている。その後，豊臣秀吉・徳川家康によって復興され，とくに家康の知恵袋といわれた天台座主天海は，延暦寺の再建のみならず，東叡山寛永寺(東京都台東区)・日光山輪王寺(栃木県日光市)を開き，歴史に名をとどめている。

　比叡山延暦寺には133の堂宇が存在するが，その位置によって大きく3つの地域に分けられる。根本中堂を中心とする「東塔」，釈迦堂辺りは「西塔」，横川中堂を中心とする「横川」である。

[東塔]　根本中堂(附　須弥壇及び宮殿，国宝)のある一帯は東塔とよばれ，延暦寺の中心地域である。根本中堂は，桁行11間・梁間6

門前町坂本

不滅の法灯

コラム

不滅の法灯が消えた?

　天台宗の祖,最澄がともした火を,現在まで伝える延暦寺の不滅の法灯は,じつは,一度途絶えている。いうまでもなく,織田信長による比叡山延暦寺焼討ち(1571年)によってである。しかし,それ以前に分火してあった山形県山形市の立石寺から再び分火して,不滅の状態は続くことになったのである。現在ではこの火は,かわらけに入れられた菜種油にヤマブキの芯をひたし,芯による毛細管現象を利用して,火をともしている。ゆえに芯が燃えることなく,火はともり続けている。

間の入母屋造で銅板葺き,全国で3番目に大きい木造建築で,三方を廻廊(国重文)が囲んでいる。まわりより低く,杉木立の中に威風堂々と存在している。内部は天台様式で,人びとがすわる外陣が高く,一段低い中陣は天皇の御座所で,中央の本尊木造薬師如来立像と同じ高さになっている。内陣は格子戸があってみえにくいが,低く土間になっており,本尊を中陣と同じ高さに保つ大きな厨子があり,その前に,1200年以上ともし続けられている「不滅の法灯」がある。

　根本中堂の正面石段の上には文殊楼があり,背後には,大講堂(旧東照宮本地堂,国重文)がある。この大講堂は,1956(昭和31)年に焼失,その後,山麓の讃仏堂を移築したものである。本尊は木造大日如来坐像,脇壇には伝教大師像・聖徳太子像・桓武天皇像ほか各宗の祖師像が安置されている。ここは天台宗の重要な法要である法華大会・広学竪義が行われる所でもある。大講堂から西に行くと,戒壇院(国重文)がある。戒壇とは授戒(仏門に入る者に戒法を授けること)をする場所であるが,鑑真によってつくられた東大寺

法華総持院東塔

30　　大津北部

ブルーノ・ペツォルト

コラム

人

ドイツ人のお坊さん

　古来，比叡山延暦寺では，中国・朝鮮の僧侶を始め，多くの外国人が仏教を学んできた。そのうちの1人に，ドイツ人権大僧正である，ブルーノ・ペツォルトがいる。

　ブルーノは，第一高等学校(現，東京大学)でドイツ語を教えながら仏教を研究し，『ゲーテと大乗仏教』を著して，天台教学を世界に広めた。その功績によって，死後，権大僧正が贈られている。

　坂本ケーブルもたてやま駅で降りて少し歩くと，高さ3mのペツォルト夫妻の石の供養塔がある。東京音楽学校(現，東京芸術大学)でピアノや声楽を教え，すぐれた音楽家を育てたハンカ夫人の遺言によって建てられ，その後，夫ブルーノも比叡山に埋葬されたという。

　2004(平成16)年，「ペツォルト夫妻を記念する会」が大津市で創立され，郷土史家や第一高等学校時代の教え子たちによって，その業績が少しずつ知られるようになってきている。これから研究が進めば，業績はさらに明らかになると考えられるが，比叡山を愛したドイツ人の存在は現在でも大きい。

戒壇院以外に，大乗戒壇をつくる勅許はなかなかおりず，最澄の血のにじむ苦労もあって，828(天長5)年，死後7日目にようやく許されて建てられた。

　戒壇院の西，法華総持院は，円仁が長安の青龍寺の鎮国道場を真似て，天台密教の根本道場として，862(貞観4)年に完成させたが，1435(永享7)年に炎上したままになっていた。1977(昭和52)年，最澄の出家得度1200年記念事業として再建が計画され，まず東塔，続いて灌頂堂・寂光堂・廻廊・楼門が完成し，既存の阿弥陀堂・鐘楼を含めて，法華総持院は再建された。

　ケーブル延暦寺駅から南へ約1kmおりた所が，「叡南」「南山」と称される無動寺谷である。ここは円仁の弟子相応が開いた，千日回峰行の中心地である。満行を迎えるまでは，自身の怪我や病気はいうまでもなく，親の死に目にも，山をおりることや休むことは許されず，毎日70kmにおよぶ山歩きを続ける過酷な修行である。満行を迎えると，大行満大阿闍梨の位を与えられるが，戦後13人(存命6人)のみである。中心は明王堂で，木造不動明王二童子像(国重文)をまつり，木造大威徳明王像・木造金剛夜叉明王立像・木

門前町坂本

造降三世明王立像・木造軍荼利夜叉明王立像(いずれも国重文)を左右の脇壇に安置している。すべて鎌倉時代の作である。

法華総持院から西塔のほうに行くと、弁慶水の前に出て、山王院に至る。平安時代作の木造千手観音立像(国重文)を本尊とし、円珍の住坊であった所で、境内に山王権現をまつっている。ここから坂をおりると、最澄の御廟である山内第一の浄域浄土院に着く。浄土院では、12年山からおりない籠山を行い、最澄が生きているように仕える修行「侍真制」が行われている。ここは掃除地獄とよばれるように、1に掃除、2に音声(読経)、3に学問という厳しい修行の場である。ここまでが東塔になる。

[西塔] 椿堂から西側が西塔地域となり、すぐに常行堂及び法華堂(国重文)があるが、この2堂は、下をくぐれる廊下(附指定で国重文)でつながっており、前後にかつぐ荷物のようにみえるので、あわせて「弁慶のにない堂」とよばれている。法華堂の本尊は木造普賢菩薩坐像、常行堂は木造阿弥陀如来坐像で、ここで四種三昧行という苦行が行われる。

廊下を門のようにくぐると、石段の途中に恵亮堂がある。9世紀、文徳天皇の皇太子の地位を惟喬親王と惟仁親王(のちの清和天皇)とが争ったとき、惟仁親王のために祈禱した恵亮をまつったもので、その前に、日本野鳥の会会長で、天台宗僧侶であった中西悟堂の歌碑がある。その右手を進むと本覚院がある。居士林とも称される研修道場で、一般の参加者でつねに賑わっている。修行を体験してみたい人におすすめである。石段の横を左手に進むと、比叡山唯一の古石仏で、光背に多くの梵字を刻んだ弥勒像がある。

石段の下が西塔の中心、転法輪堂(釈迦堂、国重文)である。室町時代の和様

西塔(弁慶のにない堂)

比叡山頂の特攻基地

コラム

まぼろしの特攻基地

　第二次世界大戦中の1944（昭和19）年，全国のケーブル25線が営業中止となり，その施設は軍に徴収されていった。一旦その対象となった坂本ケーブルは，1945年，運転のできる社員ごと，滋賀海軍航空隊の接収を受けた。ケーブルを利用して資材を運び，比叡山頂に特攻隊戦闘機カタパルト（発射台）を建設するためであった。

　基地の場所はケーブル根本中堂駅（現，ケーブル延暦寺駅）すぐの琵琶湖が一望できる場所であったといわれ，戦闘機「桜花」を，燃料不足を補って高い位置から発射させるため，山頂に基地がつくられたという。建設工事にあたった海軍兵は約80人，特攻隊員は40人。宿直で山頂の釈迦堂に寝泊まりする以外は，比叡山中学（現，比叡山高校）に寝泊まりしていたという。

　カタパルトは完成したが，竣工式を迎える前に8月15日となった。進駐してくるアメリカ軍にこの存在を知らさないため，すぐに爆破され，軍は撤退した。この基地では飛行訓練さえ行われなかったのである。運ぶためのケーブルカーは木造であった。

建造物で，1347（貞和3）年頃建立された園城寺の弥勒堂を，信長による焼討ちの後，1595（文禄4）年に秀吉の命で移築したものである。内部は天台様式，本尊は，鎌倉時代作の木造釈迦如来立像（国重文）である。転法輪堂から左手に進むと青銅製の相輪橖（国重文）があり，さらに約1km行くと西塔の別所黒谷へ出るが，その途中に，室町時代の瑠璃堂（国重文）がある。黒谷には，良源の開基で，木造聖観音菩薩像を本尊とし，鎌倉時代の「弘安九（1286）年」銘をもつ木造慈恵大師坐像（国重文）や平安時代作の木造維摩居士坐像（国重文）が安置される青龍寺があり，高僧たちの足跡を残している。

［横川］　横川は最澄の教えに従って円仁が開いた所で，東塔や西塔とは少し離れており，奥比叡ドライブウェイの横川駐車場からは，近い所である。横川に入ると，まず目につくのが，根本如法塔の朱色の姿である。現在の塔は，昭和時代の再建である。円仁が法華経8巻6万8000余字を書写して安置した塔で，覚超が1031（長元4）年納経の銅筒を埋めたことも知られている。紫式部が仕えた上東門院彰子が寄進した金銅経箱（国宝）も発見された。

横川中堂は，848（嘉祥元）年に聖観音像と毘沙門天像を安置して

門前町坂本

鬼大師の護符

悪魔降伏　出擲嚴定

円仁が建てたが、信長の焼討ちで焼失、1604(慶長9)年豊臣秀頼によって再建された。しかし1942(昭和17)年落雷により再び焼失、1971年に再建されて現在に至っている。本尊の平安時代作**木造聖観音立像**(国重文)は、たび重なる火災のなか、すべての難を逃れて、当時の姿を保っている。

横川中堂から鐘楼に向かい、左手に行くと**四季講堂**(附棟札5枚、県文化)がある。良源の住坊定心坊跡に建てられ、967(康保4)年から四季に、法華経の論議法要が行われたのでこの名がある。本尊は木造弥勒菩薩像であったが、現在元三大師御影となっている。良源像をまつることから元三大師堂という別名をもつ。

四季講堂から200mほどくだると、慈恵大師御廟がある。この廟所のみ御廟を「みみょう」と読み、比叡山三魔所の1つとされる。良源は延暦寺中興の祖とされるが、美男子ゆえに娘たちにつきまとわれるのを避けるため、鬼の形相をして修行したという。鬼大師の名がつき、現在でも厄除けの「鬼大師の護符」がある。良源は比叡山での食料として、漬け物を考案しており、住坊の名にちなんで定心坊といい、売店で手に入れることができる。

御廟から行院の前に戻って、坂をおりると、大きな日蓮の銅像が目立つ、日蓮上人旧跡の**定光院**がある。そこから坂をおりると、仰木(大津市)に至るが、戻って行者道をおりると日吉大社へ、また別の行者道をおりると飯室谷に至り、不動堂・慈忍の墓・安楽律院がある。

比叡山に延暦寺という名称の個別の寺院はない。東塔・西塔・横川の3つの地域を総合して延暦寺とよんでいる。寺域も区切るのが難しい。「比叡山延暦寺」、この表現がもっとも相応しい日本仏教のふるさとである。なお延暦寺は1994(平成6)年、ユネスコの世界文化遺産に登録された。

③ 湖辺の堅田から葛川の峡谷へ

中世に湖上交通の要衝として栄えた堅田の町並みと天台宗北嶺回峰行の聖地である葛川，その周辺の神社・寺院をめぐる。

本福寺 ㉓　〈M▶P.2, 36〉大津市本堅田1-22-30　[P]
077-572-0044　JR湖西線堅田駅🚌堅田町内循環線堅田出町🚶3分

中世堅田門徒の拠点　蓮如の旧蹟

　堅田出町バス停で下車し，琵琶湖に向かって2分ほど歩くと，丁字路となり，堅田観光駐車場とその前に湖族の郷資料館がある。堅田商工会と堅田観光協会・湖族の郷・堅田商業連合協同組合の4者が運営する施設で，1997（平成9）年に開館した。堅田の歴史を紹介する資料のほか，堅田出身の喜劇俳優志賀廼家淡海に関する資料がある。湖族の郷とは，中世に湖上交通の要衝として惣を形成し，近世には「諸浦の親郷」と称した堅田を指す造語である。

　その左の道をとれば本福寺がある。浄土真宗本願寺派の寺院で，正和年間（1312～17）の創建，開基はもと三上神社（御上神社，野洲市）の神職で，堅田に居住した善道と伝える。その子の覚念は，禅宗に帰依して高徳庵を建立したが，つぎの法住になって再び浄土真宗に帰依し，1460（長禄4）年には，蓮如から方便法身尊号を賜わり，翌年には親鸞と蓮如の連座像を下付されている。その裏書によれば，この頃は「江州堅田馬場之道場」と称していた。

　近江での浄土真宗の伝播は，親鸞が木部（現，野洲市）に錦織寺を開いたことに始まると伝えられるが，南北朝時代になると，錦織寺と粟津（現，大津市）の仏光寺を中心に発展した。その後，蓮如の時代になって近江全域に浄土真宗が進出し，湖西では本福寺を中心に教線を延ばすことになる。しかし，近江における浄土真宗の拡大は，延暦寺の反発を招き，1465（寛正6）年1月に延暦寺の衆徒は，京都東大谷の本願寺堂舎を破却するに至った（寛正の法難）。こ

本福寺

湖辺の堅田から葛川の峡谷へ

堅田駅周辺の史跡

のおり法住は200人ほどの手勢を率いて粟田口に駆けつけたが、本願寺が破却されたことにより、蓮如は近江の各地を移ることになる。1467（応仁元）年2月には、蓮如は親鸞の御影を安養寺（栗東市）から本福寺に移し、11月にはここで報恩講をつとめている。

ところが翌年、足利将軍家邸宅「花の御所」の用材運漕船に対し、堅田が湖上海賊を働いたことにより、室町幕府は、延暦寺に堅田の襲撃を命じた（堅田大責）。延暦寺の衆徒は堅田を焼き払い、堅田衆は沖島（現、近江八幡市）へ逃げ延びたが、1470（文明2）年に礼銭・礼物を支払うことで堅田への還住を許された。このとき本福寺法住も380貫文を負担している。

堅田の本福寺門徒は、「地下九門徒」と表現される新興の商工業者（全人衆）で、本福寺において、毎月18日の存覚の祥月命日に行われる念仏講では、堅田で9組、今堅田で1組、和邇（いずれも現、大津市）と海津（現、高島市）で1組、真野（現、大津市）で1組の計12組を組織し、「念仏御頭」という頭人をつとめていた。念仏講の人びとの職業には、研屋・油屋・桶屋・麹屋といったものがみえる（「本福寺跡書」「本福寺由来記」）。これらの商工業者は、堅田に限らず広い地域で活動し、本福寺の門徒も、近江以外の若狭（現、

福井県)・因幡・伯耆(ともに現，鳥取県)にもおよんでいた。なお，湖族の郷資料館のすぐ近くの細道は，蓮如が通った「蓮如辻」であると伝承されている。

　江戸時代の本願寺の東西分派に際しては，西本願寺の末寺となった。のちに本願寺11世となる明式は，1685(貞享2)年に松尾芭蕉の門に入り，千那と号した。芭蕉は，1690(元禄3)年9月に義仲寺(大津市馬場)から堅田に赴き，その地で風邪を引き，「病雁の夜さむに落て旅ね哉」の句を詠んでいる。近江八景の「堅田の落雁」を念頭においたものである。明式の跡を継いだ明因も，俳号を角上と号し，つぎの明観も角三として俳諧を受け継ぎ，堅田において，蕉風俳諧が興隆することとなる。

光徳寺 ㉔
077-572-1030
〈M▶P.2, 36〉大津市本堅田1-22-20　P (堅田観光駐車場)
JR湖西線堅田駅🚌堅田町内循環線堅田出町🚶5分

堅田源兵衛の首

　本福寺の門前の道を東に向かい，突き当りを左に折れると，其角邸跡の説明板がある。榎本(のち宝井)其角は松尾芭蕉の高弟で，ここはその父である竹下東順の誕生地である。東順は江戸に出て，其角も江戸で生まれたが，地元では其角邸跡と称されている。其角は1684(貞享元)年に，大津(現，大津市)にいた本福寺明式のもとに出向いており，明式の芭蕉への入門は，其角のすすめによるものとされている。

　其角邸跡からさらに進むと光徳寺である。真宗大谷派の寺院で，寺伝では，もとは天台宗であったが，1336(延元元)年に浄土真宗に転派したという。光徳寺は，「堅田源兵衛の首」で知られ，本堂の前には，「堅田源兵衛父子殉教之像」がある。その由来は，寛正の法難(1465年)のおりに，蓮如は親鸞の御影を園城寺(三井寺，大津市)に預け，越前(現，福井県)に逃れたが，その後1480(文明12)年に山科(現，京都府京都市)に本願寺を建立するにおよび，蓮如が園城寺に赴いたところ，人間の生首を2つ出せば御影を返すという難題を持ち出された。これを聞いた堅田の漁師源兵衛は，自分の首を差し出すように父の源右衛門を説得したが，源右衛門はもとより覚悟のことと源兵衛の首を打ち，園城寺に馳せ参じてみずからの首も刎ねるように申し出た。園城寺では，この源兵衛父子の殉教心に

湖辺の堅田から葛川の峡谷へ　　37

光徳寺

感じ入り御影を返したので、無事に山科本願寺に御影を安置することができたという。境内には源兵衛(法名釈了喜)の墓があり、本堂にその首が安置されている。

親鸞の御影は、1465(寛正6)年1月には京都室町、さらに金宝寺に移され、その後、1467(応仁元)年に本福寺に安置され、翌年には大津浜の道覚の道場に移した後、1469(文明元)年に園城寺の南別所(現、大津市)に坊舎を建立してここに安置されている。蓮如がこの南別所から越前吉崎(現、福井県あわら市)に赴いたのは、1471年になってからである。なお、毎年4月に真宗大谷派の僧や門徒が蓮如の御影を携えて、東本願寺から吉崎御坊までを練り歩く「蓮如上人御影道中」の際に、一行が立ち寄る大津市小関町の等正寺、そして同市三井寺町の両願寺にも「源兵衛の首」が安置されている。

浮御堂(満月寺) ㉕
077-572-0455
〈M ▶ P.2, 36〉大津市本堅田1-16-18 P
JR湖西線堅田駅🚌堅田町内循環線堅田出町🚶5分

重要文化財の木造聖観音坐像
近江八景「堅田の落雁」

光徳寺から湖族の郷資料館に戻り、まっすぐ琵琶湖に向かって進むと浮御堂がある。臨済宗大徳寺派の寺院で、宗教法人名は満月寺であるが、一般には浮御堂の名で知られている。寺伝では、長徳年間(995〜999)に源信(恵心僧都)が、比叡山上より湖を眺め、堅田の湖畔に一宇を建立することを発願し、千軀の阿弥陀如来像を刻み「千仏閣」「千体仏堂」と称したことに始まるという。湖中の浮御堂は堅田の名所となり、江戸時代には、1797(寛政9)年の『伊勢参宮名所図会』や歌川広重の近江八景「堅田の落雁」にも描かれている。

1691(元禄4)年8月、義仲寺の草庵にいた松尾芭蕉は、ここで月見の会を催した翌日に船で堅田に渡り、竹内茂兵衛成秀の亭で宴を開き、「鎖あけて月さし入よ浮御堂」の句を詠んだ(「堅田十六夜之弁」)。境内にはこの句碑がある。

現在の浮御堂は、1934(昭和9)年の室戸台風による倒壊の後、

浮御堂

1937年に再建されたものであるが、琵琶湖総合開発による水位の低下のため、1982年に仏堂を仮移設して、脚部と回廊を新設した。

境内の観音堂に安置される木造聖観音坐像(国重文)は秘仏であるが、平安時代の作で、両手首先をのぞき、大半を一材から彫成する。左手に未開の蓮華をとり、右手は施無畏の印をつくり、結跏趺坐する。源信の持仏と伝えられている。

伊豆神社 ❷
077-573-2354
〈M▶P.2, 36〉大津市本堅田1-19-26　P (堅田観光駐車場)
JR湖西線堅田駅🚌堅田町内循環線堅田出町 🚶6分

堅田大宮 5月14日「献饌供御人行列」

浮御堂から北に100mほど向かうと、左手に堀で囲まれた伊豆神社がある。社伝では、現在の祭神は大山祇命で、892(寛平4)年に諸国行脚をしていた法性房尊意が三嶋明神(現、三嶋大社〈静岡県三島市〉)を勧請し、947(天暦元)年には、山城の加茂大神(現、京都府京都市下鴨神社ヵ)を勧請したが、その後、1569(永禄12)年に兵火に罹り、天正年間(1573～92)に三嶋明神をまつる社のみが再建されたとする。ただ、1698(元禄11)年の「本堅田村明細帳」には、伊豆大権現と神田明神をまつるとし、1734(享保19)年の『近江輿地志略』では、走湯権現社となっており、祭神を忍穂耳尊とする。木村宗卺の『琵琶湖志』は、神田明神を「伝いふ祭る所山城国加茂明神の別所也と」とする。室町時代には堅田大宮と称され、堅田全域の総鎮守であったとされる。

堅田は、いくつかの小集落(切)が集まり成立したと考えられ、室町時代には北ノ切・東ノ切・西ノ切が堅田三方、あるいは今堅田を加えて堅田四方と称された。このうち北ノ切は、堅田大宮が所在することから、宮ノ切とも称された。堅田の名が史料にみえるのは、1051(永承6)年1月28日「近江愛智荘結解」に「堅田渡　酒直一斗五升」と記されるのが最初で、愛智荘(現、愛荘町)からの地子(年貢)米を運漕するにあたり、通行料を徴収していたことがわかる。

湖辺の堅田から葛川の峡谷へ　39

伊豆神社

11世紀後半には，賀茂御祖社(現，下鴨神社)の御厨となっており，1090(寛治4)年には，堅田御厨網人が同社へ御膳料の鮮魚を進上していた(「鴨御祖大神宮申状案」)。1194(建久5)年10月には，堅田御厨に対して「鯉十喉，鮒五十喉，鮨五十喉，鮑二斗，海老三斗」の貢進を求めている(「下鴨神社政所下文」賀茂御祖皇太神宮諸国神戸記)。

伊豆神社の社伝で加茂大神を勧請したとするのは，このように下鴨神社の御厨であったことによるもので，その後も，1562(永禄5)年の「堅田大宮社中年中諸役幷下行儀式」にも，堅田から下鴨神社へ「小鮒のすし」を献上していたことが記されている。

こうした下鴨神社との関わりにより，1990(平成2)年には，湖族の郷実行委員会が献饌供御人行列を復興し，毎年5月14日に，西ノ切に鎮座する神田神社(大津市本堅田1丁目)から伊豆神社を経た行列が，下鴨神社へ神饌のコイと鮒鮨を献上している。鮒鮨は，ニゴロブナを白米に漬けて醗酵させた熟れ鮨で，その起源は，奈良時代にまで遡る。

西ノ切に鎮座する神田神社は，伊豆神社の祭礼の御旅所であったとする説もあるが，宮ノ切の伊豆神社がこの神田神社から分霊を勧請し，のちに，伊豆神社を合祀したとする考えもある。

祥瑞寺 ㉗
077-572-2171
〈M ▶ P.2, 36〉大津市本堅田1-27-20　🅿(堅田観光駐車場)
JR湖西線堅田駅🚌堅田町内循環線堅田出町🚶7分

一休和尚修養地
殿原衆の信仰と庇護

伊豆神社の東を通る道を100mほど歩いて左に曲がると，門前に「一休和尚修養地」という石碑がみえる。これが祥瑞寺(臨済宗)である。比叡山横川楞厳院の了本房が，1332(元弘2)年に開いた玉泉庵に始まるとされ，ついで堯家が大徳寺良和に寄進し，さらに住持職が大徳寺に寄進された。また，玉泉庵の住持覃澡は別に聖瑞庵を建立したが，1391(明徳2)年に原素に譲り，さらに1406

祥瑞寺

(応永13)年に大徳寺(京都府京都市)の華叟宗曇に寄進され、1410年に大徳寺末寺となった。華叟宗曇は、大徳寺住持に推挙され、没後には、後花園天皇から大機弘宗禅師を追贈された名僧であり、華叟宗曇が住持となったことで、堅田における禅宗は大きく発展し、殿原衆(中世の堅田の地侍階級)の信仰とその庇護を得ることになった。華叟宗曇の門下の一休宗純が、祥瑞寺において21歳のときから数年間、修行したことでも知られる。

寺宝として、華叟宗曇が1420年に、祥瑞寺2代の養叟宗頤に付与したと考えられる絹本著色華叟宗曇像がある。

また、松尾芭蕉は1690(元禄3)年9月に祥瑞寺を訪れ、「朝茶のむ僧静也菊の花」の句を詠んでおり、境内に句碑が建てられている。

居初家 ㉘
077-572-0708 〈M ▶ P.2, 36〉大津市本堅田2-12-5
JR湖西線堅田駅🚌堅田町内循環線末広町 🚶5分

末広町バス停から琵琶湖岸に240mほど向かい、右に折れると居初家がある。居初家は中世の堅田の地侍階級である殿原衆を構成する有力家で、本福寺明誓の「本福寺跡書」には、居初党・刀禰党・小月党といった名がみえる。年代はくだるが、1572(元亀3)年7月には、明智光秀を始め、堅田の猪飼・山岡・馬場・居初らが囲舟を拵えて、海津浦(現、高島市)・塩津浦(現、長浜市)ほか、江北の敵地を焼き払っている(『信長公記』)。

居初家には、茶室居初家天然図画亭(附旧柱当板、県文化)がある。中山愛親が1797(寛政9)年に記した「図画亭記」には、「藤むら庸軒、北むら幽安などいへる茶事にうとからぬ人々のつくりなせる」とあり、千宗旦(千家3世)四天王の1人に数えられる藤村庸軒と、その弟子である堅田の北村幽安によってつくられたものである。藤村庸軒の『庸軒詩集』に収められている、1681(天和元)年の「堅田紀行」五十韻の1つに「題居初家茶店」があることから、この頃ま

湖辺の堅田から葛川の峡谷へ

天然図画亭

でに築造されていたことがわかる。また、天然図画亭と命名されたのは、1799(寛政11)年のことで、天台僧の六如によるものである。

天然図画亭は、桁行10.9m・梁間5.1m、入母屋造・葭葺きの建物で、北面と東面に縁があり、南面東端には、湯殿と便所が付属する。玄関3畳・中の間4畳半・仏間6畳があり、主室は8畳で北側に1畳の床、南側に1畳の点前座がつく。点前座との間には中柱を立て、一方は低い腰板を入れて結界をつくり、他方を出入口としている。腰高障子には花鳥が描かれており、海北友松の筆と伝える。縁には板蔀があり、舟中から湖上の風景を眺めるという印象ももたせている。1988(昭和63)年から1991(平成3)年にかけて解体修理が行われたが、そのおりに、柱の墨書から1859(安政6)年9月に修理されたことが判明した。

居初氏庭園(国名勝)は、琵琶湖対岸の三上山を始めとする湖南・湖東の連山を借景とした枯山水庭園で、茶室からは、四季の風景を一望することができる。東縁にある袈裟形手水鉢は、鎌倉時代の宝塔の塔身を利用したものである。

神田神社(真野) ㉙

077-572-1330 〈M▶P.2, 36〉大津市真野4-7-2 P
JR湖西線堅田駅 堅田 葛川坂沢口 徒歩5分

式内社神田神社の論社 1月17日「さんやれ祭り」

真野の地名は古代に遡るもので、815(弘仁6)年に撰進された『新撰姓氏録』には、天足彦国押人命の3世孫である彦国葺命の子孫の和珥部臣鳥と忍勝らが近江国志賀郡真野村(現、大津市真野)に居住し、庚寅(690)年に真野臣の姓を賜わったことが記されている。また、石山寺(大津市)の造営にあたっては、白土が真野村から採取された。860(貞観2)年の墾田地売券には「真野郷」がみえ、承平年間(931〜938)に成立した『和名類聚抄』には、滋賀郡の4郷のうちの1つに「真野郷」がある。

志賀廼家淡海

コラム　人

上方喜劇界の名優　淡海節

　堅田港の前に、「志賀廼家淡海誕生之地」と記された石碑がある。志賀廼家淡海は、1883（明治16）年に石碑のすぐ隣にあった料理旅館「二階屋」の当主の子として生まれ、大正時代から昭和時代にかけて活躍した喜劇俳優である。本名は田辺耕治、15歳のときに、江州音頭の音頭取りとして名を知られるようになり、18歳で故郷を後にして芸界に入った。

　1905年に新派の劇団「堅国団」を結成したが、1908年に喜劇に転じて「八景団」と改め、芸名を志賀廼家淡海として、地方巡業を重ねた。

　その後、1916（大正5）年の舞鶴（現、京都府）での興行のおりに、夜釣り舟を「よいしょよいしょ」と浜に引きあげる光景をみて「ヨイショコ節」を着想し、翌年3月に熊本（現、熊本県）の大和座で披露して大好評を得た。のちに「淡海節」と称され、その美声により、一世を風靡することになる。

　1919年には、「教訓的家庭喜劇」を標榜して、京都新京極の歌舞伎座で30日間の興行を行い、翌年には東京の有楽座、京都新京極の明治座などで公演し、この頃には松竹の専属となった。そして、曽我廼家五郎・曽我廼家十郎一座の後を受けて、上方の喜劇界をになうことになる。

　1924年3月には、本福寺（大津市本堅田）本堂前の水受けを寄進、1927（昭和2）年には、同寺で父重太郎の法要を営み、緞帳を納めた。翌年11月には、堅田尋常高等小学校の増築落成祝賀会に来演して、北村堅田町長の懇望により創作した「堅田節」を披露した。12月には、北村町長を始め、堅田町の有志188人が京都夷谷座で淡海一座の公演を観劇、翌年の堅田青年団主催の盆踊大会にも来演するなど、功を成し遂げ、故郷に錦を飾った。

　太平洋戦争後は、宗教劇に新境地を開き、1949年には、蓮如上人四百五十回忌にあたり蓮如上人一代記を創作、全国巡業の前に本福寺で初披露した。そのおりに、堅田源兵衛の物語を一夜で書き上げて奈良で公演、大好評を得て、堅田源兵衛劇を盛り込み、全国を巡業したという。さらに1956年には、親鸞上人七百回忌にあわせて、親鸞上人劇を創作して全国巡業に入ったが、同年9月に鹿児島の山形屋の舞台で倒れ、闘病の末に10月に没した。

　その後、1965年には堅田港の石碑が建てられ、淡海節の名調子も、保存会により現在に伝えられている。なお、堅田駅前交番の脇にも、志賀廼家淡海顕彰碑がある。

湖辺の堅田から葛川の峡谷へ

神田神社(真野)

神田神社は,『延喜式』神名帳に記載される式内社であるが, 現在, その論社として, 大津市真野4丁目と真野普門3丁目に神田神社がある。

真野4丁目の神田神社は, 沢口バス停で下車し, 真野川に架かる新宿橋を渡り, 道路を左手に折れると, 前方に鳥居がみえる。祭神は, 彦国葺命で, 相殿に天足彦国押人命, 二の宮に孝昭天皇と須佐之男命をまつる。社伝では, 彦国葺命の子孫が, 真野の入江に近い神田の地に社殿をつくったとする。

境内に神宮寺があることが注意されるが, 神田神社には『大般若波羅蜜多経』600巻が蔵されており, 毎年, 神宮寺で虫干しと転読が行われている。奥書によれば, 1695(元禄8)年に真野庄氏子中が神田大明神に奉納したものである。

当社では, 毎年1月17日の夜に「さんやれ祭り」が行われる。「幸在」が転訛したものとも, 祭礼のなかで「サンヤレ」と声がかけられるためともされる。その年の豊作を祈る火祭りであり, 百数十本の松明が境内に集められる光景は, 勇壮である。

神田神社(真野普門) ㉚

〈M ► P.2, 36〉 大津市真野普門3-8-1
JR湖西線堅田駅🚌堅田葛川線普門🚶10分

式内社神田神社の論社
重要文化財の本殿

真野普門3丁目の神田神社は, 普門バス停で下車して西に500mほど歩き, 清風口交差点を北に折れると, 左手前方にみえる杜にあたる。

祭神は, 彦国葺命・素戔嗚尊・鳥務大肆忍勝とするが, このうち鳥務大肆忍勝とは, 和珥部臣鳥と務大肆(685年に制定された位階で, 大宝令制下の従七位下に相当)の和珥部臣忍勝の2人を誤って表記したものである。社伝によれば, 690(持統4)年に彦国葺命12世の裔孫である「和邇部臣鳥務大肆忍勝等」が真野臣の姓を授けられ, 同年に普門山に素戔嗚尊をまつったものとする。その後, 文亀年間

神田神社本殿(真野普門)

(1501〜04)になり，彦国葺命と鳥務大肆忍勝を合祀したとしている。

　本殿(国重文)は室町時代の建造で，1390(明徳元)年の棟札写が残る。檜皮葺きで，三間社流造に1間の向拝をつけるものである。

新知恩院 ㉛
077-598-2203

〈M▶P.2, 46〉大津市伊香立下在地町1160　P
JR湖西線堅田駅🚌堅田葛川線下在地🚶5分

元祖大師鏡乃御影 知恩院避難の地

　下在地バス停の前に**八所神社**がある。社伝では，天智天皇が667(天智天皇6)年に近江大津宮に都を遷したおりに，随従の平群飛鳥真人がこの地を賜わり，祖神である天大吉備諸進命を勧請したのが始まりとする。その後，後裔の平群兼房が天照大神・伊邪那岐命・伊邪那美命・大山咋命・市杵島姫命・崇神天皇の7柱を合祀したので，八所神社と称するようになったという。しかし，1571(元亀2)年の織田信長による比叡山延暦寺焼討ちの際に，日吉神社(現，日吉大社)の祝部行丸が八所神社に逃れたが，当社も類焼したので，行丸はさらに北船路(現，大津市八屋戸，八所神社)に難を避けた。その後，当社の社殿は復興したが，行丸が当社の境内に仮殿を設けて日吉山王七社をまつり，山王祭を斎行したので，日吉神社の大己貴命と菊理姫命の分霊を八所神社の主祭神としてまつり，もとの8柱の神は境内の摂社にまつることになったとする。

　八所神社から100mほど南に向かうと，**香の里資料館**がある。伊香立という地名は，葛川明王院(大津市)を開いた相応和尚が，岩に腰をかけて休んでいると芳香が漂ってきたので，この地を伊(異)香立と名づ

新知恩院

湖辺の堅田から葛川の峡谷へ　　45

慈眼庵周辺の史跡

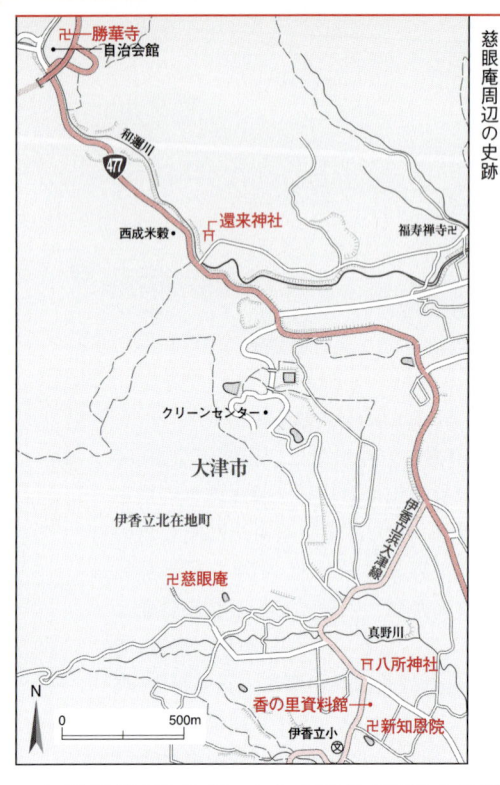

けたことによるという。香の里資料館の名はこの伝承に基づくもので、伊香立学区自治連合会が、伊香立地区の昔の暮らしを紹介する施設として開設したものである。昔ながらの民家を再現し、生活用具を展示するほか、1804(文化元)年に現在の伊香立南庄町で発見された、40万年前のトウヨウゾウの化石のレプリカもある。

香の里資料館から南へ向かうと、左手に駐車場があるが、ここを過ぎて道路を左折すると、石垣をめぐらせた新知恩院(浄土宗)の山門がみえる。新知恩院は応仁の乱(1467～77年)の際に、知恩院(京都府京都市)第22世周誉珠林が戦乱を避けて、伊香立荘の金蓮寺(大津市伊香立上在地町)に法然像や宝物を移し、ほどなくこの地に建立したものであるという。知恩院は、1468(応仁2)年に焼失したので、以後、周誉珠林はここにとどまり、戦乱が終わると京に戻り、知恩院の再興に着手した。

御影堂に安置される本尊は、法然がみずからの姿を鏡に映して彫ったという「元祖大師鏡乃御影」である。絹本著色阿弥陀二十五菩薩来迎図(国重文)は、鎌倉時代の作であるが、阿弥陀如来に随行する二十五菩薩が、いずれも手や足をあげ、腰をくねらせて踊る姿に描かれている。これは、往生者が浄土に迎えられる喜びを表現したものと考えられ、大きな特徴である。中国南宋時代の絹本著色六

道絵(国重文)とともに、滋賀県立琵琶湖文化館(休館中、大津市打出浜)に寄託されている。

慈眼庵 ㉜　〈M▶P.2,46〉大津市伊香立在地町578
JR湖西線堅田駅🚌堅田葛川線北在地🚶12分

重要文化財の木造仏像 高観音

　北在地バス停から真野川の上流に向かって500mほど行き、北前田橋を渡ると、前方に「宮倉山」と記された1835(天保6)年に建てられた常夜灯がある。この脇から山道を4分ほどのぼると、「観音水」という湧水のある慈眼庵の石段下に着く。

　慈眼庵(浄土宗)は、宮倉山の中腹の平坦地にあり、地元では高観音と通称される。寺伝では、江戸時代の延宝年間(1673〜81)に、比叡山横川飯室谷に安置されていた観音像をこの地に移したものであるという。その木造仏像(国重文、非公開)は平安時代の作で、寺伝では最澄作の聖観音立像とするが、像容からみると、帝釈天とすべきであるという。ただ、額には天部にはない白毫がある。カヤの一木造で内刳はなく、彫眼で頭上には宝冠をつくり出し、宝冠を受ける天冠台を刳り出している。甲冑の上に衣を着け、右手は下にたらし、左手で独鈷を握る。毎年8月10日には、開帳が行われている。

慈眼庵

還来神社 ㉝　〈M▶P.2,46〉大津市伊香立途中町521-1　P
077-598-3171
JR湖西線堅田駅🚌堅田葛川線還来神社前🚶2分

旅行安全の神 源義朝の武運長久祈誓

　還来神社前バス停で下車し、和邇川に架かる朱塗りの還来橋を渡ると、還来神社(祭神藤原旅子)がある。社伝では、藤原旅子は父藤原百川の荘園である龍華荘(現、伊香立途中町・上龍華町・下龍華町)の別業(別邸)で生まれ、比良山(大津市・高島市)の最勝寺(廃寺)を開いた静安の下で修行し、蓮華夫人と称されたという。その後、旅子は桓武天皇の夫人となり、大伴親王(のちの淳和天皇)

湖辺の堅田から葛川の峡谷へ　　47

還来神社本殿とスギ

を生んだ。786(延暦5)年に薨去する際に、故郷の比良山南麓のナギの下に埋葬するように遺命し、この地にまつられたとする。再びこの地に還ってきたことから、還来大明神と称されたという。

　また、平治の乱(1159年)に敗れた源義朝が敗走する際に、白羽の鏑矢を奉納して武運を祈ったが、後年、その子の頼朝が平家を討ち、大願成就を謝して神田を寄進したという。

　これらの故事により、戦乱の際に無事の帰還を願って人びとが参詣するようになり、日清戦争(1894～95年)や日露戦争(1904～05年)、太平洋戦争のおりにも多くの参拝があった。現在では、旅行安全の神としても崇敬されている。境内にはナギのほかスギもあり、本殿前のスギは樹齢約700年とされる。

勝華寺 ㉞

〈M ▶ P.2, 46〉 大津市伊香立途中町91
JR湖西線堅田駅🚌堅田葛川線途中🚶2分

葛川参籠の立寄地
石造水船

　途中バス停で下車し、自治会館の脇を通ると、勝華寺(天台宗)がある。「還来大明神縁起」によれば、本尊の木造阿弥陀如来坐像は、近江国志賀郡最勝寺(廃寺)の本尊を移したものとされる。

　最勝寺とは、元興寺(奈良県奈良市)の僧侶である静安により、妙法寺(廃寺)とともに比良山中に営まれた寺院で、『類聚三代格』所載の「太政官符」により、842(承和9)年12月までに建立されていたことがわかる。このおり、妙法寺と最勝寺において、妙法蓮華経と最勝王経の暗誦を修練させ、これに及第した者を経別に、毎年1人得度させるという年分度者の制が定められた。そして、静安の弟子である賢真がこの2つの寺院を官寺とすることを願い、867(貞観9)年6月に許可されている(『日本三代実録』)。その後、1020(寛仁4)年1月25日には、藤原道長の命によって、最勝寺の鐘が道長の建立した無量寿院(のちの法成寺、廃寺)阿弥陀堂

勝華寺

に運ばれた（『左経記』）。この最勝寺からもたらされたとされる勝華寺の本尊阿弥陀如来坐像は、ヒノキの寄木造で彫眼の漆箔像である。12世紀後半の地方仏師の制作になるものと考えられている。

　勝華寺は、葛川に参籠する北嶺回峰行者の立寄場所となっており、寺から花折峠（大津市）までを宮垣善兵衛が案内する。境内の石造水船には「弘長二(1262)年」銘があり、葛川に参籠する行者が、ここに供花を浸けるとされる。勝華寺の板壁には、護摩供奉修札がかけられている。『近江輿地志略』は、「聖之記」を引いて、相応和尚が葛川の滝で不動現形の御衣木（神仏の像をつくるのに用いる木）を負い、この地にきて、「ここは山門無動寺と葛川との途中か」といったことから、途中村という地名になったとすることや、勝華寺のかたわらに、相応が休息した笈懸岩があることを記している。

地主神社 ㉟

〈M▶P.2〉大津市葛川坊村町116　P（葛川市民センター前駐車場）
JR湖西線堅田駅🚌堅田葛川線坊村🚶2分

明王院の鎮守
重要文化財の本殿・幣殿

　坊村バス停から東に90mほど向かうと、地主神社の鳥居がみえる。地主神社は、社伝では明王院を開いた相応和尚が、その鎮守社として創祀したものとする。現在の祭神は国常立尊であるが、1318（文保2）年の葛川与伊香立庄相論絵図（国重文、明王院所蔵）によれば、社地は明王院の背後に位置しており、地主権現と大行事、志古淵明神などの社殿が描かれている。このうち、志古淵明神は思古淵明神とも表記され、安曇川流域の水の神や開拓の祖神とされる神であり、葛川の在地の神と考えられる。また地主権現は、日吉神社（現、日吉大社）の地主神である二宮・国常立尊を勧請したものとみられる。その後、1444（文安元）年に現在地へ遷ったとされる。

　本殿（国重文）は檜皮葺き・三間社隅木入春日造、向拝1間をつけ、1502（文亀2）年の建立、幣殿（国重文）は檜皮葺き・向唐破風造、

湖辺の堅田から葛川の峡谷へ

地主神社幣殿と本殿

桁行1間・梁間1間で，文亀年間(1501～04)頃の建立である。本殿向拝の蟇股には牡丹唐草・サザリンドウ・ハスなどが彫られ，幣殿の唐破風の蟇股も牡丹に獅子，桐竹に鳳凰などの意匠である。また，木造国常立尊坐像1軀，木造男神坐像5軀・木造女神坐像1軀・木造僧形坐像1軀は，いずれも平安時代の作で重要文化財であり，金銅八角形釣灯籠(県文化)は，底面に「葛川明王院御前灯呂　大永六(1526)年九月日　作者安冶」の銘がある。いずれも，滋賀県立琵琶湖文化館(休館中，大津市打出浜)に寄託されている。

明王院 ㊱
077-599-2372
〈M▶P.2〉大津市葛川坊村町155
JR湖西線堅田駅🚌堅田葛川線坊村🚶3分

北嶺回峰行の聖地　7月18日「太鼓廻し」

　地主神社の鳥居の前から左に進み，滝川に架かる朱塗りの三宝橋を渡ると，参道の左右に1対の石灯籠がみえる。銘文には「奉燈　息障明王院　文化十四(1817)丁丑年仲秋」とあり，向かって右の灯籠には，「大文字屋伝右衛門」らの名がある。左の灯籠には「発願　葛野常喜」と刻まれている。

　明王院(天台宗)は，息障明王院とも称され，葛川明王院の名でも知られている。「葛川縁起」によれば，円仁の弟子である相応が，859(貞観元)年に生身の不動明王を拝することを欲して葛川に入り，「第三清滝」において不動明王の姿をみて，滝内に飛び込んで霊木を取り上げて尊体とし，1000日の五穀断の難行苦行を始めたとする。また，これに先立ち，地主神である信興淵(志古淵)大明神があらわれて四至を示し，この地を仏法修行の霊験勝地とするよう，相応に述べたことを記している。

　現在も伝えられる比叡山の北嶺回峰行(千日回峰行)は，相応により始められたとされており，その間，回峰行の行者による葛川参籠が行われる。平安時代末期には，葛川への参詣が行われていたよう

明王院本堂

で、『梁塵秘抄』には「何れか葛川へ参る道、仙洞七曲崩れ坂、大日安曇杉の原、聖宮の御前を行くは玉川の水」と、その道筋が詠まれており、1335(建武2)年の「葛川行者用心」には、6月の蓮華会と10月の法華会のほか、臨時の参籠についての記載がある。

現在では、葛川参籠は夏安居として伝えられている。行者は7月15日の深夜に延暦寺の横川の無動寺をくだり、16日早朝に坂本(大津市)の里坊に集い、ここを経て大津市伊香立途中町の勝華寺に至る。勝華寺では宮垣善兵衛が出迎え、花折峠までを案内する。『近江輿地志略』は、花折峠という名称の由来について、これより葛川までには「手向の花」とされるシキミがなく、葛川滝入の行者がこの峠においてシキミを折り取り、斎戒するためであると説明している。花折峠からは、葛野常喜・常満が三の滝までを案内するが、この両家は、相応を葛川に導いた常喜・常満の子孫であると伝える。

葛川参籠は7月20日には終えられるが、18日の夜には明王院の本堂で「太鼓廻し」が行われる。これは常喜・常満の合図で、行者がつぎつぎに太鼓に飛び乗り合掌するというもので、相応が滝に飛び込んで、霊木を引き上げて不動明王を刻んだという故事に基づくものである。

三宝橋の石灯籠を過ぎると、左手に明王院の政所があり、表門は重要文化財である。その向かいにみえる朱塗りの宝形造の建物が護摩堂(附厨子1基、国重文)、その右が庵室(附棟札1枚、国重文)で、石段をのぼると本堂(附厨子1基、国重文)がある。本堂前石段の左右にある石灯籠は、1758(宝暦8)年6月に、和邇(現、大津市栗原ヵ)の南喜左衛門が寄進したものである。本堂前の右手にある宝塔は、現在では銘文の判読が難しいが、1328(嘉暦3)年のものとされる。2007(平成19)年には、本堂・庵室の保存修理と発掘調査が行われたが、庵室の発掘調査では、11世紀後半から16世紀

湖辺の堅田から葛川の峡谷へ　　51

前半頃に，現況とは方位が異なる前身の基壇が存在したことが確認され，本堂の発掘調査では，11世紀後半頃には現況よりも規模が小さい前身基壇があったことが確認された。また，本堂の部材の一部は，年輪年代測定により12世紀初頭に伐採されたことがわかり，前本堂からの転用材と判断され，これにより，前本堂の建立時期も平安時代後期であることが明らかになった。

明王院の本尊木造千手観音(不動明王・毘沙門天)立像(平安時代後期作，国重文)は，本堂の厨子内に安置されていたが，現在は，比叡山延暦寺国宝殿に移されている。本来，明王院の本尊は不動明王であるはずだが，いつの頃からか，千手観音を中尊とする三尊形式に改められたようである。

絹本著色不動明王二童子像(国重文，比叡山延暦寺国宝殿保管)は13世紀の作で，もとは7月18日の夏安居のおりに本堂にかけられたものである。紙本著色光明真言功徳絵詞(国重文，京都国立博物館寄託)は密教で唱える光明真言の利益を説いたもので，1398(応永5)年2月の奥書がある。葛川明王院文書(附文保二年文書櫃，国重文，明王院所蔵)は，4336通が15の木箱に分納されているが，そのうちの墨書などから1318(文保2)年5月頃に箱をつくり，伊香立荘との相論の文書をまとめて納めたことなどがわかる。

そのほかに，明王院には本堂や護摩堂，政所に室町時代の懸仏が伝えられている。神奈川県横浜市の總持寺に所蔵される金銅不動明王種子懸仏は，1262(弘長2)年に葛川御正体として奉納されたものであり，懸仏の奉納が鎌倉時代にまで遡ることがわかる。また，明王院に参籠した行者は参籠札を奉納したが，これらのうち，中世から近世の参籠札501枚が，重要文化財に指定されている。もっとも古いものは，1204(元久元)年6月に権大僧都法眼和尚位成円らが奉納したものであり，そのほかにも，室町幕府3代将軍足利義満や9代将軍義尚とその母である日野富子の参籠札などがある。

大津中・南部

Ōtsu-Chūbu Nanbu

比叡山よりみた大津中心部

瀬田の唐橋

①月心寺	⑧新羅善神堂	⑮天孫神社	㉒縁心寺
②逢坂山関跡の碑	⑨法明院	⑯大津城跡	㉓膳所神社
③安養寺	⑩大津市歴史博物館	⑰大津別院	㉔膳所城跡
④関蝉丸神社	⑪園城寺(三井寺)	⑱義仲寺	㉕膳所茶臼山古墳
⑤長安寺宝塔	⑫円満院	⑲竜ヶ岡俳人墓地	㉖篠津神社
⑥大津宿本陣跡	⑬琵琶湖疏水	⑳石坐神社	㉗膳所焼美術館
⑦弘文天皇陵	⑭大津事件記念碑	㉑和田神社	㉘蘆花浅水荘

大津中・南部

◎大津中・南部散歩モデルコース

逢坂関から大津港へのコース　京阪電鉄京津線大谷駅_5_月心寺_8_逢坂山関跡の碑_10_安養寺_3_関蟬丸神社_5_長安寺宝塔_8_大津宿本陣跡_5_大津事件記念碑_5_天孫神社_5_大津別院_6_大津祭曳山展示館_7_大津城跡_1_京阪電鉄石山坂本線・京津線浜大津駅

園城寺周辺コース　京阪電鉄石山坂本線三井寺駅_1_琵琶湖疏水_15_園城寺(三井寺)_3_円満院_5_大津市歴史博物館_8_新羅三郎墓_5_法明院_5_新羅善神堂_3_弘文天皇陵_5_京阪電鉄石山坂本線別所駅

膳所城下・旧東海道を歩くコース　JR東海道本線(琵琶湖線)膳所駅_5_竜ヶ岡俳人墓地_15_義仲寺_10_石坐神社_10_和田神社_4_縁心寺_5_膳所神社_8_膳所城跡_15_篠津神社_5_蘆花浅水荘_3_膳所焼美術館_10_杉浦重剛旧宅_10_粟津の晴嵐(晴嵐1丁目付近)_10_JR東海道本線(琵琶湖線)石山駅

石山寺周辺コース　JR東海道本線(琵琶湖線)石山駅_12_幻住庵跡・近津尾神社_10_保良宮跡(へそ石)_1_国分団地バス停_5_晴嵐小学校前バス停_1_近江国分寺跡_10_瀬田の唐橋_12_建部大社_12_近江国庁跡_12_神領建部大社前バス停_15_唐橋前バス停_5_石山寺山門前バス停_1_石山寺_12_JR石山駅

南郷から大石へのコース　JR東海道本線(琵琶湖線)石山駅_20_南郷洗堰バス停_1_南郷洗堰_1_南郷洗堰バス停_5_立木観音前バス停_20_立木観音_20_立木観音前バス停_10_大石小学校バス停_1_佐久奈度神社_1_大石小学校バス停_30_JR石山駅

㉙杉浦重剛旧宅
㉚粟津の晴嵐
㉛瀬田の唐橋
㉜瀬田城跡
㉝建部大社
㉞近江国庁跡
㉟瀬田廃寺跡
㊱石山寺
㊲近江国分寺跡
㊳幻住庵跡
㊴南郷洗堰
㊵岩間寺
㊶立木観音
㊷大石義民碑
㊸佐久奈度神社
㊹富川磨崖仏
㊺石居廃寺跡
㊻田上不動
㊼オランダ堰堤

① 逢坂山越え

京都三条から逢坂峠を越えて大津へ通じる道は，古代より交通の要衝であった。

月心寺 ❶
077-524-3421
〈M ▶ P.54, 58〉大津市大谷町27-9
京阪電鉄京津線大谷駅 🚶 5分

> 橋本関雪ゆかりの寺
> 走井の泉が湧く

走井の泉（月心寺）

大谷駅を出て，すぐ左の歩道橋を渡り，国道1号線沿いの歩道を京都方面に向かう。約400m歩くと，左手に月心寺（単立寺院）がある。月心寺は，明治時代から昭和時代を生きた日本画家橋本関雪の死後，1946（昭和21）年に関雪の別荘を寺に改めたものである。門をくぐった玄関前には，古くから東海道を旅する人びとがのどをうるおしてきた走井の泉が今も湧き出る。持仏堂には，橋本関雪の持仏と伝える2歳の姿の聖徳太子像が安置されている。境内には，池泉式庭園があり，小野小町の百歳像をまつる百歳堂や松尾芭蕉の句碑「大津絵の筆の始めは何仏」が立つ。当寺の精進料理は静かなブームをよんでおり，昼食に限り予約できる。

逢坂山関跡の碑 ❷
〈M ▶ P.54, 58〉大津市大谷町22
京阪電鉄京津線大谷駅 🚶 2分

> 今も昔とかわらず交通の要衝

月心寺から，きた道を戻り，国道1号線に架かる歩道橋を渡り，国道から左手に折れて旧東海道に入る。東に向かい，鰻料理で有名な「かねよ」を過ぎ，国道1号線に合流したすぐ左手に，常夜灯と並んで逢坂山関跡の碑がある。この碑は，1932（昭和7）年の国道改修工事の際に，建てられたものである。

逢坂関は設置年次は未詳だが，810（弘仁元）年の平城上皇の変（薬子の変）のとき，伊勢の鈴鹿関（現，三重県鈴鹿市）・美濃の不破関（現，岐阜県関ケ原町）とともに，「三関」の1つとされた。非常時

大津絵

コラム

産

旅のみやげ物・庶民の仏画

大津絵は、江戸時代初期の、17世紀前半から、東海道筋の追分町や大谷町（ともに現、大津市）で旅人のみやげ物として描かれるようになり、追分絵あるいは大谷絵とよばれていた。松尾芭蕉が詠んだ「大津絵の筆の始めは何仏」という、1691（元禄4）年正月の句がある。これが文献にみえる「大津絵」の最初である。

芭蕉の句のように、初期の大津絵は、「青面金剛」や「十三仏」などの仏画が描かれ、庶民の日常の礼拝に用いられていた。井原西鶴の『好色一代男』にも遊女屋の屏風に追分絵が貼られていたことがみえる。大津絵の名が全国に広まったのは、近松門左衛門が人形浄瑠璃『傾城反魂香』で、主人公浮世又平が大津絵を創始したと書いてからである。この頃から、「藤娘」や「鬼の念仏」などのユーモアにあふれた風俗画が盛んに描かれるようになった。

江戸時代後期には、心学の流行を反映して、教訓を歌にした「道歌」を賛につけた大津絵もあらわれ、「藤娘」は良縁、「鬼の念仏」は子どもの夜泣き防止などに効き目がある護符（お守り）として用いられるようになった。また、幕末には、大津絵の画題である「藤娘」などを歌詞に取り入れた大津絵節も流行した。

大津絵は描いた職人の名前を記さない庶民の絵であり、買うのも庶民であった。型紙を用いる合羽刷りや手押しの木型を用いて量産され、表具もいかにも表装しているように描く「描表装」の方法が使われた。そのため、値段も安かった。

この素朴な民衆画を高く評価したのが、日本民芸運動の主唱者柳宗悦であった。柳は、1930（昭和5）年、アメリカのボストンで大津絵展を開いた。大津絵は、鉄道開通によって衰退したが、現在では、大津市指定無形文化財保持者の高橋松山らによって、伝統が継承されている。

大津絵「鬼の念仏」

には関が閉じられ（固関）、平安京から関所を警護する固関使が派遣された。以後、逢坂関は、平安京と東海道・東山道・北陸道を結ぶ交通の要衝として、長く存続した。清少納言の『枕草子』にも、「関は逢坂」と書かれ、蝉丸の「小倉百人一首」に入っている「これやこの行くも帰るも別れては　知るも知らぬも逢坂の関」の歌で

逢坂山越え

逢坂山関跡の碑

も有名である。鎌倉時代末期に成立した『石山寺縁起絵巻』にも、菅原孝標女一行が逢坂関を越える場面が描かれている。逢坂峠(160m)は、先の改修工事を含め、何度も掘り下げ工事が行われており、当時は急峻な峠であった。実際の関がどこにあったかは不明である。

逢坂山関跡の碑の左側に、石造の常夜灯が立っている。逢坂峠を越える通行人のために、1794(寛政6)年、夜道を照らす常夜灯が設置された。この常夜灯には、「施主 大津米屋中」として4人の米屋の名前が刻まれている。逢坂越えを利用することが多かった米屋によって寄進されたことがわかる。同形の常夜灯が、関蟬丸神社上社(大津市逢坂)の手前にも残っている。

安養寺 ❸
077-522-8734
〈M ▶ P.54, 58〉大津市逢坂1-18-11
京阪電鉄京津線上栄町駅 🚶 7分

大谷町周辺の史跡

蓮如を守った名号石
立聞観音の伝説

上栄町駅から国道161号線を南へ行き、JR東海道本線(琵琶湖線)の線路を越え、さらに進んで京阪電鉄の踏切を渡って約50m先の山の手側に行くと、浄土真宗本願寺派の安養寺がある(拝観は事前連絡が必要)。862(貞観4)年、円珍によって開かれたと伝えられる。本堂には、木造阿弥陀如来坐像

大津中・南部

(国重文)が安置されている。像高は半丈六(134.1cm)で、寄木造、平安時代後期の作である。江戸時代には、安養寺は園城寺(三井寺、大津市)の末寺で、天台宗寺院であったが、1872(明治5)年に、浄土真宗本願寺派に移った。この阿弥陀如来坐像は、平安時代の天台浄土教の影響下につくられたと考えられる。

　本堂には、延暦寺の僧兵の長刀から蓮如の命を守ったとされ、蓮如が、「無礙光如来」の5文字をみずから刻んだという、「身代わり名号石」も安置されている。また、観音堂には、蝉丸のかなでる琵琶を立ち聞きしていた僧侶が姿をかえたとされる、「立聞観音」とよばれる観音菩薩像がある。

関蟬丸神社 ❹
077-522-6082　〈M ▶ P.54,58〉大津市逢坂1-15-6
京阪電鉄京津線上栄町駅 🚶 5分

逢坂山の守護神と琵琶の名手蟬丸をまつる

　関蟬丸神社は、上社と下社に分かれる。下社(祭神豊玉姫命・蟬丸)は、上栄町駅から国道161号線を350m余り南に行くと右手にあり、上社(祭神猿田彦命・蟬丸)は、下社から国道をさらに約800m進んだ右手にある。社伝によれば822(弘仁13)年、小野朝臣峯守が逢坂山の坂の守護神として山上・山下に創祀し、875(貞観17)年に官社になったという。逢坂峠は、東海道や東山道など主要街道が通る平安京の東の入口にあたり、都を守る逢坂関がおかれていた。関蟬丸神社は関の鎮守、また道中の安全を守る道祖神として創建されたと考えられる。この両社に946(天慶9)年、蟬丸が合祀された。

　蟬丸は、平安時代中期の歌人。醍醐天皇の第4皇子とも宇多天皇の皇子敦実親王の雑色(王臣家の下級家務従事者)とも伝えられる盲目の琵琶の名手で、逢坂山に隠棲して、源博雅に琵琶の秘曲を伝えた話は名高い。琵琶法師の祖として伝説は多いが、史実は明らかではない。蟬丸の合祀により、両社は音曲芸能の神として芸能に携わる人びとに信仰された。

関蟬丸神社下社の時雨灯籠

逢坂山越え　59

江戸時代には諸国の説教芸人(音曲・舞踊・曲芸などの雑芸人)に免状を与え、同社の縁起を説く者として各地での興行権を保証した。

下社の境内入口には、紀貫之が「逢坂の関の清水に影みえて　今や引くらむ望月の駒」と詠んだ「関の清水」跡が、本殿の向かって左奥には、花崗岩製六角形の石灯籠(国重文)がある。鎌倉時代の作で「時雨灯籠」とよばれる。

長安寺宝塔 ❺
077-522-5983
〈M ▶ P.54, 58〉大津市逢坂2-3-23
京阪電鉄京津線上栄町駅 🚶 3分

「関寺」の跡 巨大な「牛塔」

長安寺は、上栄町駅から京阪電鉄の線路沿いに南へ行き、最初の十字路を右折して西に行った突き当りにある。一遍が開山した時宗の寺院で、平安時代に貴族の信仰を集めた大仏で有名な関寺の跡地に建てられた。関寺の創建は不明だが、かつて逢坂関の東側付近にあった。関寺は、平安時代中期に大地震で倒壊したが、その再建工事に際して、清水寺(京都府京都市)から資材運搬用に寄進されたウシが、仏の化身であるとの噂が広がり、藤原道長ら貴族たちもこのウシをひと目みようと参詣した。工事終了後、ウシが死んだため、手厚く葬られ、その跡には供養塔が建てられた。それが現在参道の入口に立ち、「牛塔」といわれる石造の長安寺宝塔(国重文)であると伝えられる。

長安寺宝塔

伝承は平安時代中期のものだが、宝塔は鎌倉時代初期の作と考えられている。高さ約3.3m、八角形の台石の上に壺型の塔身をおき、その上に、六角形の笠石を載せる、ほかに例のない形態である。

大津宿本陣跡 ❻
〈M ▶ P.54, 58〉大津市御幸町6
京阪電鉄京津線上栄町駅 🚶 2分

上栄町駅で降り、国道161号線に出ると、向かい側の京阪バスの、労働基準局前バス停近くに、「明治天皇聖跡」と記された碑が立っ

大津算盤

コラム

産

日本で最初に算盤を製造・販売

大津算盤は、江戸時代前期から大津絵とともに、東海道筋の大谷町から追分町（ともに現，大津市）にかけて、みやげ物として売られていた。江戸時代の旅行記や名所案内には、大津の名産としてあげられている。

1612（慶長17）年、大津ゆかり（西教寺に墓がある）の長谷川藤広が長崎奉行になったとき、大津一里塚町の片岡庄兵衛も一緒に長崎に赴き、明国人から算盤の製法を学び、故郷の大津に帰って日本最初の算盤の製作を始めたといわれる。以後、片岡家は幕府御用達の算盤師をつとめた。1854（安政元）年には、大谷・追分両町では、株仲間結成を認められた17軒の業者があった。

明治時代に入ると、大津算盤は廃絶したが、片岡家と並ぶ有力な業者であった小島家には、「宝永二（1705）年」銘のある大算盤（在銘では最古）を始め、各種の算盤製作道具一式（大津市歴史博物館保管）などが伝来し、製作過程を知ることができる。また大津算盤は、裏に「大津追分一里塚前庄兵衛」などの作者名を記す紙を貼ったものが多く、一目で大津算盤であることがわかる。

大津算盤は、釘や鋲を1本も使わないこと、珠の大きさに比較して竹芯が細いこと、裏小板を嵌め込んでいることなどが特徴である。

大津算盤の碑（園城寺）

今も電車や車が行き交う主要道

ている。その横には、1868（明治元）年から69年にかけて、天皇の行幸次第を記した小さな碑も立つ。この付近が、大津宿本陣跡である。

本陣とは、江戸時代の宿場におかれた大名などの宿泊施設である。大津宿の京都側の入口にあたる八丁通り（現，札の辻から逢坂1丁目）には、天保年間（1830～44）の記録では、本陣2軒・脇本陣2軒・旅籠71軒が並んでいた。この地は、その本陣の1つ大塚嘉右衛門宅跡にあたる。当時の本陣の規模は、建坪240坪（約792m^2）、236畳半と広大で、3階の楼上には、4畳半の茶室が設けられ、そこからの琵琶湖の眺めは素晴らしかったという。この本陣は、明治時代初期に廃絶し、建物は1873（明治6）年に、明倫学校（現，逢坂小学校）として利用された。

逢坂山越え

② 大津中央部の史跡

東海自然歩道を法明院・園城寺・琵琶湖疏水に沿って大津港へ。さらに県都大津の中心部をめぐる。

弘文天皇陵 ❼
077-521-2100（大津市歴史博物館）
〈M ▶ P.54, 67〉大津市御陵町3
京阪電鉄石山坂本線別所駅 🚶 5分

壬申の乱の犠牲者 大友皇子ゆかりの陵墓

弘文天皇陵

別所駅を出て，すぐ前の横断歩道を渡り，大津市役所前の歩道を北に向かう。弘文天皇陵への道標に従って，大津財務事務所の北側を左折し，山手への坂道をあがり，最初の角を左折すると，左手に弘文天皇陵がある。

壬申の乱(672年)で，大海人皇子に敗れて死んだ大友皇子が，天皇位(正確には大王位)についたか否かは，古くから議論されてきたが(学界では非即位説が有力)，弘文天皇の諡号が明治天皇から贈られたのは，1870(明治3)年である。陵墓については，滋賀県令籠手田安定が，長等山麓にあった亀丘とよばれる古墳を政府に申請し，1877年政府もこれを認め，弘文天皇陵(長等山前陵)と定められた。しかし，この古墳は，まったく年代があわず，弘文天皇陵が大友皇子の墓であるとはいえない。

新羅善神堂 ❽
077-522-2238
〈M ▶ P.54, 67〉大津市園城寺町246 Ｐ(皇子が丘公園)
京阪電鉄石山坂本線別所駅 🚶 5分

園城寺の守護神 源義光ゆかりの神社

弘文天皇陵のすぐ西側にある鳥居をくぐって行くと，道が右に折れる。石段をあがった広場の奥に，新羅善神堂(附 須弥壇及び厨子，国宝)がある。園城寺(三井寺)鎮守社の1つ。園城寺最古の木造建造物で，足利尊氏が1347(貞和3)年に再建した。三間社流造の神社本殿の建築である。もとは，新羅社・新羅明神社とよばれていたが，明治時代初期の神仏分離によって，現在の名称となっ

新羅善神堂

堂内に木造新羅明神坐像(国宝，非公開)をまつる。新羅明神は，円珍が入唐求法の旅から帰国する途中にあらわれ，その教法を守護することを誓ったとされ，以後，園城寺の守護神として崇敬を集めた。この像は，平安時代の作である。新羅明神と源氏との関係は深い。源頼義は前九年合戦(1051～62年)の出陣にあたり，新羅明神に戦勝を祈り，頼義の3男義光は，新羅明神の社前で元服し，新羅三郎義光と名乗った。この新羅善神堂の南の道をのぼると，玉垣に囲まれた新羅三郎の墓がある。

法明院 ❾
077-522-0680

〈M▶P.54,67〉大津市園城寺町246 Ｐ(皇子が丘公園)
京阪電鉄石山坂本線別所駅 🚶10分

園城寺北院の1つ　フェノロサの墓所

新羅善神堂から北東へ伸びる道をたどって大津財務事務所の北側の道に戻り，西に向かい，突き当りを左に折れて谷川に沿ってのぼる。石段をのぼり詰めると，法明院がある。園城寺(三井寺)の北院にあたり，江戸時代初めに創建され，一時廃絶したが，1724(享保9)年，天台密教戒律の道場として再興された。庭園は池泉回遊式で，ここからの琵琶湖の眺めは素晴らしい。また，フェノロサの墓があることで有名である。墓は五輪塔で，墓碑には「玄智明徹諦信居士」の戒名が刻まれている。

フェノロサは，アメリカのハーバード大学卒業後，1878(明治11)年に来日し，東京大学で哲学を講じた。日本美術を研究し，欧米に紹介した人物として知られ，日本美術を高く評価し，その影響を強く受けた教え子

フェノロサの墓(法明院)

大津中央部の史跡

の岡倉天心とともに，東京美術学校(現，東京芸術大学)の設立に尽力した。法明院住持の桜井敬徳に師事し，受戒した。1908年ロンドンで客死後，遺言により法明院に葬られた。法明院には，フェノロサが愛用した地球儀や石油ランプなどが保管されている。

大津市歴史博物館 ⑩
077-521-2100　〈M▶P.54, 67〉大津市御陵町2-2　P
京阪電鉄石山坂本線別所駅 徒 5分

復元模型による町並みの再現

大津市歴史博物館

別所駅を出て，すぐ前の横断歩道を渡り，大津市役所前の歩道を南に向かう。大津商業高校の前を過ぎたつぎの交差点を右に曲がり，山の手のほうへ少しあがると，大津市歴史博物館がある。

大津市ゆかりの文化財や歴史資料を収集・保管，調査・研究し，広く公開することを目的として，1990(平成2)年10月に開館した。1階のエントランスホールでは，大津市内各地域の空からの風景を，100インチの大型画面のビデオで紹介している。また，ビデオコーナー・れきはく情報システムなど，さまざまな映像機器が揃えられている。常設展示室では，「堅田と比良山麓の村々」「比叡とその山麓」「大津百町」「近江八景」「膳所六万石」「大津京」の6つのコーナーからなるテーマ展示と歴史年表展示をしており，大津の歴史と文化について，資料や復元模型・写真パネル・イラストを用いてわかりやすく解説している。2階の企画展示室では，随時，特別展・企画展が開催される。

園城寺(三井寺) ⑪
077-522-2238　〈M▶P.54, 67〉大津市園城寺町246　P
京阪電鉄石山坂本線三井寺駅 徒 10分

三井寺駅から大門通りを西に向かって歩くと，園城寺の表門である大門(仁王門，国重文)に至る。もとは，湖南市西寺の常楽寺の門で，1452(宝徳4)年に建立されたが，1601(慶長6)年，徳川家

康によって移築された。両脇に仁王像を安置し，1階と2階の間を回縁とする三間一戸の楼門である。門をくぐると右手に，食堂（釈迦堂，国重文）がある。室町時代中期の建造物で，1621（元和7）年に移築された。本尊として清涼寺式釈迦如来像をまつる。

天台寺門宗の総本山 近江八景「三井の晩鐘」

園城寺は，天台寺門宗の総本山で，三井寺という別称をもつ。「三井寺」の名は，天智・天武・持統天皇の産湯に用いられたとされる泉があることから，「御井の寺」とよばれ，のち，平安時代に円珍が密教の三部灌頂にこの水を使用し，「三井」とよばれたことに由来する。

壬申の乱（672年）に敗れた大友皇子の子，大友与多王が父の霊を弔うために，「田園城邑」を寄進して寺を創建し，この文字にちなみ，天武天皇から「園城」という勅額を贈られたことが，園城寺の始まりとされている。境内から白鳳期の瓦が出土しており，白鳳創建を裏づけている。

衰退していた大友氏の氏寺の園城寺を再興したのが円珍である。円珍は859（貞観元）年，園城寺初代長吏に就任し，866年，園城寺は天台別院となった。868年，円珍は第5代天台座主となり，園城寺内に唐院を建立して，唐から持ち帰った経典を納めた。円珍の死後，延暦寺では，円仁派と円珍派の門徒の対立が激化し，993（正暦4）年，円珍派が比叡山をおりて園城寺に入り，以後，山門派（延暦寺）と寺門派（園城寺）の抗争が繰り広げられた。園城寺は，山門派の焼討ちや源平の争乱などに巻き込まれ，しばしば戦禍をこうむった。その一方で高僧を輩出し，東大寺・興福寺（ともに奈良県奈良市）・延暦寺と並ぶ日本四箇大寺の1つに数えられた。

この園城寺に大打撃を与えたのが，豊臣秀吉である。理由は不明だが，1595（文禄4）年，突如闕所令を発した。闕所とは，一山の破

園城寺大門

大津中央部の史跡　65

園城寺金堂

却を意味する。堂宇は強制的に移築され、金堂は延暦寺西塔釈迦堂として現存している。しかし、秀吉が死去すると、徳川家康らがただちに再建に着手した。現存する園城寺の建物の多くが、安土桃山時代から江戸時代初期の築造か移築であるのはこのためである。

　正面の石段をのぼると、金堂(附厨子、国宝)がある。秀吉の正室北政所の寄進により、1599(慶長4)年に再建された安土桃山時代を代表する建造物である。屋根は檜皮葺きだが、先年の台風で大きな被害を受けたため、全面葺替え工事が行われた(2008年秋まで)。堂内は拝観できる。金堂の南東には、1602年再建の鐘楼(国重文)が立つ。鐘楼にかかる梵鐘(県文化)は、近江八景「三井の晩鐘」で知られる。宇治の平等院(京都府宇治市)、高雄の神護寺(京都府京都市)とともに、日本三名鐘に数えられ、荘厳な音色は「日本の残したい音風景百選」にも選ばれた。

　金堂後ろの閼伽井屋(国重文)は、1600(慶長5)年の建立で、寺名の由来となった泉が、今も音を立てて湧いている。閼伽井屋の正面上部には、左甚五郎作と伝えられる竜の彫刻がある。閼伽井屋の横から山手へあがると、霊鐘堂があり、ここに安置されている梵

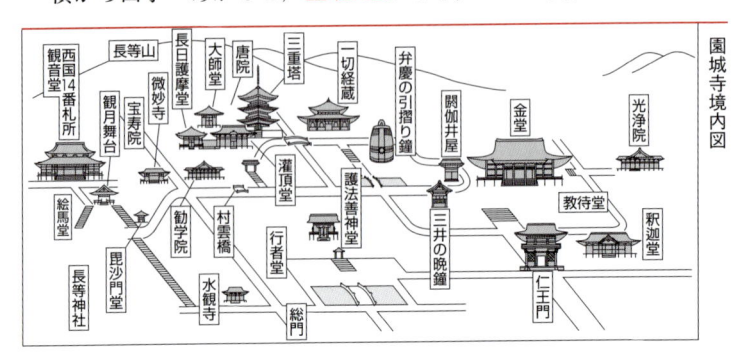

園城寺周辺の史跡

鐘（国重文）は，奈良時代の作である。藤原（俵〈田原〉藤太）秀郷が竜宮から持ち帰ったと伝えられ，ひびが入り，乳が16個も引きちぎられている。これは，武蔵坊弁慶が山門派との争いで，延暦寺へ引き摺りあげて撞いたところ，「イノー，イノー（帰りたい）」と響いたので，弁慶が怒って谷底へ投げ捨て，破れ鐘になったという「弁慶の引き摺り鐘」伝説で知られる。

　霊鐘堂のすぐ南には，一切経蔵（経堂，国重文）がある。室町時代中期の建造で，1602年，毛利輝元により周防国（現，山口県）の国清寺より移築・寄進された。堂内には，高麗版一切経を収める八角形の輪蔵（回転式書架）がある。この南に塔婆（三重塔，国重文）が立つ。もとは大和吉野の比蘇寺（現，世尊寺〈奈良県大淀町〉）の塔で，室町時代初期に建てられたが，1601（慶長6）年，徳川家康により移築された。

　三重塔の南には，円珍の廟所の唐院があり，園城寺内でもっとも神聖な区域とされる。唐院には，大師堂・唐門・灌頂堂・四脚門（唐院として一括指定，国重文）がある。大師堂は1598（慶長3）年に再建された。堂内には，御骨大師とよぶ木造智証大師坐像，中尊大師とよぶ木造智証大師坐像が安置されており，ともに，平安時代の作で国宝である。原則として非公開であるが，中尊大師は，円

大津中央部の史跡　67

珍の忌日にあたる10月29日のみ公開される。ほかに木造黄不動尊立像(国重文, 非公開)が安置されている。唐門・灌頂堂・四脚門は, 江戸時代初期の建造である。

　唐院を出て石段をおり, 村雲橋を渡り, 南に3分ほど歩くと, 右手に極彩色の毘沙門堂(国重文)がみえる。1616(元和2)年の建立である。さらに右手の石段をのぼり詰めると, 西国三十三所観音霊場14番札所の観音堂がある。本尊は木造如意輪観音坐像(国重文)

国宝	平安時代	絹本著色不動明王像(黄不動尊)	園城寺所蔵のおもな文化財
		紙本墨画五部心観(巻初を欠く)	
	平安時代ほか	智証大師関係文書典籍	
	そのほか	紙本墨画五部心観(完本)	
重要文化財	平安時代	木造千手観音立像	
		木造護法善神立像	
		木造十一面観音立像	
		木造愛染明王坐像(所在正法寺)	
		木造不動明王坐像	
		木造智証大師坐像	
		金銅孔雀文磬	
	鎌倉時代	木造吉祥天立像	
		木造訶梨帝母倚像(所在護法善神堂)	
		絹本著色黄金剛童子像	
		絹本著色尊星王像	
		絹本著色多聞天像	
		絹本著色不動明王八大童子像	
		絹本著色八大仏頂曼荼羅図	
		絹本著色天台大師像	
		絹本著色閻魔天像	
		絹本著色水天像	
		絹本著色尊勝曼荼羅図	
		絹本著色新羅明神像	
		絹本著色不動明王像	
		絹本著色不動明王二童子像	
		絹本著色釈迦十六善神像	
		紙本著色園城寺境内古図	
	南北朝時代	絹本著色両界曼荼羅図	
		紙本墨書大蔵経	
	室町時代	絹本著色涅槃図	
		園城寺尺	
	そのほか	銅鐘	

で，33年ごとに開扉される秘仏である。1689（元禄2）年に再建された観音堂のほかに，観月舞台・鐘楼・百体堂（観音堂とともに，南院札所伽藍として一括指定，県文化）などの諸堂が並び立ち，ここからの琵琶湖の眺めは美しい。

　光浄院客殿と勧学院客殿（ともに国宝）は，一般公開はしていないが，往復はがきで申し込めば（3人以上），特別拝観できる。仁王門をくぐって，右への道をしばらく行くと，金堂の北に石垣と白壁に囲まれた光浄院がある。光浄院客殿は1601年，光浄院の住持であった山岡道阿弥によって再建された。南北2列の座敷構成をとるが，すべて面取をした角柱を用い，各室とも畳を敷き詰め，上座の間には，床・違い棚・帳台構を設け，間仕切りには襖を立てるなど，初期書院造の典型といえる建物である。また，庭園に面した広縁には，2畳の上段の間が突き出ている。上座の間と次の間に描かれた障壁画（国重文）は，作者は不明だが，安土桃山時代の狩野派の筆によるものである。

　光浄院庭園（国名勝・国史跡）は，客殿の南面に広がる。池は，客殿の広縁の下にまで入り込む特異な形態をとっている。池には中島を設け，3個の石を直線に配列し，対岸の中央西南には，2個の立石により枯滝をつくっている。庭には，スギ・マツ・カエデなどのほか，ツツジ・サツキなどが植えられている。

　金堂の前から南に向かい，村雲橋を渡ったつぎの角を西に曲がってすぐ北側に，石垣で囲まれた勧学院がある。勧学院は，学を勧める所，すなわち学問所である。勧学院客殿は，豊臣秀頼の命を受けた毛利輝元によって，1600年に再建された。初期書院造の形態である，主殿造の形式を伝える貴重な遺構である。内部は3列8室よりなる。一之間および二之間の障壁画（〈一之間〉金地著色滝図・梅，

光浄院庭園

檜及花卉図・桜, 杉及花卉図・檜及花卉図,〈二之間〉紙本著色松ニ山鳥, 鴨・鴛鴦図及竹ニ雀図・竹ニ雀及芦ニ鷺図, 国重文）は, 狩野永徳の嫡男狩野光信の作である。とくに一之間の障壁画は, 金碧による「四季花木図」で構成され, 華麗である。

円満院 ⑫
077-522-3690

〈M ▶ P.54, 67〉大津市園城寺町33　P
京阪電鉄石山坂本線別所駅 🚶 5分

平安時代創設の門跡寺院

園城寺（三井寺）大門前から少し北へ進むと, 円満院（単立寺院）がある。987（寛和3）年, 村上天皇の皇子悟円法親王によって創建され, 歴代の皇族が入寺する門跡寺院となった。園城寺三門跡の1つ

円満院宸殿

であったが, 第二次世界大戦後, 園城寺から独立した。受付で拝観料を払うと, 宸殿・庭園・大津絵美術館が見学できる。

宸殿（国重文）は, 明正天皇の御殿を下賜され, 1647（正保4）年に移築された。安土桃山時代の建築の面影をよく残している。南北2列に3室の計6室と, 唐破風の玄関（宸殿の附指定で国重文）からなる。西北の上段の間が最上室で, 床・違い棚・書院・帳台構が揃う。明治時代初期には, 滋賀県庁としてこの建物が使用されていた。

庭園（国名勝・国史跡）は, 宸殿に南面してつくられた池泉式庭園である。正面に長い池を掘り, 池の中には, 鶴島・亀島が浮かび, 大きな石橋が架かる。池の背後にある築山は, 自然の地形をいかし, サクラ・カエデ・ヒノキ・スギ・ツツジなどが植えられている。

境内にある大津絵美術館には, 大津絵の代表的な図柄作品のほか, 円満院旧蔵の円山応挙作「七難七福図」の複製画などが展示されている。

琵琶湖疏水 ⓭

〈M▶P.54,67〉 大津市浜大津4ほか　🅿(園城寺駐車場)
京阪電鉄石山坂本線三井寺駅🚶1分

三井寺駅のすぐ横を琵琶湖疏水が通っている。大津市三保ヶ崎の取水口から，園城寺(三井寺)観音堂下の長等山トンネルを経て蹴上(京都府京都市)まで，約11kmの運河である。日本の近代土木技術の草分け時代の記念碑として，大津市内では三井寺観音堂下の第一隧道入口，稲葉台の第一竪坑，藤尾奥町の第二竪坑，同じく第一隧道出口の4カ所が，国の史跡に指定されている。

琵琶湖疏水は2期に分けてつくられ，それぞれ第1疏水・第2疏水と称された。第1疏水は，水運の利用，生活用水の確保，水車動力の使用を目的とした。江戸時代から何度も計画されたが，具体化したのは明治時代に入ってからである。京都府が政府に強く働きかけ，滋賀県の反対を押し切って政府の許可を得て，1885(明治18)年に着工された。工事主任は，工部大学校(現，東京大学)を卒業したばかりの若手技師田辺朔郎があたり，外国人技師の助けを借りなかった。1890年，5年の歳月と約120万円の巨額の費用をかけて完成した。

翌91年には，疏水の水力を利用して稼動する，日本初の水力発電所が蹴上に建設された。現在は，第2疏水(1912年完成)とあわせて，京都への飲料水供給に利用されている

琵琶湖疏水(園城寺付近)

大津事件記念碑 ⓮

〈M▶P.54,75〉 大津市京町2-2-11
077-521-2100(大津市歴史博物館)
JR東海道本線(琵琶湖線)大津駅🚶10分

大津駅からバス通り(寺町通り)を浜大津方面へ向かい，中央2南交差点を右折してすぐの右手角に，「此付近露国皇太子殿下遭難之地」の文字が刻まれた大津事件記念碑が立つ。

1891(明治24)年5月11日，来日中のロシア皇太子ニコライが琵琶湖を観光し，滋賀県庁での昼食後，人力車で下小唐崎町(現，京町

大津事件記念碑

2丁目)を通行中、警備中の守山警察署三上駐在所巡査津田三蔵に斬りつけられた。これが、当時の日本を震えあがらせた大津事件である。

　津田がこの行動におよんだ理由は不明であるが、当時流布していた、西郷隆盛が生存して帰国するという噂の影響を受けていたとされる。また、津田が最初に警備についた園城寺(三井寺)観音堂横の西南戦争記念碑をニコライが訪問せず、随行するロシア人士官が碑に敬意を表さなかったことに憤り、ニコライに対する殺意を抱いたと証言している。

　ニコライの傷は幸いに浅く、津田も逮捕された。明治天皇はただちに京都に向かい、ニコライを見舞った。時の松方正義内閣は、事件を担当した大審院(明治時代から昭和時代前期の最上級の裁判所)に圧力をかけ、天皇・皇太子に危害を加えた者を処罰する大逆罪を適用して、死刑にすることを要求した。しかし、裁判を担当した判事は、大審院長児島惟謙の意見に従い、通常の謀殺未遂罪を適用して、無期徒刑を言い渡した。政府の圧力に屈せず、司法権の独立を守った歴史的な事件である。なお津田は、判決後、北海道の釧路集治鑑(現、北海道標茶町)に送られ、事件の4カ月後に獄死した。事件がおこった現場に、1970(昭和45)年この碑が建てられた。

天孫神社 ⑮　〈M ► P.54,75〉大津市京町3-3-36　P
077-522-3593　　　JR東海道本線(琵琶湖線)大津駅 🚶 5分

県庁前にある大津祭の神社

　大津駅から中央大通りを琵琶湖岸へ向かい、京町3交差点を県庁のほうへ右折すると、左手に天孫神社(祭神彦火火出見尊・国常立尊・大己貴命・帯中津日子神)がある。四宮神社などと称されたが、明治時代初期に現在の社名となった。このため、現在でも地元では「四宮さん」とよばれる。桓武天皇が延暦年間(782〜806)に大津に行幸したとき、海神にゆかりのある彦火火出見尊を勧請したことに始まるとされる。当初は、琵琶湖岸にあったが、「四宮大明

大津祭

コラム

からくり人形の曳山　豪華な見送り幕

大津祭(大津曳山祭, 県民俗)は, 天孫神社(大津市京町)の祭礼で, 金具などで飾られた曳山が市内を練り歩く。四宮祭とも称され, 湖国三大祭りの1つに数えられる。慶長年間(1596～1615)に, 鍛冶屋町(現, 京町3丁目・中央3丁目)に住む塩売治兵衛が狸面をかぶって四宮馬場で踊ったことから始まったとされる。曳山の原形ができたのは1635(寛永12)年頃で, 京都の祇園会の山鉾を真似て町ごとにつくられたと伝えられる。当初は曳山とともに練り物とよばれる仮装行列も巡行した。1776(安永5)年には14基の曳山が揃った(現在は13基)。

大津祭の特色は, それぞれの曳山に仕掛けられたからくり人形にある。からくりは, 中国の故事や能・狂言に題材をとっており, 京都の人形師が製作した等身大の人形を含む立派なものである。本祭りでは,「所望」といわれる特定の場所で見物人に披露される。13基の曳山の中で, 龍門滝山と月宮殿山の見送り幕(四宮祭鯉山飾毛綴・四宮祭月殿山飾毛綴, ともに国重文)は, 16世紀のベルギーのブリュッセルで織られたタペストリー(壁掛けなどに用いた織物)を仕立てたもので, 町内が入手したのは前者は1799(寛政11)年, 後者は1807(文化4)年である。

毎年9月16日に, 天孫神社に曳山町の代表が集まって, くじ取り式が行われ, 西行桜狸山以外の巡行順を決める。10月の第1日曜日が山建てで, 山蔵に収納されていた部材を曳山に組みあげる。宵宮(本祭の前日)では, 曳山のまわりに提灯が飾られ, 見物人で大変賑わう。本祭(体育の日の前の日曜日)の朝, 13基の曳山は神社前に集まり, からくりを奉納する。西行桜狸山を先頭にして, くじの順に出発する。祭囃子とともに豪華な装飾が施された曳山が巡行し, 町は, 祭り気分一色に染められていく。大津祭を生み出したのは, 江戸時代の大津町人の豊かな経済力と心意気であり, それが今に伝わっている。

丸屋町商店街内にある大津祭曳山展示館では, 曳山の1つ西王母山の原寸大模型を展示している。壁面には, 賑わう町並みを再現, 音響効果・照明・スライド投影により, 大津祭のムードが味わえる。

西王母山原寸大模型(大津祭曳山展示館)

大津中央部の史跡　73

天孫神社本殿

神社記」によると、現在地に遷されたのは、元亀年間(1570～73)だという。当社の例祭が大津祭である。

大津城跡 ⓰
077-521-2100(大津市歴史博物館)
〈M ► P.54,75〉大津市浜大津1-5　Ｐ(大津港)
京阪電鉄石山坂本線・京津線浜大津駅🚶1分

大津港に姿をかえた城跡

　浜大津駅から琵琶湖のほうへ向かい、歩道橋で道路を渡ってすぐ左へおりると、大津城跡の碑がある。
　大津城は、明智光秀が築城した坂本城(大津市下阪本)が廃城とされた後、1586(天正14)年か、その翌年に浅野長政によって築かれた。浜大津の湖岸先端部(現、浜大津1丁目ほか)に築かれ、4層5階の天守が聳える本丸を中心に、二の丸・三の丸が3重の堀によって囲まれていた。発掘調査によって、城の遺構とともに、金箔瓦が出土している。城主は、長政の後、のちの五奉行の1人増田長盛らを経て、1595(文禄4)年京極高次にかわった。
　1600(慶長5)年、関ヶ原の戦いの前哨戦ともいうべき「大津籠城戦」の激しい戦闘が行われた。高次の正室常高院(初)は、姉が豊臣秀吉の側室淀殿(茶々)、妹が徳川秀忠の正室崇源院(江)という複雑な関係にあった。結局、高次は東軍(徳川軍)に味方し、関ヶ原(現、岐阜県関ヶ原町)に向かおうとする1万5000の毛利軍を阻止するために、大津城に籠城して猛攻にもよくもちこたえた。籠城開

大津城跡(大津港付近)

大津中・南部

始から11日目の9月15日、城を明け渡したが、その日はちょうど関ヶ原の戦いが行われた日であった。9月20日、関ヶ原の戦いに勝利した徳川家康は、本丸だけが残る大津城に入り、戦後処理を行った。

家康は、大津を商業都市として位置づけ、城を膳所(現、大津市膳所)に移した。天守は最後まで落ちなかったため、めでたい天守として、家康の命によって彦根城(彦根市)に移築された。1957(昭和32)年の彦根城の解体修理で発見された部材の墨書によって、大津城からの転用材によって建築されたことが、確認された。

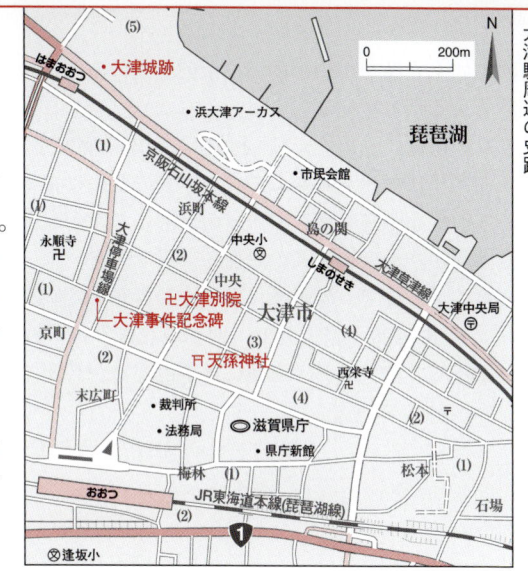

大津別院 ⑰
077-522-6960

〈M ▶ P.54, 75〉 大津市中央2-5-25 P
JR東海道本線(琵琶湖線)大津駅 🚶 5分

大津別院は、大津駅前の中央大通りを琵琶湖岸に向かい、京町3交差点を過ぎると、つぎの交差点の西側に東面して立つ。1600(慶長5)年、本願寺の教如が創建した浄土真宗大谷派の別院で、大津御坊ともよばれた。現在の本堂(国重文)は、昭和時代の修理工事で発見された向拝実肘木の墨書銘から、1649(慶安2)年の再建と判明した。参詣者用の外陣を広くとり、畳を敷き詰め、本尊の木造

大津別院本堂

阿弥陀如来立像をまつる両側に余間を設けるなど，真宗寺院本堂の特徴をよく示している。

本堂の西側に立つ書院(国重文)は，1662(寛文2)年の地震の倒壊後，1670年に再建されたもので，本堂の背面に接続して建てられている。小さな中庭を囲んで，コの字形に7室が配置され，南西隅の上段の間が，最上の格式の対面の部屋である。床・違い棚の壁画から襖絵に至るまで，狩野派による金地の花鳥図や蘭亭曲水画が描かれ，天井も折上格天井で，四季草花図が描かれ，豪華絢爛な空間となっている。なお，拝観には事前連絡が必要である。

江戸時代初期の大きな本堂と豪華な書院

③ 膳所城下

江戸時代に設置された膳所藩の城下町膳所。膳所城の遺構が残る町を、旧東海道に沿って歩く。

義仲寺 ⑱
077-523-2811
〈M ▶ P.54,82〉 大津市馬場1-5-12
JR東海道本線（琵琶湖線）膳所駅・京阪電鉄石山坂本線京阪膳所駅 🚶 5分

木曽義仲と松尾芭蕉の墓が並ぶ

　JR膳所駅・京阪膳所駅から琵琶湖岸に向かって約350m進み、旧東海道との交差点を左折し約50m行くと、左手に義仲寺（単立寺院、境内は国史跡）がある。
　源（木曽）義仲は1180（治承4）年、以仁王の平家追討の令旨を受けて挙兵し、北陸から京に入り、平家を西国に追った。しかし、後白河法皇と対立し、法皇の意を受けた源頼朝の弟範頼・義経軍と激しく戦い、1184（寿永3）年粟津（現、大津市粟津町）で戦死した。義仲寺境内には義仲の墓があり、そのかたわらには、義仲の愛妾巴御前の小さな供養塚が立っている。
　義仲寺は、室町時代末期頃に近江守護佐々木六角氏が、義仲の菩提を弔う寺を建立したことに始まると伝えられている。江戸時代中頃までは、義仲の墓と伝えられる塚に根をおろすカキの木があるだけの小寺だったといわれ、木曽塚・無名庵ともよばれていた。松尾芭蕉が最初に義仲寺を訪れたのは、『おくのほそ道』の旅から帰った1689（元禄2）年で、この年の暮れは当寺で越年した。その後、義仲を敬愛していた芭蕉は、膳所の地に心惹かれ、たびたび滞在している。「木曽殿と背中合わせの寒さかな」の有名な句は、伊勢（現、三重県）の俳人山田又玄が、1691年、無名庵に滞在中の芭蕉を訪ね泊まったときの作である。
　芭蕉は、1694年10月12日、大坂で死去した。芭蕉の遺言により、向井去来ら門人により、遺骸は木曽塚に運ばれ、14日に葬儀

木曽義仲の墓（義仲寺）

膳所城下　77

が行われ、深夜ここに埋葬された。義仲の墓の右隣に、芭蕉の墓がある。墓石の「芭蕉翁」の文字は、内藤丈草の筆といわれる。奥には、芭蕉の木像をまつる翁堂があり、境内には、辞世の句「旅に病で夢は枯野をかけめぐる」など19の句碑が建てられている。

竜ヶ岡俳人墓地 ⓳

〈M ▶ P.54, 82〉大津市馬場2-12-62
JR東海道本線(琵琶湖線)膳所駅・京阪電鉄石山坂本線京阪膳所駅 🚶 5分

松尾芭蕉の弟子たちの墓碑が立ち並ぶ

竜ヶ岡俳人墓地

JR膳所駅・京阪膳所駅を出て、すぐ東側にあるJR線の高架橋を渡り、国道1号線を右手に100m余り歩いた小高い場所に、竜ヶ岡俳人墓地がある。蕉門十哲の1人内藤丈草が、義仲寺の奥の院であった竜ヶ岡に仏幻庵を営み、1703(元禄16)年に、松尾芭蕉追悼のために法華経塚を建てた。丈草は没後、仏幻庵の故地に葬られ、続いて各務支考・水田正秀ら17人の墓碑が建てられた。17の墓は、車座になって句会を開いているように並んでいる。かつては、竹藪や雑木林に囲まれた閑静な地であったが、国道1号線の開通や付近の開発によって、様相が一変している。

石坐神社 ⓴
077-524-8696

〈M ▶ P.54, 82〉大津市西の庄15-16 Ｐ
京阪電鉄石山坂本線 錦 駅 🚶 8分

平安時代から続く雨乞いの神様

義仲寺から東へ約400m行って、膳所城下の入口である膳所城北総門跡を通り、旧東海道を約400m行くと、右手に石坐神社がみえる。石坐神社は『延喜式』神名帳に「石坐神社」とみえるが、創建年代は不明である。社伝によれば、天智天皇のときに、神社の南西にある御霊殿山に海津見神があらわれて旱魃を救ったため、天皇が山上にまつったことに始まるという。壬申の乱(672年)後、粟津郷の石坐野に社殿を建てて、御霊殿山から祭神を遷し、八大竜

石坐神社本殿

王宮と称した。このとき，近江朝ゆかりの3神を密かに合祀したとされる。江戸時代には八大竜王社とよばれ，雨乞いの神として信仰された。明治時代になって，現在の社名に改称された。

祭神は，天命開別命(天智天皇)・弘文天皇(大友皇子)・伊賀采女宅子媛命・彦坐王命・豊玉比古命・海津見神である。本殿(県文化)は，三間社流造・檜皮葺きで，棟札の写しから，1266(文永3)年の建立とわかる。現社地に遷されたのも，このときのことと伝えられる。本殿には，木造天命開別命坐像・木造弘文天皇坐像・木造伊賀采女宅子媛坐像・木造彦坐王坐像(いずれも国重文，非公開)がまつられている。彦坐王像のみが南北朝時代の作で，ほかの3像は平安時代の作である。

和田神社 ㉑
077-522-2057 〈M ▶ P.54, 82〉大津市木下町7-13 P
京阪電鉄石山坂本線膳所本町駅 ★5分

唐破風が印象的な小さな社殿

石坐神社の北を通る旧東海道を東に約600m進むと，右手に和田神社(祭神高龗神)がある。表門は，1808(文化5)年に創設された膳所藩校遵義堂の門を移築したものである。本殿(国重文)は，一間社流造・檜皮葺きの小さな社殿で，正面に軒唐破風をつけるという珍しい構造である。鎌倉時代後期の建築と考えられている。社伝によると，持統天皇の頃には，元天皇社，八大竜王社と称していたという。明治時代に入り，同社の鎮座する琵琶湖岸の地が和田浜とよばれていたことから，現在の社名に改称された。

和田神社本殿

膳所城下

境内には、樹齢600年以上、高さ約24mのイチョウの大木がある。関ヶ原の戦い(1600年)に敗れ、捕らえられた石田三成が、京都へ護送される途中につながれたといわれ、また、湖上を行く船の格好の目印になっていたと伝えられる。

縁心寺 ㉒
077-522-6165
〈M ▶ P.54, 82〉大津市丸の内1-20 P
京阪電鉄石山坂本線膳所本町駅 徒歩8分

歴代の膳所藩主の墓が並ぶ

和田神社から旧東海道を南へ約2分歩くと、右手に縁心寺(浄土宗)がある。もとは栄泉寺と称し、膳所藩初代藩主戸田一西が、1602(慶長7)年に藩主の菩提寺として創建した。当時は栄泉寺のほかに大津城下に瓦葺きの建物がなかったため、「膳所の瓦寺」とよばれた。

縁心寺

1617(元和3)年、膳所藩3代藩主本多康俊が、三河国西尾(現、愛知県西尾市)から移封された際、西尾の縁心寺の本尊を移して、寺名を縁心寺と改称した。境内の墓地には、戸田一西夫妻の墓や、石の玉垣に囲まれた五輪塔型の本多家歴代の墓が並び立つ。4・8代藩主本多俊次(康俊の子)は、木曽義仲とともに戦死した今井兼平を篤く供養したことから、俊次の墓の横に、自身と兼平の法名を連記した墓碑を建てさせている。当寺には、戸田一西の木像や15代藩主本多康伴の画像など、膳所藩関係の資料も多数保管されている(いずれも非公開)。

膳所神社 ㉓
077-522-1167
〈M ▶ P.54, 82〉大津市膳所1-14-14
京阪電鉄石山坂本線膳所本町駅 徒歩2分

膳所城の城門が今も残る

膳所本町駅で降りて、琵琶湖岸のほうへ向かうと、すぐ右手に膳所神社がある。祭神は、食物を司る豊受比売命である。かつてはもう少し湖側にあったといわれ、旧地とされる約300m南東の大津市

膳所神社表門

生涯学習センター敷地内に，小祠が建てられている。社名となっている「膳所」の地名は，この地一帯が平安時代，天皇の食事に供する魚介類を献上する場所（御厨(くりや)）であったことによるとされる。社伝では，天智天皇のときとあるが，確かな資料では，平安時代が正しいとされる。江戸時代には膳所藩主本多家も信仰し，たびたび寄進をした。

　表門(国重文)は，1870(明治3)年に膳所城が廃城となった後，城門を移築したものである。伝承では，二の丸(にまる)と本丸(ほんまる)の間の門で，解体修理の結果，「明暦(めいれき)元(1655)年」の銘札(めいふだ)（表門の附(つけたり)指定で国重文）が発見された。門は薬医門の形式で，両開きの大扉の左に脇柱を建て，片開きの潜(くぐ)り戸(ど)を設ける頑丈な造りである。旧大津城の部材の転用も推定されている。このほか当社の北門と南門も，膳所城の遺構と伝えられる。

膳所城跡(ぜぜじょうあと) ㉔
077-521-2100(大津市歴史博物館)　〈M▶P.54, 82〉大津市本丸町(ちょう)7　P
京阪電鉄石山坂本線膳所本町駅 大 7分

　膳所本町駅から，まっすぐ湖岸のほうへ向かうと，突き当りに膳所城跡公園があり，膳所城の城門や石垣が復元されている。ここが本丸跡である。

　膳所城は，関ヶ原の戦い(1600年)に勝利した徳川家康が，1601(慶長6)年，膳所崎(現，大津市本丸町)に築かせた水城(みずじろ)である。大津城(大津市浜大津)で戦後処理にあたっていた戸田一西が，3万石(ごく)で入城したのに始まる。その後，城主は本多・菅沼(すがぬま)・石川氏と頻繁に

膳所城跡公園

膳所城下

膳所城跡周辺の史跡

湖上に浮かぶ天守閣 今は人びとの憩いの場

交替したが、1651(慶安4)年に本多俊次が城主となって以降、本多氏が代々世襲した。なお石高は一時7万石となったが、1679(延宝7)年に就任した10代藩主本多康慶のとき6万石となり、以後、1871(明治4)年の廃藩まで続いた。

膳所城は築城当初、本丸と二の丸が琵琶湖に突き出ていたが、1662(寛文2)年の大地震で破損し、大幅な改修工事が行われた。それまでの本丸と二の丸が合体して新しい本丸となり、北から、北の丸・本丸・二の丸・三の丸が湖に突き出す形で1列に並んだ。本丸の一角に4層の天守閣が築かれ、湖面に映る風景は、多くの絵師によって近江八景「粟津の晴嵐」に描かれ、また「瀬田の唐橋、唐金擬宝珠、水に映るは膳所の城」と詠われた。

しかしこの名城も、1870(明治3)年、20代藩主本多康穣の願い出により、諸藩に先駆けて取りこわされることになり、城の建物は市

禾津頓宮

コラム

聖武天皇の東国行幸時の頓宮

　2002(平成14)年夏，県立膳所高校のグラウンドで実施された膳所城下町遺跡の発掘調査で，奈良時代の大型建物跡が発見された。膳所高校の敷地には，江戸時代，膳所藩士の武家屋敷が立ち並び，藩校遵義堂が設けられていたことが知られていた。この発掘調査も，城下町や藩校の遺構を把握することを主眼に進められていたので，奈良時代の大型建物跡の発見は，発掘調査担当者をも驚かせた。

　建物は，東西7間(約20.8m)・南北4間(約11.9m)，床面積約247.5m²で，柱穴も約1.6m四方と非常に大きく，直径40cmの太い柱が用いられていた。柱の配置から，二面庇建物という格式の高い建物構造であることがわかった。さらに，本体の柱穴のほかに，建物を建設するときにつくられた建築足場とみられる柱穴が，建物内部と外周でみつかった。外周の足場が，建物の外壁の約3m外側に規則的に並んでいて，この建物が非常に軒の広がりの大きな屋根をもっていたと推定されている。柱穴の調査から，柱は穴の中央に据えた後，その周囲に土を少しずつ入れて突き固める版築という技法を用いて丁寧に建てられ，また，建物は建築後の早い時期に，手際よく柱を抜き取り，解体・撤去されたこともわかった。

　建造年代は，出土品などから，8世紀前半頃と推定されている。これらを文献資料と照合すると，『続日本紀』に記されている聖武天皇の禾津頓宮だとする考え方が有力である。740(天平12)年，聖武天皇は東国行幸を行い，平城京(現，奈良県奈良市)を出発して，壬申の乱(672年)での大海人皇子の進路を追って，伊賀・伊勢(ともに現，三重県)・美濃(現，岐阜県)・近江・山背(現，京都府)を巡歴し，恭仁京(現，京都府木津川市)遷都に至った。その際，12月11日から13日にかけて禾津頓宮に滞在した。禾津は「あわづ」と読むことから，現在の大津市粟津付近と考えられていたが，具体的な場所は不明であった。この遺跡の発見によって，建物は頓宮(仮称)の正殿ではないかと考えられるようになった。聖武天皇の東国行幸については，藤原広嗣の乱(740年)に動揺して行われたという説もあるが，この建物が禾津頓宮だとすると，事前に計画されていた可能性が強くなってくる。

禾津頓宮跡

膳所城下

内外の各地に移された。遺構のうち、市内の膳所神社表門（二の丸から本丸入口の城門）・篠津神社表門（北大手門）、草津市の鞭崎神社表門（南大手門）は、いずれも重要文化財に指定されている。

膳所茶臼山古墳 ㉕
077-528-2638（大津市教育委員会文化財保護課）

〈M ▶ P.54, 82〉大津市秋葉台35 [P]
（茶臼山古墳公園）
JR東海道本線（琵琶湖線）石山駅🚌国道
浜大津方面行湖城ヶ丘🚶15分

県内2番目の規模の前方後円墳

膳所茶臼山古墳

湖城ヶ丘バス停で下車して、国道1号線を石山方面へ戻り、秋葉台交差点を右折して、山の手をあがり、つぎに左の道に折れて約8分歩くと、膳所茶臼山古墳（国史跡）に至る。現在、茶臼山古墳公園として整備されている。

膳所茶臼山古墳は、音羽山（593m）から東に伸びる丘陵に位置する大型の前方後円墳である。西側の後円部径約70m・全長約122mで、県内の前方後円墳では、安土町の瓢箪山古墳につぐ規模である。主体部の発掘調査は行われていないが、周辺部の調査で、葺石・周濠が確認されている。円筒埴輪も出土しており、古墳の形式などから、4世紀後半から5世紀初頭の築造と推定される。

膳所茶臼山古墳の南方約200mの所には、直径約18mの円墳の小茶臼山古墳（国史跡）があり、陪塚と考えられている。膳所茶臼山古墳は、琵琶湖を見下ろす位置にあり、のちの東海道に面していることから、湖上・陸上交通を支配し、ヤマト政権と深い関わりのある有力者の墓ではないかと考えられる。

篠津神社 ㉖
077-525-1001

〈M ▶ P.54, 82〉大津市中庄1-14-24 [P]
京阪電鉄石山坂本線中ノ庄駅🚶2分

中ノ庄駅から、駅のすぐ東側を通る旧東海道を東へ約150m歩く

篠津神社表門

と，右手に篠津神社（祭神素戔嗚尊）がある。創建年代は不明だが，中庄村（現，大津市中庄1・2丁目ほか）の氏神として信仰されてきた。古くは天王社・牛頭天王社と称したが，室町時代中頃にはこの地に鎮座していたことが，同社に伝わる棟札からわかる。江戸時代には，膳所藩主本多家の尊崇を受け，現在の社殿は，1661（万治4）年に造営された。表門（国重文）は，棟札により膳所城北大手門から，1872（明治5）年に移築されたことが判明した。建築年代を示す資料はないが，慶長年間（1596〜1615）頃と推定されている。形式は，袖棟をもつ高麗門である。なお，境内には，樹齢約400年と伝えられる大ケヤキがあり，大津市の保護樹林に指定されている。

膳所城北大手門の遺構

膳所焼美術館 ㉗
077-523-1118

〈M ▶ P.54, 82〉 大津市中庄1-22-28 P
京阪電鉄石山坂本線 瓦ヶ浜駅 徒2分

古膳所焼など近江で焼かれた茶器を展示

瓦ヶ浜駅から，線路に沿って粟津方面へ歩くと，すぐ膳所焼美術館の茅葺きの門がみえる。膳所焼美術館は，膳所焼窯元岩崎家の収集品をもとに，1987（昭和62）年に設立された。江戸時代初期の古膳所焼の茶入・水指・茶碗を中心に，県内の窯で焼かれた梅林焼・比良焼・湖東焼・信楽焼などの茶陶，膳所出身の日本画家山元春挙の絵画作品を随時展示している。来館者には抹茶と菓子が出され，好評である。

膳所焼は，江戸時代初期の大名茶人小堀遠州の遠州七窯の1つに数えられる焼物で，おもに茶入や水指・茶壺などの茶器として，製作・使用された。その始まりは正確にはわからない

膳所焼美術館

膳所城下　85

が，元和年間(1615〜24)の記録や茶会記には「瀬田焼」の名で登場する。膳所焼の名称は，1628(寛永5)年の記録に「茶碗膳所焼」とあるのが初見であり，翌年の金地院崇伝の日記にも「せ、やきちゃわん(膳所焼茶碗)」到来のことがみえる。膳所焼は，膳所藩主の御用窯として出発したものだが，広くは，膳所藩領内で焼かれた焼物の総称で，大江焼・国分焼・梅林焼・瀬田焼・雀ヶ谷焼なども含まれる。

1919(大正8)年，膳所の岩崎健三が，山元春挙のすすめにより，衰退していた膳所焼を復興し，現在は，膳所焼美術館長岩崎新定が継承している。

蘆花浅水荘 ㉘
077-522-2183

〈M ▶ P.54, 82〉大津市中庄1-19-23
京阪電鉄石山坂本線瓦ヶ浜駅🚶5分

瓦ヶ浜駅から，線路に沿って琵琶湖岸のほうに進み，膳所焼美術館前で道なりに左へ折れて道路を渡ると，左手に蘆花浅水荘(国重文)がある。現在は記恩寺という単立寺院になっている。2004(平成16)年に，大規模な保存修理工事が完了した。見学に際しては，3日前までに連絡する必要がある。

蘆花浅水荘は，明治時代から昭和時代初期にかけて京都画壇で活躍した山元春挙が，生まれ故郷の膳所の琵琶湖岸に建てた別荘兼画室である。蘆花浅水荘の名は，中国唐代の詩人司空曙が詠んだ詩の結句「只在蘆花浅水辺」にちなんだものとされる。別荘は，1914(大正3)年に屋敷地を購入し，1915年から21年にかけて，離れ・表門・渡り廊下・土蔵・持仏堂(記恩堂)・本屋が順次完成した。内部は各所に茶室を配し，本屋の2階はアトリエとして使われた。数寄屋造を基調としており，近代の和風建築物では，1994(平成6)年，県

蘆花浅水荘

画家山元春挙の別荘

内で初めて重要文化財に指定された。

　庭園は、離れの東側に琵琶湖に接してつくられた。船着場が設けられ、昭和40年代初めまでは、直接船で出入りすることができた。庭には、コウライシバを敷き詰め、前面にはごく低いマツを植えるにとどめて、視界をさえぎらないようにしていた。当時は、琵琶湖を隔て、対岸には三上山(近江富士)、東に金勝山、北は比叡・比良の山々を望む雄大な借景をみせる庭園であった。しかし現在は、湖岸の埋立てと湖岸道路開通などにより、景観は大きく損なわれている。

杉浦重剛旧宅 ㉙

〈M ▶ P.54, 82〉大津市杉浦町12-11
京阪電鉄石山坂本線瓦ヶ浜駅🚶5分

明治の教育者
政教社を設立

　瓦ヶ浜駅を出て、京阪電鉄の踏切を渡り、約200m歩き丁字路を右折し、小川を越える。その約50m先の交差点を右に折れ、約1分歩くと、静かな住宅街に杉浦重剛の旧宅がある。明治時代中期の建造で、白壁の土塀に囲まれた簡素な建物である。小さな庭には、杉浦の胸像と顕彰碑が立つ。また杉浦の号「梅窓」にちなんで、ウメの木が植えられている。

　杉浦重剛は、膳所藩の儒学者の2男として、1855(安政2)年この地に生まれた。藩校遵義堂に学び、1870(明治3)年に藩の推薦により、大学南校(現、東京大学)に入り、1876年から80年までイギリスに留学し、化学を勉強した。帰国後、東京大学予備門(のちの第一高等学校〈現、東京大学〉)長などを歴任し、東京英語学校(のちの日本中学校〈現、日本学園高校〉)を創立し、約30年間校長をつとめた。1888年、三宅雪嶺らと政教社を設立し、雑誌『日本人』を発行、国粋主義を唱えた。第1回総選挙(1890年)で衆議院議員に当選するが、翌年辞任した。1914(大正3)年、東宮御学問所御用掛を命じられ、皇太子(のちの昭和天皇)に倫理を教えた。

杉浦重剛像

膳所城下

邸内には、重剛が子どものときに使用していた小さな机が残されており、当時の様子が偲ばれる。

粟津の晴嵐 ㉚

〈M ▶ P.54, 82〉 大津市晴嵐1-2 **P**（なぎさ公園膳所晴嵐の道）
京阪電鉄石山坂本線粟津駅 🚶 3分

近江八景の1つ わずかに残るマツの木

粟津駅から琵琶湖岸に向かい、晴嵐交差点を右に曲がる。かつては、この辺りから鳥居川までの道の両側には、500本を超す松並木が続き、粟津の晴嵐とよばれる、近江八景の1つに数えられた名勝地であった。晴嵐という名称は、晴れた日にマツの木の葉がこすれておこる音が、嵐のように聞こえることからつけられた。

江戸時代の浮世絵師歌川広重も近江八景を画題に、粟津の晴嵐を描いている。近江八景とは、石山の秋月・瀬田の夕照・粟津の晴嵐・矢橋の帰帆・三井の晩鐘・唐崎の夜雨・堅田の落雁・比良の暮雪をいう。近江八景の成立は、1500（明応9）年8月13日に、近江守護六角（佐々木）高頼の招待で近江に滞在した公卿の近衛政家が、近江八景の和歌8首を詠んだことが始まりだといわれている。秋月などの八景は、中国の湖南省にある洞庭湖の「瀟湘八景」にならって定められた。

明治時代末期から大正時代に工業地帯ができて以来、松並木の周囲の状況も激変し、今残っているマツは、わずか数本になっている。

粟津の晴嵐

4 瀬田・石山をめぐる

大津市の瀬田・石山は、つねに歴史の表舞台に登場してきた地域である。おだやかな流れの瀬田川周辺をめぐってみよう。

瀬田の唐橋 ㉛

〈M ▶ P.54, 90〉 大津市唐橋町・瀬田 P(中ノ島)
京阪電鉄石山坂本線唐橋前駅🚶3分

近江八景「瀬田の夕照」今も昔も交通の要衝

　唐橋前駅から東へ、右手に唐橋焼のギャラリーをみながら旧東海道を200mほど進むと、瀬田の唐橋がある。琵琶湖から流れ出る唯一の河川である瀬田川に架かる橋で、古くは瀬田橋・勢多橋・瀬田の長橋などとも称された。瀬田川も世多川・勢多川・瀬多川など多様に記されてきた。古代から交通の要衝として、戦略上重要な位置を占め、瀬田川の渡河攻防戦は、戦の勝敗を決するところとして、「唐橋を制するものは、天下を制す」といわれた。おもなものでも、672(天武天皇元)年の大海人皇子と大友皇子による壬申の乱、1183(寿永2)年の源(木曽)義仲による寿永の乱、1221(承久3)年の北条時房による承久の乱などにおいて、幾度となく唐橋をめぐる攻防戦が繰り広げられた。その当時の唐橋は、現在の位置からさらに下流の石山寺寄りにあったとされる。丸木舟を横に並べて、フジの蔓をからめていたことから「搦橋」ともいわれ、「からみ橋」から「から橋」の語源になったとも、またヤナギのように流麗であったので、別名を「青柳橋」ともいわれていた。その後も、幾度となく架け替えがなされるなか、唐様を模したことから、唐橋・韓橋・辛橋などと称されたと考えられる。船の通行のためにアーチ式の反橋にしたことや、欄干や擬宝珠および橋の構造などに、中国や朝鮮半島の影響を見出すことができるという。

　1988(昭和63)年の発掘調査では、現在の瀬田の唐橋から約80m下流(南)の、東岸から約8m沖の水面下約3.5mの川床から、7世紀

瀬田の唐橋

瀬田の史跡

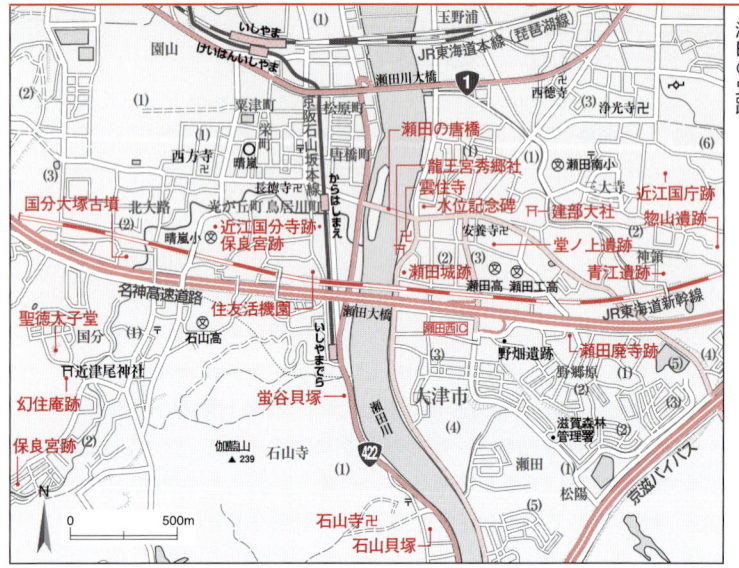

後半のものとされる橋脚(きょうきゃく)の遺構(唐橋遺跡)がみつかり,当時季節的におこった瀬田川の大きな水位変化にも十分対応できる,かなり大規模な橋であったと考えられている。なお,発掘の際には,土器・石器・陶磁器など,古代から近世に至る遺物が採集された。なかでも貨幣(古銭)が多数発見されたが,これは,瀬田の唐橋構築の際の祭祀(さいし)で捧げられたのではないかと考えられている。また,この地点から東西に延びる古道の存在が考えられ,古代の官道東山道(とうさんどう)の可能性があるとして注目される。1575(天正(てんしょう)3)年に織田信長(おだのぶなが)が現在地に橋を移し,その後も豊臣秀吉による改修が行われたが,木造のため約20年ごとに架け替えられたという。

現在の橋は,1979(昭和54)年に架けられた。間に中ノ島を挟んで大小2橋に分

水位記念碑(西光寺)

90　大津中・南部

かれ，大橋は全長約172m，小橋は約52m，幅は約12mで，橋脚は鉄筋コンクリート製だが，欄干には擬宝珠が施され，歴史上，重要で古風な橋の風情(ふぜい)が感じられる。また，この橋からみる夕陽の沈む情景は，近江八景の1つ「瀬田の夕照(せきしょう)」として知られている。中ノ島には，1874(明治7)年にオランダ人エッセルの指導で設置された鳥居川量水標(とりい)がある。1900年には自記水位計も設置され，琵琶湖の水位を観測している。瀬田の唐橋東詰には，常夜灯(じょうやとう)と唐橋流心水質自動監視所があり，ここから上流(北)へ50mほど行った所にある西光寺(さいこうじ)の門前には，1896年の琵琶湖大洪水の際に浸水した，高さ(＋3.76m)を示す水位記念碑が立っている。

　唐橋の下流約50mの所には，龍王宮秀郷社(りゅうおうぐうひでさとしゃ)(龍王神社)があり，橋の守護神(竜神)と，大ムカデを瀬田の唐橋で退治した伝説で知られる藤原(ふじわらの)(俵〈田原〉藤太(たわらの))秀郷が合祀されている。また，同社の横に門を構えるのが雲住寺(うんじゅうじ)(浄土宗(じょうどしゅう))である。正式には，龍光山(りゅうこうざん)秀郷院雲住寺(しゅうきょういん)といい，藤原秀郷を追悼供養(ついとうくよう)しており，唐橋の守り寺として知られる。境内には百足供養塔(むかで)もあり，本堂の「夕照の間(ま)」からみる瀬田の唐橋や比叡山(ひえいざん)の景観は，とくに美しい。

瀬田城跡(せたじょうあと) ㉜

077-528-2638(大津市教育委員会文化財保護課)

〈M ▶ P.54, 90〉 大津市瀬田2-13-26
京阪電鉄石山坂本線唐橋前駅🚶10分

東海道や瀬田川を監視する軍事上重要な拠点

　瀬田唐橋東詰から下流(南)に150mほど歩くと，瀬田城跡(山岡城跡(やまおか))に至る。瀬田城は，1429(永享元(えいきょう))年頃，甲賀(こうが)(現，甲賀市(こうか))の土豪山岡氏が建てたと伝わるが，それ以前の築造とする説もあり，築城時期はよくわかっていない。城は，軍事上重要な瀬田の唐橋や東海道および瀬田川を監視する絶好の位置にあり，当時，城の西側は瀬田川に接し，東西約140m・南北約150mにわたって深い堀がめぐらされていたという。

　瀬田城は，1601(慶長6)年の膳所城(ぜぜじょう)(現，大津市膳所)の築城によってその役割を終え，跡地は膳所藩主の別荘臨江庵(りんこうあん)として使われた。現在はマンションの敷地になっており，城跡を示すものは「勢多古城址碑」「瀬田城趾」の石碑のみである。

瀬田・石山をめぐる

建部大社 ㉝
たけべたいしゃ
077-545-0038

〈M ▶ P.54, 90〉大津市神領1-16-1 P
京阪電鉄石山坂本線唐橋前駅🚶15分

近江国一の宮という古社
源頼朝ゆかりの開運の神

　瀬田城跡から瀬田の唐橋に戻り，150mほど東へ進むと，瀬田橋本商店街に入る。この道は旧東海道で，橋本は唐橋の橋の袂に発達した橋畔集落で，宿場町の風情を残す町並みや古い民家もわずかに残っている。唐橋から建部大社までの500mほどの道は，1986（昭和61）年に建設省（現，国土交通省）などが制定した「日本の道100選」に選ばれている。商店街を通り抜け，神領交差点を渡り，その先を10mほど進んで，石材店の手前の細い道を左折するのが旧東海道で，草津市方面へと続いていく。ここでは，左折せずにまっすぐ道を進むと，建部大社の一の鳥居がみえてくる。

　建部大社（祭神日本武尊）は古代，神社の最高位にあたる近江国一の宮として位置づけられた歴史と風格が感じられる神社である。もとは神崎郡建部郷（現，東近江市）にあったものを，675（天武天皇4）年に現在地に遷したものとされる。武運の神とされ，武家の信仰が篤く，1160（永暦元）年，平治の乱（1159年）で平家に敗れた14歳の源頼朝が，配流地の伊豆（現，静岡県）に向かう途中，当社に参籠して源氏の再興を祈願したという。その後，源氏再興をはたした頼朝は，1190（建久元）年の上洛の際に，当社に詣でてその武運に感謝し，神領を寄進したとされる。その後，幾度となく戦火に見舞われたが，その都度再建して，江戸時代には膳所藩歴代藩主の崇敬を受けた。もとは建部神社と称したが，1977（昭和52）年，建部大社と改称した。

　建部大社には，平安時代末期から鎌倉時代初期作と推定される3軀の女神像（木造女神坐像 附小女神坐像，国重文）がある。高さ約40cmの一木造で，卵形のふっくらした

建部大社

顔と切れ長の細い目、右袖を手にして口元を覆う表情は、当時の高貴な女性の姿を思わせる（宝物館に収蔵）。このほか境内には、「文永七(1270)年」銘のある石灯籠（鎌倉時代、国重文）や、拝殿前に聳え立つ三本杉の大木が、神木や神紋となっている。

8月17日には船幸祭が行われ、午後5時頃、瀬田の唐橋東詰より神輿を御座船に乗せ、15隻ほどの供船とともに瀬田川をくだり、約4km下流の瀬田川洗堰近くの黒津付近（供御瀬）の御旅所まで巡行する「船渡御」の光景は華やかで、また、船の提灯や岸のかがり火も幻想的である。大津三大祭の1つとして多くの人びとを集め、花火とともに、瀬田川の夏の風物詩となっている。

近江国庁跡 34
077-528-2638（大津市教育委員会文化財保護課）

〈M ▶ P. 54, 90〉 大津市大江6-13-1
JR東海道本線（琵琶湖線）石山駅🚌瀬田駅行神領団地🚶10分

奈良時代の地方政治の中心地　復元も進む

建部大社から東へ塀沿いに50mほど進むと、高橋川に行き当る。そこでは川がほぼ直角に折れ曲がっているのがわかるが、本来はまっすぐ西へ流れて瀬田川にそそいでいたものを、北へ流れを付け替えて、近江国庁の外濠にしたものと考えられる。橋を渡ると、正面の小高い丘陵に三大寺の住宅団地（神領団地）がみえてくる。団地の入口より約10分歩いた高台の部分に、雇用促進事業団によって建てられた住宅がある。1963（昭和38）年の建築工事中に、近江国庁跡（国史跡）の300点を超える瓦や巨大な建物の遺構が発見された。

県教育委員会による、1965（昭和40）・66年の発掘調査の結果、近江国府は約972m四方の広さで、市街地全体は碁盤目に区画され、多くの役人の住居があり、市も開かれたという。その中枢にあたる国庁（国司が政務や儀式を行う政庁）は、その南部の丘陵上におかれ、東西約216m・南北約324mの外郭と、東西約72m・南北約

近江国庁跡

瀬田・石山をめぐる　93

108mの規模の内郭との2重構造になっていた。内郭の建物は、ほぼ南北に主軸をとり、左右対称にコの字形に配置され、前後両殿からなる正殿、東西の両脇殿、それらを囲む重廊の築地塀と2本の排水溝、それに中門・南門などが確認され、わが国で初めて、地方の政庁跡が明らかにされた。

　近江国庁は、奈良時代の近江国の役所で、その構造は、内裏(御所)の大極殿などの様式をそのまま小規模にしたものである。近江国庁がつくられたのは、藤原仲麻呂が近江守であった奈良時代の750～760年代頃と推定されている。500人におよぶ官吏や兵がおかれ、戸籍・税・農業・教育・裁判・通信・運搬・社寺の取締りなどを管轄していたとされる。976(貞元元)年の大地震で建物がこわれたが、その位置をわずかにかえながら、鎌倉時代まで国庁は存続したものと推定される。

　1996(平成8)年から始まった史跡整備にともなう発掘調査で、あらたに番所跡と推測される建物群や、東西23.9m・南北13.3mの範囲に土を積みあげ、そのまわりに板を立て並べて築かれた「木造基壇外装」を用いた瓦葺きの大型建物跡が明らかにされた。この工法は全国的に類例が少ない、珍しいものである。さらに、東西約5m・南北約3mにわたって、6段の石造り階段(1段の長さ50cm・段差5～20cm)がみつかるなど、近江国庁の全容が解明されつつある。現在、国庁跡の保存整備が進み、記念碑を始め、建物や築地塀の復元が行われている。

　関連遺跡として、近江国庁跡の約500m南東に惣山遺跡がある。1996・97年の発掘調査により、東西約6m・南北約21mの建物が12棟、南北およそ300mにわたって一直線に立ち並ぶという大規模な倉庫跡が確認された。また、国庁跡の約300m南には、青江遺跡(ともに近江国庁跡の附指定で国史跡)があり、1999・2000年の発掘調査により、高官の宿舎である可能性が高いと考えられる瓦葺きで礎石がある大型建物跡や、瓦・食器類を含む土器や築地塀の跡、および近江国庁まで続く、幅約24mの道路跡などがみつかった。

瀬田廃寺跡 ㉟

077-528-2638
(大津市教育委員会文化財保護課)

〈M ▶ P.54, 90〉 大津市野郷原1-2
JR東海道本線(琵琶湖線)石山駅🚌ぜぜ自動車教習所行,または西武大津グリーンハイツ行野郷原🚶1分

奈良時代の近江国分寺跡の可能性が大

　建部大社から南に100mほど戻って神領1交差点を渡ると,正面に県立瀬田工業高校がみえてくる。左手の道をたどって坂道をのぼり,JR東海道新幹線と名神高速道路の陸橋を渡ると,すぐの所に野郷原バス停がある。その向かい側の公園の中に,「瀬田廃寺址」の石碑と,5個の礎石を残す瀬田廃寺跡がある。また,ここは大津市野郷原1丁目字桑畑にあり,桑畑の中から塔跡などが発見されたことから,かつては桑畑廃寺ともよばれていた。741(天平13)年に,奈良時代の官営寺院として建立された近江国分寺の跡である可能性が高いとされている。ここから少し西の,名神高速道路瀬田西IC南側の野畑遺跡から,「国分僧寺」と書かれた墨書土器が出土したことからもそのことがうかがえる。野畑遺跡は,1959(昭和34)年に名神高速道路敷設にともなう発掘調査が行われた。遺構として,塔・金堂・講堂・僧坊・回廊の跡が発見され,これらが一直線に並ぶ四天王寺式伽藍配置,面積は約4万m²で,回廊によって囲まれていたという。5個残っている礎石は,三重塔のものとみられる。それぞれ1.5m四方で,中央に柱を嵌め込む穴があり,1つの礎石を中心に1.27m間隔に方形に並んで,上部だけが露出している。785(延暦4)年,火災により焼失し,のち,瀬田川対岸の国分にあった国昌寺に移されたとされている。

　きた道を戻って,神領1南交差点手前の細い道を西へ左折して100mほど進んだ所に,堂ノ上遺跡(国史跡)がある。東西約200m・南北約100mの,瀬田川を見下ろす丘陵上にある遺跡で,1973(昭和48)年から77

「瀬田廃寺址」の石碑

瀬田・石山をめぐる

年の間の、3度におよぶ発掘調査によって、奈良時代末期から平安時代前期頃の瓦葺き礎石建物群や廐舎の可能性が大きいとされる掘立柱建物群がみつかった。844(承和11)年と記された瓦が出土していることから、近江国庁と密接な関係をもつ建物で、瀬田(勢多)の駅家跡と推定される。駅家は、駅路に設置され、公務などで遠方に行く際に使用する駅馬を常備していた施設のことで、ここでは常時、人足100人・ウマ30頭が待機していたという。ここから先の細い道を西へくだると、すぐに旧東海道の瀬田橋本商店街に至り、徒歩約5分ほどで瀬田の唐橋へ戻れる。

石山寺 ㊱
077-537-0013
⟨M ▶ P.54, 90⟩ 大津市石山寺1-1-1 Ⓟ
京阪電鉄石山坂本線石山寺駅🚶15分

近江八景「石山の秋月」紫式部ゆかりの花の寺

　石山寺駅より瀬田川に沿って国道422号線を南へ進み、大津放水路の橋を過ぎると、すぐ右手の山裾に、縄文時代早期の蛍谷貝塚がある。ここから瀬田川沿いに、石山寺の門前町の風情を残す旅館や飲食店が並ぶ道を約15分歩くと、石山寺東大門に到着する。
　石光山石山寺は、747(天平19)年に聖武天皇の命で、奈良の良弁僧正が開創したという。平城京(現、奈良県奈良市)建設のおり、田上山(大津市)を始め、湖西・湖南の木材を琵琶湖や瀬田川の水運を利用して奈良まで運ぶ際、途中の石山に、石山院と称する役所を建てて監督したのが石山寺の起源とされる。しかし、749(天平勝宝元)年の開創ともいわれ、創建期の歴史については、まだ明らかではない。1990(平成2)年の発掘調査で、平瓦の破片が出土し、そこから大津宮との関わりも推測される。また、759(天平宝字3)年には、平城京に対する北の京としての保良宮の造営が開始され、石山寺はその鎮護の寺院とも考えられている。761年から増改築に

石山寺東大門

国宝	奈良時代	漢書 高帝紀下, 列伝第四残巻	石山寺所蔵のおもな文化財
		史記 巻第九十六, 九十七残巻	
	平安時代	延暦交替式	
		越中国官倉納穀交替記残巻	
		周防国玖珂郡玖珂郷延喜八年戸籍残巻	
		春秋経伝集解巻第廿六残巻	
		春秋経伝集解巻第廿九残巻	
		淳祐内供筆聖経(薫聖経)	
	そのほか	玉篇巻第廿七	
		釈摩訶衍論	
重要文化財	弥生時代	袈裟襷文銅鐸	
	奈良時代	金銅観世音菩薩立像	
		銅造釈迦如来坐像	
		仏説浄業障経	
		紙本墨書説一切有部倶舎論(仙釈筆)	
		十誦律巻第五十二	
	平安時代	木造毘沙門天立像	
		木造大日如来坐像(伝元多宝塔本尊)	
		木造維摩居士坐像	
		木造持国天立像・木造増長天立像・木造毘沙門天立像	
		木造如意輪観音半跏像	
		梵鐘	
		法花玄賛義決	
		不空三蔵表制集巻第三	
		大般若経音義中巻	
		法華義疏	
		倶舎論記・倶舎論疏・倶舎論頌疏	
	平安〜桃山時代	智証大師伝	
	鎌倉時代	石山寺校倉聖教	
		木造大日如来坐像(多宝塔安置)	
		絹本著色仏涅槃図	
		絹本著色不動明王二童子像	
		石山寺多宝塔柱絵	
		紙本墨書行歴抄(円珍記)	
		紙本墨書建久年中検田帳	
		叡山大師伝	
	室町時代	本朝文粋零本	
		塑造淳祐内供坐像(御影堂安置)	
	江戸時代	宝篋印塔	
		紙本著色源氏物語 末摘花巻	

瀬田・石山をめぐる

着手し，翌762年には，本堂・鐘楼などが完成した。当初は華厳宗であったが，その後，10世紀の初めに東寺真言宗の大本山となり，古くは朝廷・皇族や貴族の信仰が篤く，また紫式部や源頼朝・淀殿（茶々）・松尾芭蕉・島崎藤村らともゆかりのある寺で，西国三十三所観音霊場13番札所として，昔も今も多くの巡礼者を集めている。

また現在，石山寺に伝来する文化財は，石山寺縁起絵巻（紙本著色石山寺縁起，国重文）や石山寺一切経（附雑宝経巻第四〈光明皇后五月一日願経〉以下百九十九巻，国重文）を始め，その質・量ともに国内有数のものである。正面の東大門（国重文）は「仁王門」「山門」「総門」ともよばれ，東面して立つ。入母屋造，正面3間の八脚門で，本瓦葺きである。1190（建久元）年に源頼朝が寄進したと伝えられ，のち，1600（慶長5）年に淀殿によって大修理が行われた。門の左右には，仁王像（木造金剛力士像）がおかれている。東大門をくぐるとしばらく参道が続き，キリシマツツジ（石山ツツジとよばれる）・モミジ・サクラなどを季節ごとに観賞できる。このほか，境内にはウメ・ボタンなど100種類以上がみられ，石山寺は別名「花の寺」とよばれている。入場口を通ってすぐ右手と，その左手の急な石段をのぼり詰めた正面には，巨大な硅灰石（珪灰石，国天然）の奇岩・怪石がある。寺名の由来になったこの石は，石灰岩が花崗岩の熱作用によって接触変質したもので，1cmほどの縞模様が長い脈をつくって，独特の岩肌をみせている。

硅灰石と多宝塔（石山寺）

その左手には，県内最古の木造建築物で，総ヒノキ造りの本殿（国宝）がある。本尊は，高さ5m余りの木造如意輪観音半跏像（国重文）で，そのほか木造不動明王坐像（国重文）など，国宝・重要文

化財は多い。檜皮葺き・寄棟造の大きな屋根をもつ本堂は、正堂と礼堂とが幅1間(約1.8m)の相の間でつながれている。礼堂は急な斜面に建てられているため、南側は床下に高い柱を入れて建物を支える、いわゆる懸崖造(舞台造・観音造)になっている。本堂からの眺望もよいが、下から本堂を見上げるのも、迫力が感じられておもしろい。正堂は1078(承暦2)年に半焼した後、1096(永長元)年再建され、礼堂は1602(慶長7)年、淀殿の寄進により建立された。本堂の一角にある3畳ばかりの薄暗い「源氏の間」は、紫式部が『源氏物語』の構想を練り、筆をおこした場所と伝えられる。本堂の横から石段をのぼった所に、多宝塔(附棟札、国宝)がある。1194(建久5)年に、源頼朝の寄進により再建された日本最古の多宝塔で、高さ約17m、1階が方形で、2階が円形の外観を示す建築様式である。屋根は宝形造で、見事な曲線美の優美な姿は印象的であり、郵便切手の図柄にもなっている。多宝塔から石段をくだった所にある鐘楼(附棟札、国重文)も、同じく頼朝の寄進とされる。入母屋造で檜皮葺きの屋根など、均整のとれた美しい建物で、落ち着いた風情をみせる。多宝塔後方の高台上には「月見亭」が崖に乗り出して立っている。ここからの瀬田川の眺めは格別で、とくに、9月の中秋の名月の頃がいちばんとされ、茶会や句会が行われ、近江八景の1つ「石山の秋月」として知られる。境内には、このほか、宝物館(豊浄殿)や回遊式庭園の無憂園などもあり、見どころも多い。

　なお、東大門を出て100mほど南東に行った駐車場一帯には、石山貝塚が広がる。縄文時代早期(約6000〜7000年前)の淡水貝塚で、1940(昭和15)年に発見され、その後、6度におよぶ発掘調査の結果、南北約80m・東西約30m、最深部約2mの範囲に、大粒のセタシジミを中心に、ナガタニシなどの灰白色の貝殻が7層ほどに分かれて露出し、コイやフナ、イノシシやサルなどの魚獣骨を始め、屈葬人骨5体・鏃・石斧・装身具・貝輪・石器・土器(石山式土器とよばれる)などが出土した。住居跡は発見されていないが、拳大の石でつくった直径約0.4〜1.5mの大小さまざまな円形の炉跡や、灰や炭が出土しており、魚や貝を調理し、小さな集落で生活をしていたと考えられる。かつては駐車場の壁面に貝層がむき出しになってい

て，いつでもみられたが，今はコンクリートで覆われ，直接目にすることはできない。すぐ横の石山観光会館内に，剝ぎ取った貝塚の一部が展示されている。また，石山寺から徒歩約1分の石山寺港から瀬田川新港と南郷アクア琵琶港を約1時間で周遊する観光船が運航しており，船上から瀬田川沿いの美しい眺望を楽しむことができる（問い合わせ：大津市石山寺観光案内所 TEL077-537-1105）。

近江国分寺跡 ㊲

077-528-2638
（大津市教育委員会文化財保護課）

〈M ▶ P.54, 90〉大津市光が丘町4
京阪電鉄石山坂本線唐橋前駅🚶10分，またはJR東海道本線（琵琶湖線）石山駅🚶15分

瀬田から移転 奈良・平安時代の古瓦の出土

　京阪電鉄石山坂本線唐橋前駅から瀬田の唐橋とは反対方向の西へ向かい，北大路交差点を左折すると，正面に晴嵐小学校がみえる。ここまで徒歩で約10分，JR石山駅からは，南へ徒歩約15分の距離にある。この校地の北側に，「史蹟近江国分寺址」の石碑が立っている。近江国分寺は，当初は瀬田（現，大津市野郷原）にあったが，785（延暦4）年に火災により焼失したため，瀬田川西岸にあった国昌寺（廃寺）に国分寺の機能を移し，820（弘仁11）年に正式に国分寺となった。所在地については，諸説あるが，小学校付近から，奈良時代から平安時代にかけての古瓦が多数出土していることや，「塔田」「堂前」などの小字名が残っていることから，この地を近江国分寺跡とする説が有力である。また，晴嵐小学校から北大路交差点に戻り，左折して約50mの大津市北大路にある西方寺の境内に，国分寺のものと伝えられる礎石がある。

「史蹟近江国分寺址」の石碑

　なお，晴嵐小学校の約500m南東の大津市田辺町に，住友活機園（伊庭貞剛記念館・旧伊庭家住宅，国重文）がある。現在の近江八幡市出身で，住友本店の第2代総理事をつとめた伊庭貞剛が，1904

コラム

保良宮跡

奈良の平城京に対する北の京跡

保良宮(ほらのみや)は，759(天平宝字3)年から，藤原仲麻呂(ふじわらのなかまろ)によって平城京(へいじょうきょう)に対する北の京として計画造営が進められたが，政局の混乱などがあり，結局，未完成のまま数年間で廃されてしまったという。その位置については，国分台地(こくぶ)の辺りに残る「洞の前」「洞山(ほら)」などの地名から，国分付近にあったとされるが，よくわかっていない。

幻住庵(げんじゅうあん)の麓(ふもと)より，徒歩で5分ほど南へ進み，国分団地バス停から50m先の道路脇に，保良宮の礎石(せき)といわれる「へそ石」がある。しかし，保良宮の中心というにはあまりにも狭い谷間であるため，現在の晴嵐(せいらん)小学校付近の丘陵地から，さらに北へ広がる台地にかけての約680m四方の光が丘町(ひかりおかちょう)付近のほうが可能性は高く，この地域周辺で行われた，1991(平成3)～92年の4次におよぶ石山国分遺跡発掘調査で，奈良時代の道路遺構や建物跡が確認され，大量の瓦や陶器類が出土し，保良宮の遺構と考えられる。しかし，具体的な内容については，今後の研究が待たれるところである。

保良宮跡(へそ石)

(明治37)年に，引退後の住居として建てたもので，美しい庭園と，洋館・和館など6棟があり，明治時代後期の邸宅の姿を今に伝える建築物として，高く評価されている。見学は特別公開時のみ可能で，その際には，事前申し込みが必要である。

松尾芭蕉が滞在し，「幻住庵記」をつづる

幻住庵跡(げんじゅうあんあと) ㊳
077-533-3701
〈M ▶ P.54, 90〉大津市国分(こくぶ)2-5　P
JR東海道本線(琵琶湖線)石山(いしやま)駅🚌国分団地方面行幻住庵🚶
5分，または京阪電鉄石山坂本線石山寺駅🚶30分

石山寺駅から50mほど北の細い道を西へ折れると，東海自然歩道に入る。途中，道はややわかりにくいが，道標に従って進むと，まもなく県立石山高校の脇を通り，徒歩20分ほどで国分町バス停に出る。近江国分寺跡の石碑がある晴嵐小学校からは，道路の案内板を頼りに，徒歩15分ほどの距離でもある。国分町バス停横の近津尾(ちかつお)神社の石鳥居をくぐって100mほど進み，右へ急坂の道をとると左に駐車場があり，そこを抜けて森の中を10分ほどのぼる。途中，「せせらぎの散策路」にある松尾芭蕉らの句碑や，今も湧いている「と

瀬田・石山をめぐる　　101

幻住庵跡

「とくとくの清水」などを楽しみながら歩くと、幻住庵跡に着く。すぐ北に、近津尾神社(近津尾八幡宮)がある。なお、このルートとは別に、幻住庵バス停前の国分山の南側から階段でのぼる道(表参道)もあり、行き帰りで違う道をたどるのもよい。

幻住庵は、松尾芭蕉が1690(元禄3)年4月から7月まで滞在した所で、弟子の膳所藩士菅沼曲翠(曲水)が、伯父の定知(幻住老人)の旧庵を補修して提供したものといわれる。芭蕉は幻住庵での生活の様子を、「幻住庵記」として著した。幻住庵跡には、「先ずたのむ椎の木もあり夏木立」の句碑が立つ。現在の建物は大津市によって、1991(平成3)年にあらたに建てられたものである。芭蕉が好んだここからの眺めも、現在は木立にさえぎられて、眺望はあまりきかない。

なお、駐車場に戻って、すぐ北側の階段を5分ほどのぼると、丘の上に聖徳太子堂があり、高さ5.4cmの聖徳太子二歳像(木造聖徳太子立像、県文化)がある。この丘の上から眺める琵琶湖と大津市南部から湖南一帯の景観は素晴らしい。

ここからさらに北へ徒歩約10分の所に、国分大塚古墳がある。JR東海道新幹線の線路と名神高速道路に挟まれた住宅地の中にあり、現在、封土は削り取られ、墳形は明らかではないが、全長約45mの前方後円墳で、ほぼ6世紀中頃の築造と推定されている。

5 南郷から大石・田上へ

大津市南部の南郷・大石・田上には，瀬田川にかかわる史跡が多い。瀬田川を眺めながら，のんびり歩いてみよう。

南郷洗堰㊴　〈M ▶ P.54, 104〉大津市南郷1-17・黒津4-4　P（水のめぐみ館アクア琵琶）
JR東海道本線（琵琶湖線）石山駅🚌大石小学校行，または新浜行南郷洗堰🚶1分

琵琶湖・瀬田川の治水・利水の水位調節ダム

　南郷洗堰バス停で降りると，すぐ目の前が瀬田川で，約120m南に洗堰とよばれる流水量を調節する堰（ダム）がみえる。1896（明治29）年の大洪水をきっかけに，南郷洗堰（旧洗堰）は，1905年に現在の南郷洗堰バス停前の所に，当時としては画期的なレンガ造りの施設として完成した。全長約173m，32門の扉で，「角落とし」という，長さ4.7m・厚さ24cmのマツの角材を，15～17段（平常時）積み重ねたもので，人力で操作したため，全開に1日，全閉に2日を要したというが，琵琶湖の水位調節に大きな役割をはたした。その後，1950（昭和25）・53年の台風による洪水をきっかけに，旧洗堰を改造することになり，1961年に現在の洗堰（瀬田川洗堰）は完成した。全長約173mで，10門のゲートをもつ鋼製越流（溢流）式2段引上扉を備え，電力を用いた遠隔自動制御による全開閉は，30分で行える。また1992（平成4）年には，この東側に，水位低下時にも正確な水量を流せるバイパス水路や，排水ポンプの設置工事が完成した。この水路は，低落差小水量の高効率水力発電設備を備えており，全国的にも珍しい。

　なお，旧洗堰は撤去されたが，両岸にその一部が保存されている。これらは，2002年には土木学会により，歴史的土木施設として高い価値をもつものとして，土木遺産に認定された。また，瀬田川洗堰は，水位調節の役割に加えて，堰の上の通

瀬田川洗堰

南郷洗堰周辺の史跡

路が石山と田上(ともに大津市)を結ぶ重要な交通路として利用されている。

ここから上流(北)に、瀬田川に突き出るようにみえる小高い山が大日山(129m)で、大日山頂および南東斜面には十数基の古墳があり、大日山古墳群とよばれている。いずれも、1辺が10〜15m、高さ約1.5mの方墳または円墳で、1982(昭和57)年の発掘調査によると、6世紀初期の土器や鉄刀などが出土している。この辺りは、かつては大戸川が直角に瀬田川に合流して土砂を堆積し、黒津八島とよばれる小島や砂州をつくり、渡河可能な浅瀬として、瀬田の唐橋にかわる役割をもつ軍事上重要な場所であったという。平安時代には、網代とよぶ領地(漁場)を設けて氷魚(子鮎)をとり、朝廷に水産物を献上して食膳に供したことから、貢御瀬(供御瀬・御貢瀬・膳所瀬)とよばれた。

南郷洗堰バス停から瀬田川洗堰を渡るとすぐ北に、水のめぐみ館アクア琵琶とウォーターステーション琵琶があり、洗堰の歴史や、琵琶湖、淀川水系の治水と利水について楽しく学ぶことができる。なかでも、世界一の豪雨を体験できるコーナーは、子どもだけでなく大人にも人気がある。道を挟んですぐ南側には、滋賀県漁業組合連合会が、1966(昭和41)年に設立した南郷水産センターがあり、琵琶湖の水産資源の増殖や漁業に関する学習も可能である。その隣には洗堰を管理する、国土交通省琵琶湖河川事務所の建物がある。

一方、石山側には南郷公園が広がり、プールや広場は市民の憩いの場になっている。なお、ここから100mほど上流の地点には、関西電力宇治発電所の石山制水門があり、水路式発電所へ水を引くための導水路が設けられている。

大津中・南部

岩間寺 ⑳

077-534-2412

〈M ▶ P.54, 104〉 大津市石山内畑町82　P

JR東海道本線(琵琶湖線)石山駅🚌南郷二丁目東行，または新浜行，または大石小学校行中千町🚶60分

西国三十三所観音霊場12番札所
汗かき観音と長寿桂

　岩間寺(真言宗)へ行くには，縁日(毎月17日)に運行される臨時バスを利用すれば，JR石山駅から門前まで直通で行くことができるが，1日4～8便と本数が少ないので，確認が必要である。通常は中千町バス停から，岩間山頂(443m)の電波塔を目標に，東海自然歩道を進んで，徒歩で60分ほどかかる。山頂までは上り坂が続くため，軽い登山の準備が必要である。

　岩間寺は通称で，正式名は岩間山正法寺という。722(養老6)年に元正天皇の勅願により，泰澄律師が創建したと伝えられる。本尊の木造千手観音菩薩像は，泰澄作のカツラの一木造で，この観音が毎夜，地獄を駆けめぐって衆生の苦を救い，朝に岩間寺へ帰る頃には，汗びっしょりになったと伝えられることから，「汗かき観音」といわれる。また参拝者には，落雷(火事)の難を避けられるとして「雷除け観音」，さらに「厄除け観音」「ぼけ封じ観音」などとよばれる。境内の南側の谷間に湧く「雷神爪掘の霊泉」は，「不老長寿の水」という伝承をもつ。

　本堂に向かって右手の小さな池が蛙池で，松尾芭蕉の「古池や蛙飛び込む水の音」の俳句に出てくる池と伝えている。本来，静かなたたずまいの岩間寺も，西国三十三所観音霊場12番札所として参詣者で賑わう。岩間寺は，岩間山頂近くの滋賀県と京都府の境界に位置するため，宇治・京都方面の眺望がよく，寺から徒歩で10分ほど北へまわり込んだ，奥宮神社付近からの大津・田上方面の眺望も素晴らしい。また，その途中にある，カツラの大樹群は見事で，なかでも高さ約42m・枝張り約33mで，樹齢約1000年という「長

岩間寺

南郷から大石・田上へ

寿桂（じゅかつら）」の大きさ・美しさは，印象的である。

立木観音（たちきかんのん） ❹
077-537-0008

〈M ▶ P.54, 106〉 大津市石山南郷町（ちょう） P
JR東海道本線（琵琶湖線）石山駅🚌大石小学校行立木観音前🚶
20分

「立木さん」とよぶ空海ゆかりの厄除け観音

立木観音前バス停脇の登り口から約700段の急な石段を20分ほどのぼると，立木山安養寺（たちきさんあんようじ）（立木観音，浄土宗）の本堂がある。「立木山寺（でら）」「厄除けの立木の観音さん」「立木さん」として親しま

立木観音

れ，毎月17日の縁日には，とくに参詣者が多い。

815（弘仁（こうにん）6）年，空海（くうかい）が，42歳の厄年に諸国を行脚（あんぎゃ）中，立木山で光明を放つ霊木をみつけ，立木のまま等身大の観音像を刻んだのが立木観音の始まりとされる。また，このとき，観音の化身である白いシカが，空海を乗せて瀬田川を渡り，立木山に導いたとされ，この浅瀬をシカが跳んだことから，「鹿跳（ししとび）」という。

なお，急階段が苦手な人には，瀬田川洗堰から国道422号線を南へ約200mの，料理旅館前にある「厄除　立木観世音参道」と刻ま

立木観音周辺の史跡

106　大津中・南部

れた高さ約3mの標石から始まる古い参道をすすめたい。約2km の比較的ゆるやかな傾斜の山道を1時間余り歩くと、到達できる。 行き帰りに、2つの違った散歩ルートを味わうのもおもしろい。

大石義民碑 ⑫

〈M ▶ P.54, 106〉大津市大石東1-218
JR東海道本線(琵琶湖線)石山駅🚌大石小学校行鹿跳橋🚶20分

大石内蔵助良雄ゆかりの地で、農民の直訴

　鹿跳橋バス停からすぐ前の瀬田川に架かる鹿跳橋を渡ると、大石の地域に入る。大石は赤穂浪士の討入りで知られる大石内蔵助良雄の祖先の地である。大石家は良雄の曽祖父良勝の代から浅野家に仕えるようになった。鹿跳橋から東へ約100mの所に、大石家菩提寺の浄土寺(浄土宗)があり、大石家祖先の墓が並び、四十七士の位牌もある。裏の山手には、大石家屋敷跡(久右衛門屋敷跡)があり、「史蹟大石久右衛門良信邸址」の石碑が立っている。なお、良信は良雄の5代祖先である。また、ここから南へ車で約5分の、大石龍門2丁目にも同様に大石家屋敷跡と伝わる場所があり、林の中に「史蹟大石氏邸址」の石碑が立っている。こちらは歩くと約30分かかり、車にしても、表示もなくわかりづらい。

　浄土寺から国道422号線を信楽方面(東)へ800mほど行くと、田上方面からくる道と合流する。ここを田上方面へ400mほど進むと急な坂になり、関津峠(沢野峠・佐馬野峠)付近の道路の西側に、大石義民碑が立っている。江戸時代、薪炭木材で生計を立てていた大石村(現、大津市大石)の人びとは、この峠を越えて関津浜(現、大津市関津)から船で大津方面へ運んだという。膳所藩(現、大津市膳所)は関津浜に代官をおき、税金を課したり、「人馬役」という通行税をとったため、村民は非常に苦しんだ。村民は藩に対し、税の廃止を訴えたが許されず、ついに1613(慶長18)年、幕府の巡見

「史蹟大石氏邸址」の石碑

南郷から大石・田上へ

大石義民碑

使が近江にきた際、富川村(現、大津市大石富川町)庄屋の彦治と弟の源吾が窮状を直訴した。2人は翌年、関津峠で磔刑に処されたが、膳所藩はそれまでの苛政を改め、富川村の人びとは救われたという。その後、2人を義民とたたえ、1919(大正8)年、この地に大石義民碑が建てられた。

なお、大津市関津1丁目の関津遺跡では、2002(平成14)年からの発掘調査で、縄文時代の土器や飛鳥時代の墨書土器、中世から近世の護岸施設などがみつかり、関津浜が古代から近世まで、瀬田川水運の重要な地点であったことが確認された。また、奈良時代(8世紀後半)の、溝によって区画された掘立柱建物跡や倉庫跡、道幅約18mの官道跡もみつかり、鎌倉時代の木簡や木製農具・磁器などが多数出土した。

佐久奈度神社 ㊸
077-546-0079

⟨M ▶ P.54, 106⟩ 大津市大石中1-2-1 P
JR東海道本線(琵琶湖線)石山駅🚌大石小学校行終点 🚶1分

「七瀬の祓所」の1つ 瀬田川米かしの景勝地

鹿跳橋から約300m南へ向かうと、大石の町の中心部に入る。瀬田川はここで信楽川と合流し、それまで南流してきた瀬田川が直角に曲がって西流する地点でもある。この辺りは川幅が狭く、川床には白っぽい巨石や奇岩が点在し、浸食によって岩に穴やくぼみができている。そこへ急流が流れ込むと、白い水しぶきや泡が生じて、ちょうど米をかす(洗う・研ぐの意)ときにできる泡に似ていることから「米かし」とよばれる。この辺りは米かしを中心に、古くから景勝地として知られる。

このすぐ南側の高台に、佐久奈度神社(祭神瀬織津姫尊・速秋津姫尊・気吹戸主尊・速佐須良姫尊)がある。大石小学校バス停からは北へ約50m行くと着く。社殿はもともと現在地より約100m東寄りの一段低い所にあったが、1964(昭和39)年、下流の天ヶ瀬ダム

佐久奈度神社

の完成によって瀬田川の水位があがり、現在地に移転された。2つの河川の合流点付近一帯は、佐久奈太理・散久難度ともいわれ、当社は669（天智天皇8）年に天皇の命により創建されたという。また皇室や武家の崇敬が篤く、天皇の厄災を祓い、都を守護する「七瀬の祓所」の1つとされた。古来、伊勢参りの前にはここでお祓いを受けるという、格式高い神社でもある。当社には、大石内蔵助良雄の曽祖父良勝が奉納した有名な「騎馬武者図絵馬」があり、大津市指定文化財となっている。この境内から眺める瀬田川の景色は、とりわけ美しい。

富川磨崖仏 ㊹ 〈M▶P.54, 106〉大津市大石富川町 Ｐ
JR東海道本線（琵琶湖線）石山駅🚌大石小学校行鹿跳橋🚶60分、または石山駅🚌30分

耳だれ不動とよばれる高さ約30ｍの岩壁に刻む

　鹿跳橋から国道422号線を信楽方面（信楽街道）へ約3km進むと、「岩屋耳不動尊」の石碑があり、そこから信楽川に架かる岩屋不動橋を渡り、山道を5分ほど歩いた所に富川磨崖仏がある。ここは明王寺跡といわれる所で、正式には阿弥陀三尊不動明王磨崖仏という。また、岩屋耳不動尊ともよばれ、高さ約30ｍ・幅約20ｍの大きな花崗岩の岩壁に、仏像が刻まれている。岩のほぼ中央に、高さ約4ｍの本尊阿弥陀如来坐像が配され、両脇には観音・勢至菩薩立像と、向かって左下方には不動明王立像が刻まれている。右方の岩壁には「応安二（1369）年」の刻銘があることから、南北朝時代には

富川磨崖仏

南郷から大石・田上へ

春日神社

すでに存在していたことがわかる。中央の阿弥陀如来坐像は、耳穴付近の岩の割れ目から地下水(鉱水)がにじみ出て、あたかも耳だれのようにみえることから「耳だれ不動」とよばれている。病気を、人にかわって一身に引き受け、耳の病に霊験があるとされ、広く人びとの信仰を集めている。なお、磨崖仏は、大津市の史跡に指定されている。

　富川磨崖仏から国道422号線を信楽方面へさらに1.2kmほど進むと、大和国(現、奈良県)の藤原重友が、1154(久寿元)年に奈良から春日社(現、春日大社)の分霊を勧請したものといわれる富川の春日神社がある。本殿(鎌倉時代、国重文)は二間社入母屋造・平入、檜皮葺きで、「文保三(1319)年」の棟木銘があり、彫刻の美しい作風を残す鎌倉時代後期の社殿である。

石居廃寺跡 ㊺
077-528-2638
(大津市教育委員会文化財保護課)

〈M ▶ P.54, 104〉大津市石居1-8-4
JR東海道本線(琵琶湖線)石山駅🚌田上車庫行石居町、またはアルプス登山口行石居口 🚶 5分

19白鳳期の寺院跡 個の礎石が残る寺院

　石居町バス停から北の方向へ町なかを道なりに約200m進むと、東西11.7m・南北約7mの基壇と石積の上に、19個の礎石が残された石居廃寺跡(在原寺跡)がある。「史蹟石居廃寺阯」の石碑があり、大津市の史跡に指定されている。礎石は花崗岩で、円形の柱座をつくり出しており、金堂跡とされる。約20m北側の水田からは、講

石居廃寺跡

110　大津中・南部

堂の礎石とみられる大きな石が出土し、南東側の地点には「塔の前」という小字名が残っていることから、石碑付近一帯の約4万m²の範囲に大規模な伽藍をもつ寺院が存在していたのは確実とされる。金堂前面(南面)の東西に塔と小金堂を配する「川原寺式」か、東塔と西塔をもつ「薬師寺式」伽藍配置の寺院であったと考えられる。伽藍配置や出土した瓦などから、白鳳期(7世紀後半)に建立され、平安時代まで存在していたとされる。

田上不動 ❹

077-522-2238(園城寺)

〈M▶P.54〉大津市田上森町885
JR東海道本線(琵琶湖線)石山駅🚌アルプス登山口行終点🚶90分

室町時代の山岳寺院 本堂後部は懸崖造

アルプス登山口バス停から天神川に沿った道を約90分歩くと、標高599mの田上山(太神山)の山頂にある太神山成就院不動寺(田上不動)に到着する。859(貞観元)年、円珍を開基とする天台寺門宗の寺院で、広い境内には山岳寺院の様相が残っている。本堂(国重文)は、寄棟造で檜皮葺きの屋根をもち、正面の礼堂および玄関は、後世に付加されたものである。また、本堂後部は巨石に寄りかかるようにして立つ懸崖造(舞台造・観音造)で、室町時代初期建立の貴重な建造物である。現在、不動寺の参道は、東海自然歩道および湖南アルプスのハイキングコースにもなっている。なお、枝3丁目には田上山に産出する水晶を中心に、長石・石英などの鉱物を展示した田上鉱物博物館がある(見学は要予約)。

田上不動

オランダ堰堤 ❹

〈M▶P.54〉大津市上田上桐生町　🅿(桐生若人の広場)
JR東海道本線(琵琶湖線)・草津線草津駅🚌上桐生行終点🚶5分

上桐生バス停で下車し、桐生キャンプ場から東へ約5分歩くと、オランダ堰堤とよばれる砂防ダム(堰堤)がある。1873(明治6)年に

オランダ堰堤

オランダ人技術者指導の階段積みアーチ型砂防ダム

来日したオランダ人技師のヨハネス・デ・レイケは，すぐれた治水技術をもち，その頃，淀川水系の治水事業を推進していた。その一環として，デ・レイケの指導のもと，日本人技師田辺儀三郎(たなべぎさぶろう)の設計で1889年，割石積堰堤(わりいしづみ)が完成した。ダムはデ・レイケの母国にちなんで，オランダ堰堤と称されている。33cm・55cm・120cmの花崗岩を階段状に13〜16段に積みあげる，いわゆる階段積み(鎧(よろい)積み)につくられたもので，弓のようにアーチ型に堰堤を湾曲させる巧みな構造技術で，耐久性にもすぐれ，その姿の美しさとともに，明治時代の堰堤は，100年以上たった今も効力を発揮している。当堰堤はわが国最古のものといわれ，日本の産業遺産300選に選定されている。

また，オランダ堰堤から約5km南西にある鎧(よろい)ダムも，同様につくられた堰堤である。

なお，近くの上田上桐生町には「雁皮紙(がんぴし)」として知られる手漉き(てすき)近江和紙製造の成子紙工房(なるこ)があり，その製紙技術は，県の無形文化財に指定されている。

Konan 湖南

草津追分道標

東門院本堂

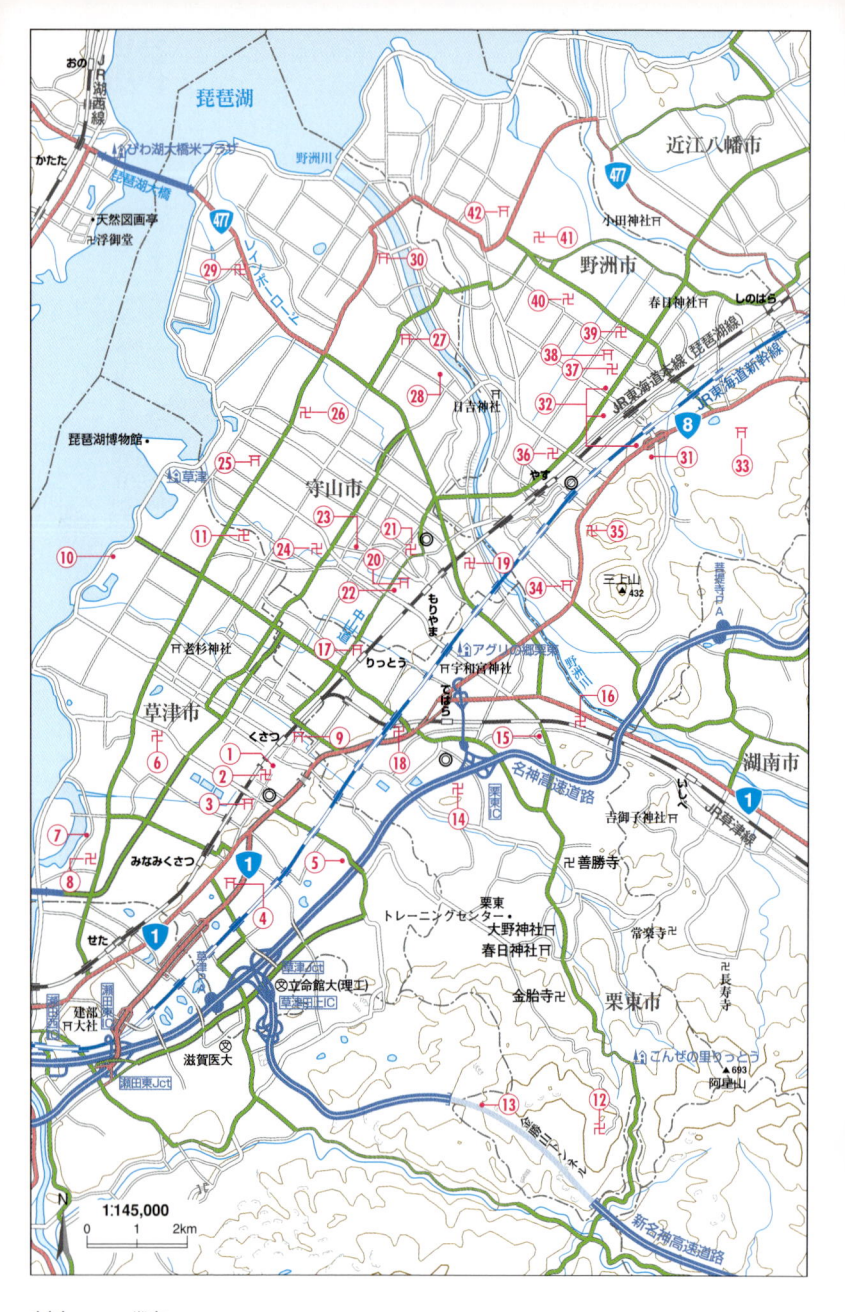

湖南

◎草津周辺散歩モデルコース

宿場町草津と旧東海道コース　JR東海道本線(琵琶湖線)草津駅_10_草津宿本陣_5_常善寺_5_立木神社_5_光伝寺_3_矢倉道標_20_新宮神社_15_野路小野山製鉄遺跡_15_野路の玉川_25_JR琵琶湖線南草津駅

矢橋街道コース　JR東海道本線(琵琶湖線)南草津駅_15_矢橋バス停_5_矢橋港跡_5_石津寺_5_鞭崎神社_3_矢橋バス停_15_JR南草津駅

浜街道から志那街道コース　JR東海道本線(琵琶湖線)草津駅_9_下出バス停_5_老杉神社_20_宝光寺_15_三大神社_3_吉田家住宅_15_志那神社_15_蓮海寺_40_常教寺_20_印岐志呂神社_15_芦浦観音寺_5_芦浦バス停_14_JR草津駅

金勝山ハイキングコース　JR草津線手原駅_25_金勝寺_40_馬頭観音堂_30_茶沸観音_20_重岩_25_狛坂磨崖仏_90_上桐生バス停_30_JR東海道本線(琵琶湖線)草津駅

安養寺から下戸山へのコース　JR草津線手原駅_15_椿山古墳_15_安養寺_20_和田古墳群・栗東市出土文化財センター_20_小槻大社_10_下戸山バス停_20_JR東海道本線(琵琶湖線)草津駅

旧東海道コース　JR草津線手原駅_25_旧和中散本舗_3_福正寺_2_旧法界寺_15_新善光寺_20_高野神社_15_高野バス停_20_JR東海道本線(琵琶湖線)草津駅

◎湖南散歩モデルコース

1. JR東海道本線(琵琶湖線)守山駅_10_勝部神社_10_今宿一里塚_15_東門院_10_金森懸所_15_蓮生寺_10_小津神社_20_少林寺_10_下新川神社_15_守山市立埋蔵文化財センター_5_蜊江神社_20_大日堂・近江妙蓮公園_15_JR守山駅

2. JR東海道本線(琵琶湖線)野洲駅_10_御上神社_15_宗泉寺_10_関電前バス停_10_辻町バス停_8_桜生史跡公園_10_銅鐸博物館・弥生の森歴史公園_10_大笹原神社_20_JR野洲駅

3. JR東海道本線(琵琶湖線)野洲駅_5_円光寺_5_常念寺_10_菅原神社・永原御殿(御茶屋)跡_15_妓王寺_15_錦織寺_30_兵主大社_15_JR野洲駅

①草津宿本陣
②常善寺
③立木神社
④新宮神社
⑤青地城跡
⑥木川薬師堂
⑦矢橋港跡
⑧石津寺
⑨伊砂砂神社
⑩志那街道
⑪芦浦観音寺
⑫金勝寺
⑬狛坂磨崖仏
⑭安養寺
⑮旧和中散本舗
⑯新善光寺
⑰大宝神社
⑱永正寺
⑲東福寺
⑳勝部神社
㉑守山宿・東門院
㉒今宿一里塚
㉓金森懸所
㉔蓮生寺
㉕小津神社
㉖少林寺
㉗蜊江神社
㉘近江妙蓮公園
㉙福林寺
㉚下新川神社
㉛銅鐸博物館
㉜大岩山古墳群・桜生史跡公園
㉝大笹原神社
㉞御上神社
㉟宗泉寺
㊱円光寺
㊲常念寺
㊳菅原神社
㊴妓王寺
㊵錦織寺
㊶蓮長寺
㊷兵主大社

① 宿場町草津と湖辺の史跡

東海道と中山道が交わる宿場町と，琵琶湖沿いの浜街道の史跡巡り。

草津宿本陣 ❶ 〈M ▶ P.114, 117〉 草津市草津1-2-8 P
077-561-6636　　JR東海道本線（琵琶湖線）草津駅 🚶 10分

江戸時代にタイムスリップする現存の宿本陣

　草津駅東口を出て，サンサン通りを150mほど進み，右に折れてアーケード街になっている商店街（旧中山道の一部）をさらに約400m行くと，天井川で知られた旧草津川（廃川，河道のみ残る）の河底をくぐる草津トンネル（全長44m）に出る。そのトンネルの南側出口は，東海道と中山道が分岐する草津追分で「右東海道いせみち，左中仙道美のぢ（右東海道伊勢道，左中仙道美濃路）」と大書した石造道標（追分道標）が立っている。道標の反対側には高札場が復元されている。トンネルから旧東海道を約50m進むと，草津宿本陣（国史跡）がある。草津は，東海道の52番目の宿場町で，中山道との合流・分岐点として重要な位置を占めていた。

　かつて東海道は，本陣付近から草津川の堤防に沿って上り坂になっており，架橋は許されず，しばしば川止めされたことがあった。旧草津川の堤防へはどこからでものぼれるが，宿場景観の残っている横町（現，草津1丁目）を経てのぼれば，古い町並みに昔を偲ぶことができる。なお，草津トンネルは1886（明治19）年に完成したもので，同時に東海道も一部付け替えられ，大路井（現，草津市大路1～3丁目，西大路町）の覚善寺（浄土宗）の南から国道1号線に至る約900mの新道ができた。同年に建てられた東海道と中山道の分岐点を示す道標（大路井道標）が，現在覚善寺前にある。

　江戸幕府により，1601（慶長6）年に宿駅制が定められ，東海道に品川宿（現，

草津宿本陣

116　湖南

草津市中心部の史跡

東京都品川区)ほか10宿がおかれると，草津宿もその１つとなった。1712(正徳２)年，江戸幕府６代将軍徳川家宣は，全国の主要街道に貫目改所をおき，過重な荷物の継立がないかどうか取り締まったが，草津宿は品川宿・府中宿(現，静岡県静岡市)とともに，重要地とみなされ，貫目改所が設けられた。宿場町の長さは約1.3kmで，1830(天保元)年の記録によると旅籠118軒とあり，本陣２軒・脇本陣４軒がおかれていた。本陣は田中九蔵本陣と田中七左衛門本陣であったが，九蔵本陣は明治時代以後に絶えて，建物も取りこわされ，七左衛門本陣だけが，ほぼ完全な姿を今に残している。この本陣は材木商も営んでいたため，「木屋本陣」ともよばれ，経済力もあり，本陣の経営も堅実であったという。1635(寛永12)年から1870(明治３)年に廃止されるまで，235年間本陣をつとめた。宿帳に相当する「大福帳」には，吉良上野介・浅野内匠頭・皇女和宮・新撰組や，ドイツの博物学者シーボルトらが宿泊や休憩をした記録が残っている。

　1718(享保３)年に類焼の難に遭ったが，膳所藩(現，大津市)の特別の計らいで，膳所城内にあった瓦が浜御殿の建物を拝領して急場をしのいだ。現在の建物はこのときのものである。表門は本陣のみが許された大門で，門を入り白洲を通ると，敷台つきの玄関がある。建物の中央に長い畳廊下を渡し，その左右に従者の部屋や御膳所を配し，いちばん奥には上段の間があり，大名の休泊に用いら

宿場町草津と湖辺の史跡　117

れた。框により，ほかより一段高くし，天井を漆塗りの格天井とするなど，特別のしつらえが施されている。敷地面積は4700m²余りで，間口は表側が約26m，裏側が約53m，奥行は約100mあり，母屋には40室もの部屋があった。

　毎年4月に開催される「草津宿場まつり」では，時代装束による時代行列やかごかきレースが催される。

常善寺 ❷
077-562-1656
077-565-0529（浄土宗滋賀教区教務所）
〈M ▶ P.114, 117〉草津市草津1-9-7 P
JR東海道本線（琵琶湖線）草津駅🚶15分

足利将軍や徳川家康ゆかりの草津市内最古の寺

　草津宿本陣から旧東海道を南へ約300m進み，アーケードの商店街に入ると，すぐ右手の奥まった所に常善寺（浄土宗）がある。735（天平7）年良弁により創建されたと伝えられる草津市内最古の寺院である。1221（承久3）年の承久の乱のとき，兵火に遭って焼失し，建長年間（1249～56）に再建された。室町時代には，初代将軍足利尊氏・4代義持・9代義尚らにより手厚く保護され，1600（慶長5）年には，関ヶ原の戦いに勝利した徳川家康が，上洛の途上に宿陣した。その後，この付近には，問屋場・人馬継立所・貫目改所などがおかれた。現在の本堂はコンクリート造りであるが，堂内には鎌倉時代の作といわれる本尊木造阿弥陀如来坐像　両脇士像（国重文，非公開）が須弥壇上にまつられている。

　常善寺の真向かいには草津宿街道交流館がある。草津宿まちなみ模型や，街道・宿場に関するいろいろな情報を得ることができる。

草津宿街道交流館内部

立木神社 ❸
077-562-0420
〈M ▶ P.114, 117〉草津市草津4 P
JR東海道本線（琵琶湖線）草津駅🚶20分

　常善寺からさらに旧東海道を300mほど南に進むと，伯母川（志津

立木神社

川)に至る。橋を渡ると右側に<u>立木神社</u>(祭神武甕槌命)がある。神社の由緒書に「古来初めて旅立つことを鹿島起と称するがそれは立木神社の祭神が，初めて常陸国鹿島神宮(茨城県鹿嶋市)から当地へ旅立ち遊ばされたのが語源であると，古書にも誌されている」とあり，また境内の石碑に「この時，手に持つ柿の木の杖を社殿近くの地にさすと，不思議に生えついた。この木を崇めて社名を立木神社と称した」とある。境内に高さ約2ｍの石造道標がある。江戸時代の「延宝八(1680)年」の刻銘があり，「みぎハたうかいどういせミち　ひだりハ中せんだうをた加みち(右は東海道伊勢路，左は中山道お多賀路)」と刻まれている。刻文より，もとは東海道と中山道の分岐点に立てられていたことがうかがえる。

東海道と中山道・矢橋街道との分岐点の道標

さらに南へ約150ｍ進み，新草津川(草津川放水路)を越えると，まもなく左手に<u>光伝寺</u>(浄土宗)がある。本堂の<u>木造阿弥陀如来坐像</u>(国重文，非公開)は平安時代の作といわれる。もと釈迦堂とよばれていた本寺は，金勝山(栗東市)の狛坂寺(廃寺)の観音像が盗まれ，立木神社の森に捨てられ，ここから夜ごと釈迦堂に光明がさしたことにより，光伝寺と号するようになったといわれている。

草津宿本陣付近を中心に，旧東海道沿いには寺院が多くみられるが，宿場の防御をかねていたものと考えられる。

さらに旧東海道を300ｍ余り南進すると，矢橋街道との分岐点に着く。分岐点には「右やばせ道」の矢倉道標(石造道標)があり，ここが実質的な草津宿の出入口であった。江戸時代の「寛政十(1798)年」に建てられたことが伝来文書によってわかる。現在は草津名物の1つである瓢箪を販売している瓢泉堂の店前にある。現在，矢橋街道はJR琵琶湖線の線路により分断されている。

宿場町草津と湖辺の史跡

新宮神社 ❹
077-562-3067

〈M ▶ P.114, 117〉草津市野路町1674　P
JR東海道本線（琵琶湖線）南草津駅🚶15分

行基ゆかりの神社奈良時代の製鉄遺跡

　矢橋街道との分岐点から旧東海道を約500m南進すると、国道1号線と交差し、さらに500mほど行き左折すると、新宮神社（祭神速玉男命・事解男命）がある。天平年間（729～749）、行基によって創建されたと伝えられる。本殿（附 棟札、国重文）は、1523（大永3）年の建立で、入口の門は旧膳所城水門が移築されたものである。

　新宮神社の約400m南西にある仮又池の南側一帯には、奈良時代の製鉄遺跡である野路小野山製鉄遺跡（国史跡）がある。京滋バイパス建設に先立ち実施された発掘調査で、発見された。バイパス高架東側に説明板がある。現在は埋め戻されているので、遺跡そのものは見学できないが、遺跡から約1.5km南東の立命館大学びわこ・くさつキャンパスの陸上競技場の地下に、遺跡保存施設（木瓜原遺跡古代製鉄炉）があり、見学できる。

青地城跡 ❺
077-561-2429（草津市教育委員会文化財保護課）

〈M ▶ P.114, 117〉草津市青地町　P
JR東海道本線（琵琶湖線）草津駅🚌上桐生行志津小前🚶すぐ

草津に唯一残る城跡

　志津小前バス停の約200m南東に志津小学校がある。この小学校と南隣の小槻神社のある一帯が青地城跡である。近江守護佐々木氏一族に連なる土豪青地氏の居城で、織田信長の近江侵攻（1573年）まで代々拠っていた。現在は、学校裏の本丸跡に、子孫によって建てられた青地城主代々の墓碑と青地城山碑があり、用水路をかねた堀（城池）が残っている。付近一帯はカーネーションを中心とする花卉園芸が盛んであったが、近年、住宅地にかわりつつある。城跡から西に約400m行き伯母川を越えた所に、西方寺（浄土宗）がある。本堂前の鐘楼（県文化）は、もと京都の建仁寺にあった1604（慶長9）年建造の鐘楼である。そこから伯母川に沿って300mほど北に行くと、無量壽寺（浄土宗）があり、本堂の向かって左前に、鎌倉時代の作といわれる宝篋印塔がある。

姥が餅と野路の玉川

コラム

草津名物と名泉

　JR草津駅東口からまっすぐ約800m行くと、国道1号線に出る。その交差点の西側に、歌川広重の浮世絵「東海道五十三次」にも描かれている姥が餅を売る店がある。現在屋号は、「うばがもちや」になっている。江戸時代の道中案内記には必ずその名が記される、草津宿を代表する名物であった。松尾芭蕉の句に「千代の春契るや尉と姥が餅」と詠まれ、その名は一層広まったといわれている。古くは矢倉(現、草津市)の地にあり、東海道と矢橋街道の分岐点に店を出していたが、1889(明治22)年に湖東鉄道(現、東海道本線)が敷かれると人通りも少なくなり、やがて草津駅の開設によって駅前の大路井(現、草津市大路1～3丁目・西大路町)に移転し、さらに第二次世界大戦後、現在地に移った。

　姥が餅は、伝説によれば、草津の郷代官(守護代)六角(佐々木)義賢の子孫がゆえあって殺され、3歳の遺児のために、乳母が小さな餅に白い砂糖をのせたものを売りながら、その子を育てた。徳川家康がこの地を通り、その善行を聞いて、誰いうことなく姥が餅と名づけられたという(3歳の遺児は、義賢の曽孫という説もある)。現在、この店には古い文献が多く保存されている。

　JR南草津駅から南へ国道1号線を越えて、約1km行った草津市野路町の玉川小学校の北約200mの旧東海道沿いに、野路の玉川がある。日本六玉川の1つに数えられた名泉で、東海道を往来する旅人や牛馬の憩いの場であった。近くを流れる十禅寺川の伏流水を湧出していたと考えられる。鎌倉時代にはハギの名所として知られ、「萩の玉川」ともいい、多くの歌人が訪れたという。『千載集』に「あすもこむ野路の玉川萩こえて　色なる波に月やどりけり」という源俊頼の歌がある。今は小さな池と歌碑を残すのみである。

木川薬師堂 ❻
077-564-1207

〈M▶P.114, 117〉草津市木川町513　P
JR東海道本線(琵琶湖線)草津駅🚌北山田方面行木ノ川🪵すぐ

8のつく八日薬師の日に拝観できる寺院

　木ノ川バス停の北西すぐの所に西遊寺(浄土真宗)があり、寺の裏の飛び地境内にある木川薬師堂に、木造薬師如来坐像と木造毘沙門天立像(ともに国重文)が安置されている。薬師如来像は鎌倉時代の作、毘沙門天像は平安時代後期の作で、もとは木川町天神社の本地仏であった。通常は非公開で、5月3日の祭礼と8月8日および1

宿場町草津と湖辺の史跡　121

木川薬師堂

月8日の八日薬師の日に拝観できる。西遊寺の約200m南にある最明寺(浄土真宗)の境内に，高さ約2.8mの五重層塔がある。草津市内では唯一の完全層塔で，鎌倉時代の作と考えられている。指定文化財ではないが，一見の価値がある。

矢橋港跡 ❼
077-561-2429
(草津市教育委員会文化財保護課)

〈M ▶ P.114, 117〉草津市矢橋町1340　P(矢橋帆島公園)
JR東海道本線(琵琶湖線)南草津駅🚌大津方面行矢橋🚶5分

近江八景の1つ「矢橋の帰帆」

　矢橋バス停から琵琶湖に向かって約300m歩くと，矢橋港跡に至る。古くから矢橋港は，東海道と対岸の大津とを結ぶ湖上交通の要地として栄えた所であり，近江八景の1つ「矢橋の帰帆」として知られる港であった。京を目指して，東海道や中山道をやってきた旅人で，急がない者は，野路・瀬田の唐橋(大津市瀬田)を経て，大津へ出る東海道をとったのに対して，早く入京したい者は矢橋街道を通った。矢橋・大津石場間の約5.6kmは，旅人の疲れを癒す湖上の船旅であった。

　徳川家康は，1600(慶長5)年9月，関ヶ原の戦いに勝利を収め，途中佐和山城(彦根市)を攻略して，この矢橋から船で大津へ渡った。江戸時代に膳所藩領になると，港の開発に力が入れられた。1869(明治2)年，蒸気船が就航したが，1889年の東海道線開通にともない廃港となった。

　現在は，「弘化三(1846)年」銘の常夜灯が往時を偲ばせるのみで，湖岸堤や人工島(矢橋帰帆島)ができ，まったく港の姿はない。港付近は完全に埋め立てられ，波止場の石垣を復元して，今は矢橋公園として子どもの遊び場になっている。付近の湖底遺跡の広場には，竪穴住居が復元されている。南側は矢橋帰帆島公園で，スポーツ施

石津寺 ❽

最澄が創建し、足利義詮が再建した寺院

〈M ► P.114, 117〉草津市矢橋町1163
JR東海道本線(琵琶湖線)草津駅🚌大津方面行矢橋郵便局前
🚶3分

　矢橋郵便局前バス停から西に行くと，すぐ石津寺(真言宗)がある。寺伝によれば，788(延暦7)年，最澄の創建。古堂は元暦年間(1184〜85)の兵火で焼失し，1359(延文4)年に室町幕府2代将軍足利義詮が再建したといわれる。もとは天台宗寺院であったが，中世に真言宗に改宗した。本堂(国重文)は太い柱列と大きな寄棟造の屋根，広い回縁よりなる。本堂と同じ建築様式は県内にはなく，非常に貴重な建造物である。現在は無住寺で境内もなく，まわりは新興住宅地で，本堂も住宅地の中にある。

　石津寺から，すぐ東側を通る県道26号線を北へ200mほど行って右折すると，鞭崎神社(祭神聖母大神・住吉大神・高良大神・応神天皇)がある。表門(国重文)は，1871(明治4)年の廃藩により膳所城の南大手門を移築したもので，本瓦葺きの高麗門である。親柱の上に切妻の屋根を架け，背後に控柱を立て，本屋根と直交する小屋根を2本架けて，控柱と門扉を覆うようにしたもので，慶長年間(1596〜1615)の特徴をよく残した城郭建築の代表的なものである。社名は，1190(建久元)年上洛途上にあった源頼朝が，馬上から鞭をもって神名を尋ねたことに由来し，鞭崎八幡宮ともよばれている。

　なお神社前の道路は矢橋街道で，約150m東の交差点に3基の道標がある。「山田あしうら道」「あなむら道」と刻字された芦浦道道標で，矢橋から山田・穴村・芦浦を通って中山道の守山宿に達する古道の起点である。

石津寺

宿場町草津と湖辺の史跡　123

伊砂砂神社 ⑨
077-562-1725

〈M ▶ P.114, 117〉草津市渋川2-2-1
JR東海道本線(琵琶湖線)草津駅🚶10分

「花踊り」が奉納される神社

　草津駅東口を出て県道142号線を約100m進み，大路交差点を左折すると渋川商店街に出る。商店街の通りは旧中山道で，つぎの宿場である守山に通じる。この道を450mほど行くと，伊砂砂神社(祭神伊邪那岐命・素戔嗚命・寒川比古命・寒川比女命・石長比売命)がある。本殿(附棟札，国重文)は1468(応仁2)年の建立で，一間社流造・檜皮葺きの建物である。毎年9月13日の灯明祭には，雨乞い御礼として踊り始めたと伝えられる「花踊り」が奉納される。

志那街道 ⑩
077-561-2429
(草津市教育委員会文化財保護課)

〈M ▶ P.114, 125〉草津市志那町
JR東海道本線(琵琶湖線)草津駅🚌下物行，または琵琶湖博物館行吉田口🚶10分(志那港)

草津最大の社殿と白鳳寺院跡の密集する地域

　草津駅西口から下物行，または琵琶湖博物館行きのバスに乗り，途中草津市下笠町の下出バス停で下車すると，約300m北東に老杉神社(祭神素盞嗚尊・稲田姫・八王子)がある。本殿(国重文)は1452(宝徳4)年に建立されたもので，三間社流造・檜皮葺きの堂々たる社殿で，草津市内でも大きさは屈指のものである。

　下出バス停のつぎの北大萱バス停から東に約150m行った所に宝光寺(天台宗)がある。当寺は天武天皇の勅願により，定恵が創建したとされる古刹である。本尊の木造薬師如来立像(国重文)は像高約1.64mの平安時代作の仏像であるが，秘仏のため拝観はできない。

　草津市北部一帯は，10ヵ寺におよぶ白鳳寺院跡の密集する，草津市内でもきわめてまれな地域である。1981(昭和56)年9月から発掘調査が行われ，市内では初めて寺院遺構が確認され，白鳳寺院跡の具体的な実態が明らかになった。発掘されたのは，現在の宝光寺本堂前の瓦積基壇で，全国でもきわめて珍しい軒丸瓦が出土した。

　北大萱バス停に戻って信号を渡り，かつて志那街道といわれた志那港に通じる道を西に約500m行くと，志那町吉田の三大神社(祭神志那津彦命・志那津姫命・大宅公主命)に至る。本殿前の石灯籠(国重文)は，高さ225cmの総六角形灯籠で，竿に鎌倉時代の「正応四(1291)年三月」の刻銘がある。境内にあるフジは「砂ずりの藤」とよばれ，開花する5月頃は参観者が多く訪れる。

草津市北部の史跡

　三大神社の北側に、吉田家住宅がある。吉田家は近江守護佐々木氏の支流の土豪で、庄屋をつとめ、領主の旗本朽木氏の代官ともなった。主屋(県文化)は、1834(天保5)年頃に建てられた江戸時代の民家であるが、非公開である。

　さらに西へ700mほど進むと右側に志那神社(祭神志那津彦命・志那津姫命・伊吹戸主命)があり、周濠をともなった長い松並木の参道の奥に、ひっそりとたたずんでいる小さな本殿(附宮殿・旧棟木の一部・古材・破風板・懸魚、国重文)がある。1298(永仁6)年建立の和様建築で、市内最古の木造建造物である。「シナ」とは風の意味で、街道沿いには「風の神」をまつる神社が多い。

志那神社

宿場町草津と湖辺の史跡

山崎宗鑑句碑（蓮海寺）

さらに西へ約600m行くと、蓮海寺（浄土宗）がある。もとは琵琶湖岸にあったが、今は周辺が埋め立てられ、公園になっている。本堂にある木造地蔵菩薩立像（国重文）は鎌倉時代の作で、像高約1.64mである。かつて志那は、大津や坂本（ともに現、大津市）へ渡る重要な港であり、中世以降矢橋や山田の港（ともに現、草津市）と同様に、盛んに利用されていた。今は、漁港として整備されている。本堂の左手に、室町時代の俳諧の祖山崎宗鑑の「元朝の見るものにせん不二の山」の句碑が立っている。宗鑑は、志那町の出身であるともいわれる。

芦浦観音寺 ⑪
077-568-0548

〈M ▶ P.114, 125〉草津市芦浦町445　P
JR東海道本線（琵琶湖線）草津駅🚌下物行、または琵琶湖博物館行芦浦🚶5分

「近江の正倉院」文化財の多い寺

　草津駅西口から浜街道経由のバスで北上して、芦浦バス停で下車し、東に300mほど行くと、芦浦観音寺（天台宗）がある。2004（平成16）年8月に、芦浦観音寺跡として国の史跡に指定され、草津市の国指定史跡は、草津宿本陣（1949年指定）・野路小野山製鉄遺跡（1985年指定）とあわせて3件となった。芦浦観音寺は、堀に囲まれ、内部に石垣や土塁を配しており、城郭を想起させる特異な寺観を呈している。当寺は、安閑天皇の治世（531～535）、屯倉（皇室の直轄領）が設置された芦浦の地に、聖徳太子の発願により、秦河勝が建立したものと伝えられる。南都大安寺（奈良県奈良市）の『三綱紀』によると、奈良時代には伽藍の規模も大きく、宗派も三論宗に属していたが、最澄の延暦寺開創とともに、天台宗の別格寺院となった。

　湖東地域における延暦寺の一拠点であり、東門院（守山市守山）とともに、比叡山を守護する重要な役割をはたしていた。一時は廃墟の状態にあったが、1408（応永15）年僧歓雅によって中興され、京都普勧寺（廃寺）の末寺となった。その後、織田信長が1574（天正2）

芦浦観音寺表門

年に当寺に湖水奉行をまかせて以来, 7代110年にわたって当寺は湖上一切の管理にあたった。その長い歴史の中でも特筆されるのは, 安土桃山時代から江戸時代にかけて, 当寺の8世賢珍・9世詮舜・10世朝賢らが, 当時の最高権力者であった織田信長・豊臣秀吉・徳川家康と強いつながりをもっていたこと, そして寺でありながら, 政治的色彩の濃い寺院だったことである。

とりわけ, 詮舜は秀吉の下で, 琵琶湖上交通全体を司る船奉行として活躍するとともに, 近江の蔵入地(直轄地)の代官もつとめた。また, 朝賢は家康の下で船奉行をつとめ, 湖南・湖東地域の幕府領の代官や, 将軍が上洛する際の宿泊施設である野洲永原御茶屋(現, 野洲市永原)の作事奉行(建築や修繕にあたる職)もつとめた。

当寺には, 琵琶湖を渡るすべての船に通行許可証として押した「江州諸浦船之帳」の焼印が残っている。この印のない船は将軍の御座船であろうと, 漁師の田舟であろうと通行は許されなかった。家康は当寺の船奉行としての力量を認めて, 4万石の代官とした。対岸の大津市観音寺は船奉行所のあった所で, 寺の名称が残っている。

1571(元亀2)年, 信長が比叡山延暦寺を焼討ちしたとき, 多くの宝物が湖を渡って芦浦観音寺に避難したといわれるが, その多くは焼失した。しかしその中で, 彫刻では木造地蔵菩薩立像・木造阿弥陀如来立像(ともに国重文)や木造聖観音立像(県文化), 絵画では絹本著色黄不動尊像・絹本著色薬師三尊像・絹本著色十六羅漢図・絹本著色五大尊像(不動尊を欠く)・絹本著色聖徳太子像(いずれも国重文)が類焼を免れた。これらは, 室町時代作の十六羅漢図をのぞき, すべて鎌倉時代の作である。また, 南北朝時代作の絹本著色観経変相図や, 安土桃山時代の豊臣秀吉自筆北野湯茶道具目録, 室町時代から江戸時代にかけての芦浦観音寺文書233点(いずれ

芦浦観音寺阿弥陀堂

も県文化)が残された。まさに「近江の正倉院」とよばれるに相応しいものである。なお、薬師三尊像と聖徳太子像は奈良国立博物館に、3軀の彫刻と観経変相図・茶道具目録・観音寺文書が県立琵琶湖文化館に、それぞれ寄託されている。

　境内の重要な建物として、阿弥陀堂(国重文)がある。建立年代は明らかでないが、様式は室町時代前期のものとされる。寺伝では1553(天文22)年に、京都普勧寺(廃寺)より移築されたとしている。また書院(国重文)も寺伝によれば、家康が上洛のときに用いた野洲永原御茶屋を、当寺に移築したものとされる。芦浦観音寺は通常非公開で、拝観・見学の際には予約が必要である。

　芦浦観音寺の南西約500mの所に、草津市指定文化財の本殿をもつ印岐志呂神社(祭神大己貴命)がある。『延喜式』神名帳記載の栗太郡八座の1つである古社で、社伝によれば、敏達天皇13年(6世紀後半)に勧請されたといわれている。現在の本殿は、1599(慶長4)年に芦浦観音寺の詮舜が建立した優美な建物である。当社の前の道は、志那の蓮海寺から志那神社・三大神社を通り、芦浦観音寺に通じる古道で、志那街道とよばれている。

　芦浦バス停に戻り、琵琶湖側に行き、下物バス停を過ぎると、まもなく左手に天満宮がある。付近一帯は、邦光史郎の小説『幻の近江京』の舞台となった白鳳期の寺院花摘寺の跡地(花摘寺遺跡)で、境内にいくつかの礎石がある。1辺約180cmの石造物は、中央に径30cmの穴があり、塔露盤とみられる。今は手水鉢に転用されている。

　天満宮から南西へ約400mの下寺町に、常教寺(浄土真宗)がある。境内には下寺観音堂とよばれる小堂があり、本尊の木造聖観音立像(国重文、非公開)は、平安時代前期の特徴を残している。

② 栗東市の史跡

石部宿と草津宿に挟まれた「間の宿」と仏教文化の史跡巡り。

金勝寺 ⑫ 〈M ► P.114〉栗東市荒張670-1 P
077-558-0058(里坊) JR草津線手原駅🚌25分

良弁開基の豊富な文化財を所蔵する寺院

　金勝寺へは交通の便が悪く，路線バス利用の場合は，JR東海道本線(琵琶湖線)・草津線草津駅またはJR琵琶湖線栗東駅から金勝公民館行きのバスに乗車，終点で下車し県道12号線を約5km歩くか，車の場合は，手原駅または名神高速道路栗東ICから県道55号線を南東へ進み，北入交差点で県道12号線に入ってそのまま甲賀市信楽方面に行くと，左手に金勝山県民の森(第26回全国植樹祭会場跡)や道の駅こんぜの里りっとうがある。そこから道路は二手に分かれるが，県道をはずれ，右手の道をたどって行くと，金勝寺前の駐車場に至る。

　大津市の田上山(太神山)から，栗東市南部の金勝山にかけての連峰は，湖南アルプスとも称され，三上・田上・信楽県立自然公園の一角で，近江湖南アルプス自然休養林に指定されている。金勝山の主峰は標高604mの竜王山で，風化した巨大な花崗岩が露出し，奇岩怪石の立ち並ぶ，天下の絶景である。

　金勝山は現在，格好のハイキングコースとなっているが，かつては修験者たちの道場であった。金勝寺の山上に近江の山岳密教文化を知るうえで，欠かすことのできない古刹金勝寺(天台宗)がある。

　金勝山大菩提寺と称した金勝寺は，奈良時代の高僧良弁と考えられる金粛菩薩が開基し，のち，弘仁年間(810〜824)に，興福寺(奈良県奈良市)の伝燈大法師願安が山上に伽藍を建立して中興し，国家の平安を祈願して，833(天長10)年に定額寺という国家

金勝寺

公認の寺となって「金勝」の勅額を賜った。菅原道真や源頼朝・義経,足利尊氏・義詮ら多くの人びとが帰依した。

本堂は1549(天文18)年に焼失したが,その後,時の住職賢法が徳川家康の援助を受け,1597(慶長2)年に再建した。それが現在の本堂である。仁王門をくぐると,正面の一段高い所に本堂があり,その手前右に二月堂が立っている。本堂には,木造釈迦如来坐像・木造虚空蔵菩薩半跏像(ともに国重文)が安置されている。二月堂には,五大明王の1つである木造軍荼利明王立像(像高3.64m)が安置され,金勝公民館の約1km南にある金勝寺の里坊には,木造毘沙門天立像(ともに国重文)があり,これらはすべて平安時代の作である。

金勝寺から旧参道(金勝林道)をおりて行くか,前述の県民の森から県道12号線を北へ約2.4kmの坂をくだり,旧バス停の成谷まで戻ると,金胎寺(浄土宗)がある。本堂に木造阿弥陀如来及両脇侍像と木造四天王立像(ともに平安時代作,国重文)が安置されている。寺から県道を約500mおりた右手に正徳寺(浄土宗)があり,木造阿弥陀如来立像(国重文)が,さらに約500mおりて,片山の小佐治川橋を渡ると敬恩寺(浄土宗)があり,本堂に鎌倉時代作の木造阿弥陀如来立像(国重文)が安置されている。敬恩寺前の旧道を北へ進み,金勝寺の里坊を過ぎると,ほどなく道路左側に2つの神社があり,1つは春日神社(祭神経津主神・武甕槌命・天児屋根命・姫大神)で,その表門(国重文)は安土桃山時代の四脚門である。そこから約300m北にあるのが大野神社(祭神菅原道真)で,鎌倉時代の楼門(国重文)をもつ。檜皮葺き・入母屋造・2階建て,上下階間には屋根がなく,縁に手すりをつけた簡素な建て方で,県内でも最古の楼門であるといわれている。大野神社は中世の金勝荘(現,栗東市金勝一帯)の総社で,金勝寺までの50丁の丁石(距離を示す里程標のような石)の出発点で,金勝山登山口をかためる神社である。

さらに旧道を北へ進み,山入交差点を直進して金勝小学校を右手にみながら2kmほど行くと,金勝川に架かる御園橋に至る。橋を渡り,少し行くと小高い山の中腹に善勝寺があったが廃寺となり,今は登り口の石段のみが残されている。善勝寺が所蔵していた中央

の顔の左右にさらに顔をもつ日本でも数例しかない珍しい姿の木造千手観音立像と木造薬師如来坐像(ともに平安時代作, 国重文)は, 栗東歴史民俗博物館に寄託されている。

狛坂磨崖仏 ⓭
077-551-0145(栗東市生涯学習課)

〈M ► P.114〉栗東市荒張
JR草津線手原駅🚶40分

金勝山中の狛坂寺跡に残る磨崖仏

　狛坂磨崖仏(国史跡)を訪ねる道は, 幾通りかある。金勝寺から峰道伝いにハイキングコースを1時間45分余り歩く道, 大津市桐生の桐生キャンプ場から南谷林道を約2時間歩く道などがある。金勝寺からのコースを歩くと, 約40分で馬頭観音堂に着く。駐車場もあり, ここまでは車でくることもできるが, 歩くことをおすすめする。

　金勝山一帯では, 路傍にいくつかの石仏をみることができる。観音堂からさらに約30分歩くと, 像高30cmの茶沸観音に出合う。アーチ形の仏龕内に彫られた, 道標としての石仏である。さらに約20分進むと, 重岩と称する, 岩肌の三方に線彫りの石仏が刻まれた岩があり, さらに国見岩を過ぎ, 25分ほどくだると狛坂磨崖仏にたどり着く。この一帯が狛坂寺跡である。

　狛坂寺は, 金勝寺と同様に興福寺(奈良県奈良市)の僧願安によって建立されたと伝えられている。1515(永正12)年に本堂が炎上し, 1838(天保9)年に再興されたが, 明治維新後廃寺となり, その跡地には磨崖仏のみが残った。狛坂磨崖仏は, 高さ約6m・幅約4mの花崗岩の巨石に, 像高2.35mの阿弥陀如来坐像, 両脇に像高各2.35mの観音菩薩立像・勢至菩薩立像の三尊像を中心に, 上部に9軀の菩薩が浮彫りされている。

　菩薩は平安時代以降の作といわれるが, 三尊像はきわめて古様な表現で, 奈良時代に遡る作例ともいわれている。朝鮮半島に現存する磨崖仏に, 狛坂磨崖仏と酷似しているものがあることから, 新羅の彫刻様式の影響を受けた作とされる。いずれにしても, わが国における第一級

狛坂磨崖仏

栗東市の史跡　　131

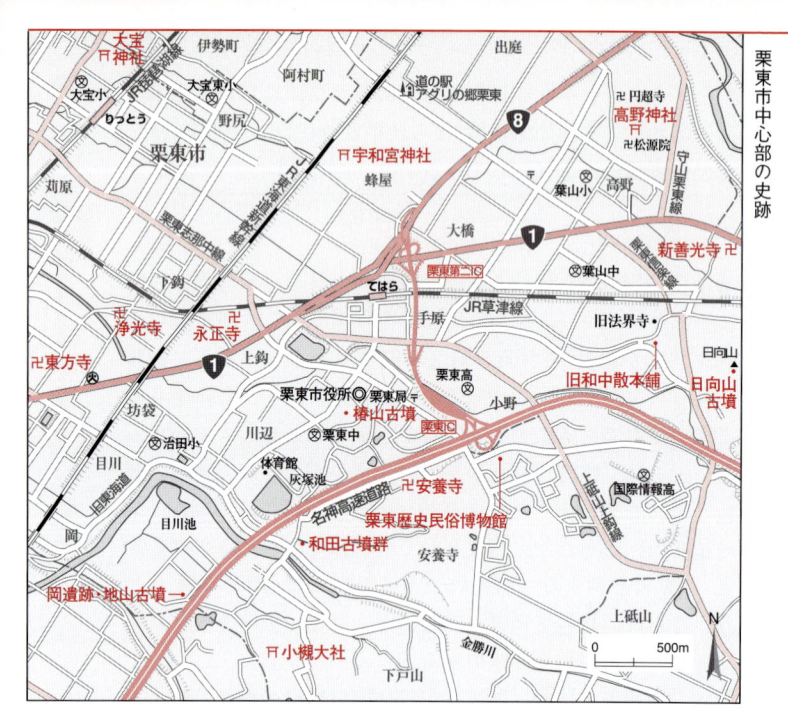

のすぐれた磨崖仏であると評価されている。名神高速道路の栗東ICの南にある栗東歴史民俗博物館には，狛坂磨崖仏の実物大のレプリカが展示されている。

安養寺 ⓮
077-552-0082

〈M ▶ P.114, 132〉栗東市安養寺88 P
JR草津線手原駅 🚶 25分

良弁開基、足利義尚の陣所跡 庭園も美しい寺

　手原駅から南へ進み，栗東市役所前を過ぎ，栗東中学校前交差点を左折し名神高速道路のガードをくぐると，すぐ安養寺山の北麓に東方山安養寺（真言宗）がある。当寺は，聖武天皇の勅願によって，740（天平12）年に良弁が開いて薬師如来像をまつったと伝えられる。同じ時代にできた金勝寺二十五別院の１つであったとされる。その後荒廃したが，1263（弘長3）年に伽藍を再興したことが，『興福寺官務牒疏』に記録されている。1304（嘉元2）年火災に遭ったが再び復興された。室町時代の1487（長享元）年には，9代将軍足利義尚が，近江守護六角（佐々木）高頼追討のため，ここ鈎の里安養寺に出陣し，陣所とした。なお，義尚は出陣から2年足らずの1489

安養寺十三重塔

(延徳元)年、永正寺(栗東市上鈎)で25歳の若さで亡くなっている。1570(元亀元)年、織田信長が佐々木六角氏の残党と戦ったとき、安養寺の本堂・僧房はことごとく焼失した。その後、本尊をまつる薬師堂のみがあったのを、1685(貞享2)年に京都から慧堅戒山和尚がきて復興したのが、現在の寺である。

当寺には石造の十三重塔と木造薬師如来坐像(ともに鎌倉時代作、国重文)がある。山門をくぐってまず目につくのが薬師堂前に立つ十三重の石塔である。花崗岩製、総高3.55mの塔であるが、3層の笠石が失われている。石塔の前に立つ薬師堂に、本尊の木造薬師如来坐像がまつられている。なお、本尊の両脇侍木造日光・月光菩薩立像も、同時期の作といわれている。書院の奥の庭園(県名勝)は、江戸時代につくられたもので、琵琶湖をかたどった池があり、池の周囲に近江八景を配した池泉観賞式庭園である。

安養寺からきた道を戻ると、栗東市役所の南側に椿山古墳がある。全長約100mの帆立貝式前方後円墳で、5世紀頃に築造されたものと考えられているが、被葬者はわからない。現在、古墳周辺は宅地化が進み、周濠の部分は駐車場になっている。

椿山古墳から南西へ進み、栗東中学校前交差点で左折してつぎの角を右折し、約400m直進して名神高速道路の高架をくぐるか、前述の安養寺の前の高速道路沿いの側道を約700m西へ行くと、金勝川沿いに、6世紀中頃から7世紀にかけてつくられた9基の円墳からなる和田古墳群がある。現在は、和田古墳公園として整備され、一部の古墳の石室が復元されており、内部を見学できる。出土した遺物は、隣接する栗東市出土文化財センターで展示されている。

出土文化財センターから金勝川を渡り、南へ約750m行った栗東市下戸山に小槻大社があり、周囲約500mに18基以上の小槻大社古墳群が分布する。栗太郡(現、草津市・栗東市)一帯の開拓者である

栗東市の史跡

小槻山公一族の墓と推測されている。

　小槻大社は、『延喜式』式内社で、栗太郡八座のうちの1座である。小槻家の祖神（於知別命・大己貴命）をまつっている。現在の**本殿**（国重文）は、**棟札写**（本殿の　附　として宮殿とともに国重文に指定）によると、1519（永正16）年、青地駿河守元真が寄進したとされている。一間社流造・檜皮葺きで、装飾はなく、落別命・大己貴命と伝わる**木造男神坐像**2軀（国重文、ともに栗東歴史民俗博物館寄託）がある。毎年5月5日に本殿前で奉納される**花傘踊り**は、小杖祭りの祭礼芸能という県選択無形民俗文化財で、周辺の旧五カ村（現、草津市山寺町、栗東市岡・目川・坊袋・川辺）が干支の順に祭礼の負担を交代する渡し番制である。

　小槻大社から西に約600m行き、名神高速道路の高架をくぐると、すぐ**岡遺跡**がある。発掘調査で奈良時代の栗太郡の役所（郡衙）跡であることがわかった。岡遺跡の範囲は南北約300m・東西約500mと推定される。また、付近に小槻大社や歴代の首長墓があることから、小槻氏の本拠地に郡衙がつくられたと考えられる。遺跡は、現在埋め戻され、石碑と説明板がある。岡遺跡のすぐ南に**地山古墳**があり、1990（平成2）年の発掘調査により、墳長約90mの帆立貝式前方後円墳であることがわかった。出土した多数の埴輪から、5世紀前半につくられた首長墓と考えられる。

旧和中散本舗 ⓯　〈M ▶ P.114, 132〉栗東市六地蔵402　P
077-552-0971　JR草津線手原駅 徒25分

江戸時代に道中薬を販売間の宿の茶屋本陣

　手原駅から南へ150mほど行くと、旧東海道に出る。左折して東に約1.8km行った所に、**旧和中散本舗**（国史跡）である**大角家住宅**（国重文）の大きな建物がある。大角家がある六地蔵は、東海道の草津宿と石部宿のほぼ中間に位置する「間の宿」として栄えてきた所である。この付近には、旅人のために道中薬を売る店が数軒あって、大角弥右衛門家は「和中散」を売る「ぜさいや」の本舗として栄え、間の宿の茶屋本陣（大名や公家の休息所）もつとめた。

　1611（慶長16）年、野洲永原御茶屋（現、野洲市永原）に滞在中の徳川家康が腹痛をおこした際、弥右衛門家の薬を服用して治ったため、家康が「和中散」と名づけたことから、一躍広くその名を知られる

旧和中散本舗

ようになったと伝えられている。現在の建物は、寛永年間(1624〜44)頃のものと比定され、高塀造で両端に防火用の卯建壁を建て本瓦葺きとしている。ひときわ大きな白壁が印象的である。

　本舗の仕事場には、1831(天保2)年の作といわれる木製の動輪(直径4m)と、歯車で操作される製薬用の石臼が、当時のままの姿で保存されている。1758(宝暦8)年、その隣に座敷を増築して、「梅の木小休み本陣」とした。梅の木とはこの付近の旧地名である。

　公家・大名などの休憩をみただけに、書院・奥座敷には、曽我蕭白の襖絵や、蜀山人(大田南畝)の書が残されている。幕末にはシーボルトもここにきている。また旧和中散本舗の庭園(大角氏庭園、国名勝)は、元禄年間(1688〜1704)頃に築かれたもので、500mほど東に聳える日向山を借景にした庭園である。なお、大角家住宅の見学は、予約が必要である。

　大角家住宅の前の街道の向かい側には、旅人の馬つなぎの場や大角家の隠居所(国重文)などが残る。江戸時代の街道筋の豪商の姿をそのまま、今にとどめている全国でも珍しい貴重な史跡である。

　なお、日向山には日向山古墳がある。6世紀頃築造の円墳で、完全な横穴式石室が残っている。

新善光寺 ⓰　〈M ▶ P.114, 132〉栗東市 林256　P
077-552-0075　　JR草津線手原駅🚶30分

信州善光寺如来の分身の安置に始まる寺院

　旧和中散本舗から北東へ100mほど行くと、左手に「国宝六地蔵」と彫られた石碑がある。山門を入ると右手にある旧法界寺(曹洞宗)の地蔵堂には、地名の由来にもなった6軀の地蔵像があった。今は本堂に平安時代作の木造地蔵菩薩立像(国重文)1軀のみが安置されている。旧法界寺は現在は無住寺で、すぐ近くの福正寺(浄土真宗)が管理している。仏像は年に数回公開される。

　寺から北へ約30m進んで直角に曲がり、東へ約150m行くと、左

栗東市の史跡　135

新善光寺

手に「新善光寺道」と彫られた道標がある。そこを左折し、JR草津線の踏切を越えて行くと、眼前に三上山(近江富士)が迫り、壮大な楼門がみえてくる。楼門をくぐると八棟造の本堂がある。ここがかつて如来堂といわれた新善光寺(浄土宗)である。

寺伝によると、1253(建長5)年、平清盛の長子重盛の末裔小松左衛門尉宗定がここに逃れ住み、平家一門の菩提を弔うために、信濃の善光寺(長野県長野市)へ48度の参詣をして、ついに願を成就して、善光寺如来の分身を安置したことに始まるといわれている。寛文年間(1661～73)に膳所藩(現、大津市)8代藩主本多俊次が本堂を改築し、寺域を整備するにおよんで、新善光寺と称するようになった。藩主の庇護を受け、春秋彼岸・孟蘭盆会には遠近からの参詣者で賑わい、湖南の名所となった。1889(明治22)年には、本堂・楼門を再築して今日に至っている。客殿に、南北朝時代作の木造阿弥陀如来立像(国重文)が安置されている。

山門の右側の通用門の近くに、「南無阿弥陀仏」と大きく刻まれた道標がある。1719(享保4)年に建てられたもので、かつては東海道沿いにあって、新善光寺参詣者の目印となっていた。

新善光寺の北西約1kmの栗東市高野に、『延喜式』式内社である高野神社(祭神大名草彦命)がある。かつての高野郷(現、栗東市高野)の鎮守社で、この地方では通称「ゆきの宮」として崇められているが、これは806(大同元)年、大嘗会に新穀を献上した由来から、「悠紀の宮」とよばれるようになったと伝えられている。高野郷は、和銅年間(708～715)に近江の鋳銭司として、和同開珎の鋳造にあたったという高野道経一族の住んだ所であった。高野神社の鳥居をくぐり、整備された参道を進むと、正面に三間社流造の本殿がある。本殿の右手前にある花崗岩製の石造灯籠は、鎌倉時代の作である。

大宝神社 ⑰
077-552-2093

〈M ▶ P.114, 132〉栗東市綣7-5-5
JR東海道本線(琵琶湖線)栗東駅 🚶 5分

旧中山道沿いにある大宝年間創建の古い神社

　栗東駅西口を出て直進し，中ノ井川に架かる橋を渡って駅西口交差点を右折，旧中山道を北へ約400m歩くと，右手に石の大鳥居が目に入る。そこが大宝神社(祭神素盞嗚命・稲田姫命)で，大宝年間(701～704)の創建といわれている。大鳥居をくぐり，参道を進むと左手に表門の四脚門がある。大宝神社は「今宮応天大神宮」と称され，今も四脚門に額が掲げられている。栗東市は，松尾芭蕉が「へそむらの麦まだ青し春のくれ」と詠んだ地でもあり，境内に句碑がある。

　本殿の右側に，境内社の1つ追来神社本殿(附棟札，国重文)がある。こぢんまりとしているが，一間社流造・檜皮葺きの優雅な造りで，鎌倉時代の建物である。いつの時代に当社に遷されたかは定かではないが，もとは現在の栗東市北中小路の「老の木」という所にあり，社名も地名にちなんで「おうき」神社と称された。

　大宝神社には，社宝とされる2対の木造狛犬があり，うち1対は鎌倉時代の作で，国の重要文化財に指定されており，現在，京都国立博物館に寄託されている。もう1対は，県の文化財に指定され，栗東歴史民俗博物館に寄託されている。元亨年間(1321～24)作の銘があり，胎内に「南無牛頭天王」の墨書がある。

　大宝神社から栗東駅に戻

大宝神社

宇和宮神社

栗東市の史跡　137

り，大宝東小学校前を過ぎ，東へ進んで栗東市野尻を通過し，約1km行くと，蜂屋に入る。JR東海道新幹線の高架をくぐると，宇和宮神社(祭神倉稲魂命・大山祇女神・土祖神)がある。本殿(国重文)は，室町時代の建立で，三間社流造・檜皮葺きで，荘厳な社殿である。

蜂屋という地名は，昔この地が養蜂地であったところから名づけられたという。蜂屋のほぼ中央，西方寺前の中ノ井川の河畔に石仏龕がある。石造阿弥陀如来立像で，花崗岩の中央部を舟形光背状に彫りくぼめ，蓮台上に立つ。石仏には鎌倉時代の「仁治二(1241)年」の造立銘があり，寄進文が刻まれている。地元では，不動明王として尊崇を集めてきた像である。

永正寺 ⑱
077-552-0071
〈M ▶ P.114, 132〉 栗東市上鈎270　P
JR草津線手原駅 🚶15分

足利義尚陣所跡の1つといわれる寺院

手原駅から旧東海道を草津方面に歩き，上鈎池西端の上鈎東交差点を右折し，国道1号線の上鈎交差点を横断して草津線をまたぐ陸橋の下を左に入ると，上鈎の寺内という所に永正寺(浄土真宗)がある。この付近一帯が，足利義尚公陣所跡である。1487(長享元)年，近江守護六角(佐々木)高頼追討のため，室町幕府9代将軍足利義尚は，近江親征の途に着いた。安養寺に陣を構えたが，陣所は，鈎の延暦寺の僧真宝の館に移された。真宝の館の場所を特定することはできないが，鈎の陣所を描いた江戸時代の「寺内村由来図」によれば，永正寺がその有力な比定地であるという。現在，永正寺には土塁遺構が残るが，「鈎の陣」のものかどうかは判明しない。

永正寺から西へ進み，JR東海道新幹線の高架をくぐり，さらにJR草津線沿いに約300m行って三差路を右手に行くと，日吉神社がある。神社境内と背後の公民館などがある一帯が蓮台寺跡である。浄光山蓮台寺は，789(延暦8)年最澄によって創建された天台宗の寺院で，往時は七堂伽藍を備えた大寺であったと伝えられる。寺域は方3町(約11万m²)の広さを有し，本堂は現在地より約100m北東の小字森の内にあったと考えられている。蓮台寺は寛永年間(1624～44)に火災に遭い，わずかに仁王門を残していたが，1934(昭和9)年の室戸台風で，仁王門も倒壊した。本尊木造薬師如来両

脇侍像(平安時代作,国重文)は,最澄自作による延暦寺七仏の1つという伝承をもつ。現在は延暦寺に保管されている。蓮台寺の金剛力士像は,倒壊によって分解されたが,復元され,京都国立博物館に寄託されている。

　蓮台寺跡から三差路に戻り,道路を渡って南進するとすぐに,浄光寺(浄土真宗)があり,本尊木造阿弥陀如来立像(国重文)は鎌倉時代の作である。浄光寺から約800m南に行った国道1号線の近くの小柿には,東方寺(時宗)があり,本尊の木造薬師如来坐像(県文化)は平安時代の作である。

③ 守山市をめぐって

街道と肥沃な平野が育てた歴史ある守山市を歩く。

東福寺 ⑲ 〈M ► P.114, 142〉守山市立入町110
JR東海道本線(琵琶湖線)守山駅🚶20分

平安仏 ひっそりと木立にたたずむ

守山駅東口より北東に約500m歩き、岡町から立入町に入ると立入が丘小学校の東100mほどの所に、木立に囲まれた東福寺(天台真盛宗)がある。かつてこの付近には白鳳期に建立された益須寺(廃寺)の大伽藍があったといわれる。東福寺は益須寺にかわって平安時代に造営され、立入寺金堂を継承すると考えられる。本堂には木造薬師如来坐像(国重文)・木造如来形坐像・木造菩薩形立像2軀(ともに県文化)の4軀が安置され、いずれも平安時代の作である。薬師如来は半丈六の大きさで、ヒノキの寄木造、内刳が施され、ふくよかな顔と身体である。立入町自治会が管理しており、拝観の連絡先は、立入町自治会となっている。

また、この地は禁裏御倉職(朝廷の倉管理・物品出納職)をつとめた立入宗継の出生地である。宗継は1567(永禄10)年、織田信長と朝廷・公家が交わるきっかけをつくり、さらに石

東福寺

東福寺木造薬師如来坐像・木造如来形坐像・木造菩薩形立像

山合戦(1570〜80年)の際,本願寺との和睦の仲介を行った人物である。東福寺の70mほど北にある新川神社は『延喜式』式内社で,焼け跡のある1対の木造狛犬が残る。東福寺は,新川神社の神宮寺であったといわれる。

勝部神社 ⑳
077-583-4085

〈M▶P.114, 142〉守山市勝部1-8-8 P
JR東海道本線(琵琶湖線)守山駅 徒歩10分

物部氏祖神をまつる戦勝祈願の神社

守山駅西口を出て直進し,2つ目の交差点を左折して約50m歩くと,家並みの先に勝部神社の杜がみえる。

この地は,1941(昭和16)年までは栗太郡物部村に属し,勝部神社も物部神社と称された。創建は649(大化5)年,物部宿禰広国によると伝えられ,物部氏の祖神を祭祀した総社であったと考えられる。祭神は物部布津主神・宇麻志摩遅命・火明命である。本殿(附銘札・旧軒付留甲,国重文)は,三間社流造・檜皮葺きで,現存する社殿は1399(応永6)年に造営され,1492(明応元)・97年に補修されたものである。社域の隅には鐘楼があり,神仏習合の名残りをとどめている。

勝部神社は,1572(元亀3)年,織田信長の家臣佐久間信盛が金森・三宅(ともに現,守山市)の本願寺勢力を攻めたとき陣所となり,周辺130カ村余りに,社前で本願寺に味方しない旨の起請文を作成させた。1594(文禄3)年には,豊臣秀吉が社殿を修理している。

また,勇壮な勝部神社火まつり(県選択)でも有名である。火まつりは,大蛇になぞらえた直径約3mの大松明を16本並べ,いっせいに点火するもので,土御門天皇が重病のとき,大蛇を退治して焼き払ったところ,病気が治ったことから始まったと伝えられる。従来は毎年1月8日に行われたが,2001(平成13)年から,1月第2土曜日に行われるようになった。近隣の浮気町の住吉神社でも,同日に同

勝部神社本殿

守山市をめぐって

守山市中心部の史跡

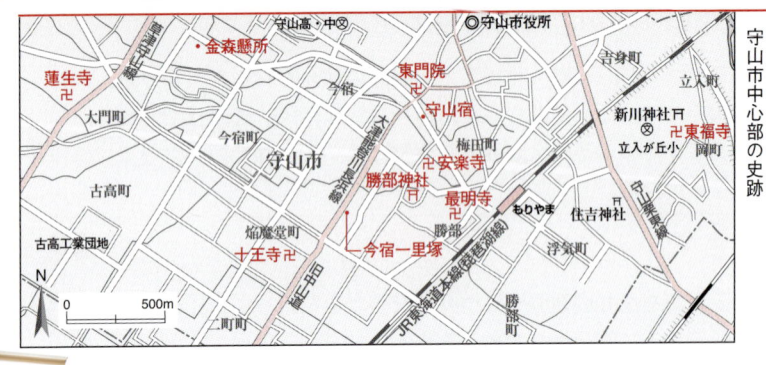

様の火まつりがとり行われる。

　勝部神社の周辺には、貴重な文化財を有する古刹もある。約100m東には最明寺(時宗)がある。開基は鎌倉幕府執権北条時頼と伝えられ、初重軸部に四方仏が刻まれた鎌倉時代作で、石造の最明寺五重塔(国重文)が残る。また、勝部神社の約150m北の守山小学校前に安楽寺がある。もとは天台宗であったが、江戸時代に黄檗宗にかわり、現在は単立寺院となっている。本尊は木造千手観音立像(国重文)で、勝部神社の本地仏とも伝えられる。平安時代の典型的な寄木造の仏像で、鮮やかな彩色が施され、頭上には11の化仏をいただき、本手・脇手あわせて40手を備えている。現在は、栗東歴史民俗博物館に寄託されている。

守山宿と東門院 ㉑　〈M ▶ P.114, 142〉守山市守山2-2-46 P
077-582-2193(東門院)　JR東海道本線(琵琶湖線)守山駅🚶10分

交通の要地に立つ天台宗寺院

　守山宿は古代東山道筋に位置し、紀貫之ら多くの文人・武人がこの地を通ったことが紀行文や和歌に残されている。また、1642(寛永19)年、江戸幕府は中山道を整備し、守山を67番目の宿場とした。1714(正徳4)年、守山本町だけでは不十分なので、今宿と吉身が加宿となり、「京発ち守山泊まり」(朝、京を発ったら守山で日が暮れる)の言葉とともに、おおいに発展した。

　守山駅西口を出て650mほど進み、守山銀座西交差点を右折し、旧中山道(県道2号線)に出て約50m歩くと、左右に仁王像がある東門院守山寺(天台宗)の山門に至る。寺の縁起によれば、延暦年間(782〜806)に比叡山延暦寺の東門として創建されたのが始まりであると伝えられるが、資料に出てくるのは室町時代以降で、観音信仰

東門院仁王像

の霊場として発展した。江戸時代には，朝鮮通信使高官の宿泊所となった。当寺は守山を代表する文化財の宝庫であったが，1986(昭和61)年12月，火災により十一面観音菩薩立像・毘沙門天立像など，多くの文化財が焼失した。しかし，鎌倉時代作で石造の東門院五重塔(国重文)・石造宝塔・石造宝篋印塔，平安時代作の木造不動明王坐像(国重文)などの文化財が残っている。

守山は古くから交通の要地で，東山道と琵琶湖岸の志那港(現，草津市)へ通じる志那街道，真宗木辺派本山錦織寺(野洲市)に通じる錦織寺道の交わる所でもある。また，河川を利用して琵琶湖からの水路も開かれ，かつては船着き場もあった。

きた道を戻り，守山銀座西交差点を渡って旧中山道を草津方面に約20m行くと境川(通称吉川)があり，土橋という小さな橋が架かっている。現在では，川幅は約4mと非常に狭いが，野洲川の旧河川の1つで，野洲郡(現，守山市の一部・野洲市)と栗太郡(現，大津市・守山市の一部，草津市・栗東市)の郡界であった。この地は大友皇子と大海人皇子が戦った壬申の乱(672年)の激戦「安河の戦い」が行われた場所といわれる。

今宿一里塚 ㉒

〈M ▶ P.114, 142〉守山市今宿2-4 P
JR東海道本線(琵琶湖線)守山駅🚶20分

県内に唯一残る一里塚

土橋より旧中山道(県道2号線)を草津方面に5分ほど歩くと，JAおうみ冨士農業協同組合守山支店の前に，県内に唯一残る今宿一里塚(県史跡)がある。1604(慶長9)年，江戸幕府は五街道を整備し，起点である日本橋(現，東京都中央区)から1里(約4km)ごとに，道の両側に5間(約9m)四方の塚を設け，エノキやマツを植え，旅人の目印や駕籠賃・駄賃の基準にした。今宿一里塚は，日本橋から127里(約508km)の位置にある。現在，東側のみ残っているが，もとは道の両側にあったことがわかっている。昭和50年代までは民有地であったが，1987(昭和62)年に，守山市が買収・整備して，

守山市をめぐって

今宿一里塚

貴重な交通史跡として保存されている。

さらに旧中山道を草津方面に3分ほど歩くと、守山市焔魔堂町に入る。焔魔堂町交差点を直進して、つぎの角を右に曲がると、十王寺(浄土宗)があり、地名の由来となった小野篁作と伝えられる焔魔大王像がまつられている。また、1278(弘安元)年、時宗の祖である一遍がこの地で踊念仏を行ったときの結縁寺ともいわれる。現在でも、守山市から栗東市にかけての旧中山道沿いには、時宗寺院が多くみられる。

金森懸所 ㉓
077-582-2086

〈M ▶ P.114,142〉守山市金森町754
JR東海道本線(琵琶湖線)守山駅 🚌 杉江循環線金ヶ森 🚶 1分

蓮如の寺内町 信長による楽市楽座の町

金ヶ森バス停で降りると、「金森御坊」と書かれた道標が立っている。案内に従って南へ約50m入ると、金森懸所(道西坊・金森御坊)がある。1431(永享3)年、当地の道西(川那辺弥七郎)が、本願寺7世存如に帰依し、道場を開いたことに由来する。しかし、金森が懸所を中心とした寺内町として成立するのは、1465(寛正6)年の比叡山延暦寺衆徒による大谷本願寺(現、京都府京都市)破却により、8世蓮如がこの地域に移り住むようになった頃である。金森は比叡山へ物資を輸送する志那港に至る志那街道に面し、この頃、延暦寺配下商人と金森に基盤をおく門徒商人との対立、荘園領主と在地領主を核と

寺内町金森絵図

した農民との対立が顕著になっていた。そして，1465年の最初の一向一揆といわれる延暦寺衆徒との合戦(金森合戦)，さらに，1571(元亀2)・72年の2度にわたる織田信長軍との攻防，その戦い直後，信長による「楽市楽座」の安堵など，波乱の歴史のなかで隆盛をきわめた。しかし，慶長年間(1596～1615)以降，草津宿が栄え，湖上交通で矢橋港(現，草津市)が発展すると，志那街道とともに金森も衰え，純農村化していった。

　懸所本堂の南側に，鎌倉時代作で石造の懸所宝塔(国重文)が残されている。現在，懸所は近隣の善立寺と因宗寺(ともに真宗大谷派)が管理しており，善立寺には，蓮如関係の資料や織田信長朱印状(県文化)，1836(天保7)年作成の寺内町金森絵図が残されている。

蓮生寺 ㉔
077-582-2465
〈M ▶ P.114, 142〉守山市三宅町1029 P
JR東海道本線(琵琶湖線)守山駅 杉江循環線三宅東 1分

近江では珍しい古い真宗寺院建築の寺

　金森懸所から県道146号線を西に向かい約15分歩くと，三宅町に至る。三宅東バス停から集落の中を南へ約150m行くと，蓮生寺(真宗)がある。当寺はかつて長楽寺という天台宗の寺院であったが，蓮如に帰依した了西(三品宗直)によって真宗の三宅道場にかわった。金森懸所と同様に，2度にわたり織田信長軍と戦った寺院で，門前には現在でも，防備のための土塁が残っている。本堂(附棟札，県文化)は，1615(元和元)年に再建されて以来，幾度も増改築が繰り返されたが，1985(昭和60)年から復元修理が行われ，この地域では珍しい，建築当時の古い真宗寺院の様式を現在に残している。また，奈良時代の称讃浄土仏摂受経(県文化)も保存されている。

　三宅町自治会館隣の薬師堂(蓮生寺飛び地境内)には，平安時代作の木造仏頭(国重文，仏頭以外は昭和時代に修復)があり，薬師如来

蓮生寺

として地域の信仰を受けてきた。

小津神社 ㉕
077-585-0855

〈M ▶ P.114, 149〉守山市杉江町495 P
JR東海道本線(琵琶湖線)守山駅🚌杉江循環線杉江🚶3分

日本三大神像の1つが伝えられる神社

長刀祭り

杉江バス停で降りると、目の前に大きな石鳥居が聳え立ち、整備された広い馬場へと続く。100mほど進むと、左には小津神社三之宮、右には小津神社本殿へと続く参道がある。小津神社(祭神宇賀之御魂命・素盞鳴命・大市姫命)は、16世紀頃近江守護六角(佐々木)高頼によって社殿が整備され、本殿(国重文)は三間社流造で、1526(大永6)年に造営されたといわれている。当社の木造宇迦乃御魂命坐像(国重文,非公開)は、京都松尾神社・奈良薬師寺に伝わる神像とともに日本三大神像とされ、平安時代作の格調の高いもので、高さ約50cm、左の膝を立て、宝珠を乗せた左手をその上においている。

また、毎年5月5日に行われる長刀祭り(国選択)は、正式には「近江のケンケト祭り・長刀振り」といわれ、近郷の集落が当番制で行い、長刀をもった若衆が神輿などとともに、北隣の赤野井町の若宮神社まで進む。

少林寺 ㉖
077-585-0844

〈M ▶ P.114, 149〉守山市矢島町1227
JR東海道本線(琵琶湖線)守山駅🚌小浜線あやめ浜行矢島南口🚶1分

一休晩年をそのままあらわした像を伝える寺

矢島南口バス停から東に約50m入ると、少林寺(臨済宗)がある。臨済宗大徳寺派の禅僧一休宗純の嗣法(法統を受け継ぐこと)である桐嶽紹鳳が、文明年間(1469〜87)に開いた寺で、晩年の相貌をそのままあらわした木造一休和尚坐像(一休三寿像の1つ)が安置されている。絹本著色仏涅槃図(県文化)や絹本著色一休和尚像、木製一休和尚像板木など、一休に由来する寺宝が多く保存されている。

少林寺木造一休和尚坐像

境内中央には，一休和尚が植えたと伝えられる，樹齢500年ほどのギンモクセイがある。1526(大永6)年，宗祇の高弟である連歌師柴屋軒宗長が当寺を訪れている。

また，少林寺の寺域に接してかつて矢島御所があった。1566(永禄9)年，のちに室町幕府最後の将軍足利義昭となる12代将軍義晴の2男覚慶は，奈良から当地に逃れた。当地の矢島越後守は覚慶のため，堀を2重に構えた2町(約218m)四方の館を建てた。これが矢島御所である。覚慶は，この地で興福寺一乗院(現，奈良県奈良市)門跡から還俗して，義秋(のち義昭)と名乗った。跡地は矢島町自治会館となっている。

少林寺と道を隔てた武道天神社の収蔵庫には，平安時代作の木造聖観音坐像(国重文)が真光寺(真宗)によって保管されている。矢島町荒見には，蓮如関係の寺宝を多く伝える聞光寺，近くの赤野井町には浄土真宗本願寺派，真宗大谷派の両別院，室町時代から当地一帯の地頭職をつとめ，江戸時代には大庄屋であった諏訪家屋敷などの史跡があり，この地の古さを物語っている。

蜊江神社 ㉗　⟨M ▶ P.114, 149⟩守山市笠原町 Ｐ　JR東海道本線(琵琶湖線)守山駅 服部線守山北高校前 大 5分

タニシが神輿を救った伝説
神仏習合の神社

守山北高校前バス停で下車し，北に向かって1つ目の道を右に折れ約100m行くと，蜊江神社(祭神瓊々杵尊)がある。境内には，本殿・拝殿・楼門だけではなく，地蔵院・毘沙門堂が残る。鳥居の前には神宮寺である西源寺(観音堂)もあり，廃仏毀釈以前の神仏習合の社殿配置を今に伝えている。神社の背後は，1979(昭和54)年に改修される前の野洲川南流の堤防である。

「蜊」とはタニシのことで，社伝によると，1721(享保6)年7月野洲川の決壊で社殿が流出し，神体が危険な状態になったとき，上流よりタニシが付着した神輿が社前に流れ着いて，神体を守ったと

守山市をめぐって

蜊江神社

いわれる。村人たちは境内に池を掘り、その池でタニシをまつったので、蜊江神社とよぶようになった。池は野洲川改修により枯渇している。

　2004(平成16)年3月に、蜊江神社において実施された未指定文化財調査によって、毘沙門堂に保管されていた仏像が、県内では初例となる奈良時代後期の天部形(吉祥天)立像であることが、また、本殿に保管されている狛犬も、数少ない鎌倉時代前半のものであることがわかった。このほか、「吉祥寺江州播磨田」「永仁七(1299)年亥巳二月廿日」の銘がある鎌倉時代の鰐口(県文化)、1292(正応5)年書写と考えられる室町時代の大般若経がある。

近江妙蓮公園 ㉘
077-582-1340(近江妙蓮資料館)

〈M ▶ P.114, 149〉守山市中町39　P
JR東海道本線(琵琶湖線)守山駅🚌服部線田中🚶
5分

今に残る古代蓮

　田中バス停から西へ約50m歩くと交差点がある。そこを北へさらに約50m行くと、左手に蓮池と大日堂がみえる。蓮池で育てられているハスは、近江妙蓮(大日堂の妙蓮及びその池、県天然)とよばれ、円仁が唐から持ち帰ったと伝えられる。近江妙蓮は、1つの茎に数個の花をつけ、花びらは3000〜5000枚に達するものもある。1905(明治38)年以降、開花しなくなっていたが、1960(昭和35)年に植物学者の大賀一郎が移植先である石川県金沢市の持妙院から再移植して、

近江妙蓮公園

守山市北部の史跡

再び開花させることに成功した。1983年にも開花しなくなり,保護増殖されるようになった。1975(昭和50)年,守山市の市花に制定され,1997(平成9)年には近江妙蓮公園が開園した。公園内の近江妙蓮資料館には,室町時代から蓮池を守る田中家に伝わる古文書など,貴重な資料が展示されている。近江妙蓮は,7月下旬から8月中旬にかけて開花する。蓮池と並ぶ大日堂には,木造大日如来像が安置されている。

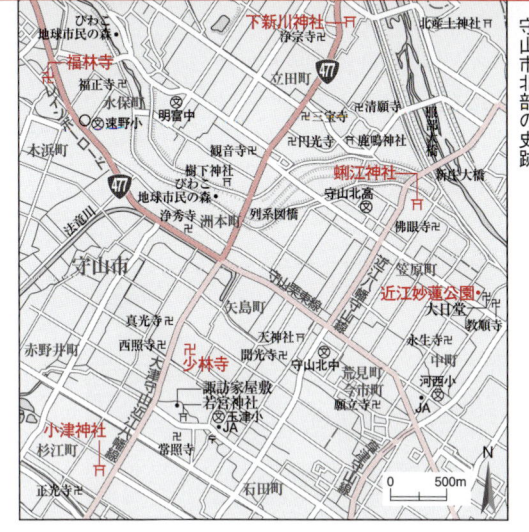

福林寺 ㉙
077-585-1205

〈M ▶ P.114, 149〉守山市木浜町2011 P
JR東海道本線(琵琶湖線)守山駅🚌木の浜線木の浜農協前🚶5分

優美な十一面観音の寺院

木の浜農協前バス停で下車し,交差点を南西に入り,突き当りを左折すると,最澄開基といわれる福林寺(天台宗)がある。市内でももっとも古い歴史をもつ寺で,隆盛期には七堂伽藍を有していたといわれる。境内に入ると本堂の向かって右側に,2基の石造宝塔がある。源頼朝の家来であった佐々木高綱が宇治川の戦い(1184年)のおり,父母の菩提を弔うため,経筒を納めた納経塔と伝えられる。奥には収蔵庫があり,木造十一面観音立像(国重文)が安置され

福林寺石造宝塔

守山市をめぐって

ている。平安時代作の一木造で，流れるような衣文から優美さが感じられる。作家井上靖が『星と祭』の中で，「天平時代の貴人」と評している。拝観には予約が必要である。

下新川神社 ㉚
077-585-3085
〈M ▶ P.114, 149〉守山市幸津川町1332
JR東海道本線(琵琶湖線)守山駅🚌小浜線下新川神社前🚶1分

神前でフナずしを切る神事のある神社

下新川神社前バス停で下車すると，下新川神社(祭神豊城入彦命・小楯姫命)の石鳥居がある。下新川神社は『延喜式』式内社で，1422(応永29)年造営を伝える棟木が残っている。祭礼は近江のケンケト祭り・長刀振り(国選択)とよばれ，毎年5月4・5日に行われる。5日には2人の若衆が，神前でフナずしを切って献上する神事があるので，「すし切りまつり」ともよばれている。

下新川神社

すし切りまつり(下新川神社)

幸浜大橋を渡り守山市小浜町に入ると，集落北部に大日堂があり，鎌倉時代初期作の木造大日如来坐像(県文化)が安置されている。

下之郷遺跡と伊勢遺跡

コラム

貴重な弥生時代の集落跡

　1980（昭和55）年、守山市下之郷町で弥生時代の土器や溝の跡が発見された。以来たび重なる発掘調査によって、弥生時代中期の大規模な集落遺跡であることがわかり、下之郷遺跡（国史跡）と名づけられた。同遺跡は、直径約320mの集落跡で、まわりには「環濠」とよばれる大きな溝がもっとも多い所で9重にもめぐらされている。環濠やその周辺からは、銅剣や戈の柄・弓・盾などの武器が多数出土し、イネや動植物の遺体、編み籠など、当時の生活のありようを知るうえで、貴重な資料がみつかり、注目を集めている。

　伊勢遺跡（国史跡）は、守山市伊勢町を中心に広がる弥生時代後期の環濠集落跡である。遺跡の中心部からは、大型建物群が整然と並ぶ「方形区画」、隣接して楼閣とみられる大型建物跡がみつかっている。また、楼閣を中心とした直径220mほどの円周上から、独立棟持柱付大型建物跡や、屋内棟持柱付大型建物跡が、7棟発見されている。遺跡の東側半分に大型建物跡が集中するという、全国でも特異な遺跡である。西端の大溝のすぐ西側には、8基の方形周溝墓が発見されていて、ほかにもこのような墓域があることがわかっている。伊勢遺跡は、県内の同時代の集落遺跡と比較しても、規模や内容で群を抜いていて、2～3世紀の「クニ」を治める王が拠点とした中心的な集落であったと考えられる。

　両遺跡の遺物は、守山市服部町の守山市立埋蔵文化財センターに、保管・展示されている。下之郷史跡公園（守山市下之郷一丁目12-8　Tel 077-514-2511　火曜日、祝日の翌日、年末・年始は休館）では、下之郷遺跡の環濠の一部が保存され見学できる。

守山市立埋蔵文化財センター

4 野洲市をめぐって

古墳・銅鐸の里として知られる野洲市。国重文の銅鐸の中には，日本最大のものも含まれる。

銅鐸博物館 ㉛
077-587-4410
〈M ▶ P.114, 155〉 野洲市辻町57-1 P
JR東海道本線（琵琶湖線）野洲駅🚌花緑公園行銅鐸博物館前🚶1分

銅鐸博物館

復元された竪穴住居（弥生の森歴史公園）

銅鐸博物館前バス停で降りると，駐車場の先に銅鐸博物館（野洲市歴史民俗博物館）がみえる。

銅鐸博物館の約500m北西の大岩山の中腹から，1881（明治14）年には，突線鈕袈裟襷文銅鐸（2口・東京国立博物館蔵，2口・辰馬考古資料館蔵）を含め，14個の銅鐸が，さらに1962（昭和37）年には，袈裟襷文銅鐸（2口）・突線袈裟襷文銅鐸（7口）・流水文銅鐸（1口，いずれも滋賀県蔵）の10個の銅鐸が出土した。これらの中には，高さ134.7cm・重さ45.47kgと日本最大のものも含まれていた。24個のうち4個が三遠式銅鐸で，そのほかは近畿式銅鐸であるがその中にも三遠式銅鐸の特徴をもつものもみられる。このことは，この地域が東海と畿内の両地域と強い結びつきをもっていたことを意味する。銅鐸は弥生時代につくられた青銅製の鐘で，祭祀に使用された。最初は音を「聞く銅鐸」と

してつくられたが、やがて大型化されて装飾が華美になり、支配者の権威の象徴としての「みる銅鐸」へと変化した。

銅鐸博物館では、銅鐸のルーツや謎の解明に肉迫する展示がなされている。また、2階には野洲市の民俗や近江天保一揆(1842年)の資料などが集められている。工房室では「勾玉づくり」などの体験学習もできる。野外には隣接して弥生の森歴史公園があり、竪穴住居・高床倉庫、当時の水田などが復元されている。

大岩山古墳群・桜生史跡公園 ㉜
077-587-4234(桜生史跡公園)

〈M ▶ P.114, 155〉野洲市小篠原57 P

JR東海道本線(琵琶湖線)野洲駅
🚌 村田製作所行辻町 🚶 8分

整備・保存された古墳群

古墳時代の約300年間、大岩山丘陵とその先端に接する平野部に、10基以上もの古墳がつぎつぎと築かれた。これらは野洲川流域を支配した有力な支配者の墓と考えられる。古墳のうち、宮山2号墳・円山古墳・甲山古墳・天王山古墳・大塚山古墳・古富波山古墳・亀塚古墳・冨波古墳の8基を大岩山古墳群(国史跡)とよぶ。

宮山2号墳は、銅鐸博物館敷地内に整備・保存されている。大岩山から北へ伸びる尾根の東端にあたり、1962(昭和37)年の銅鐸発見の契機となった、土取り中に発見された古墳である。墳丘は、直径約15m・高さ約3.5mの円墳で、玄室と羨道をもつ横穴式石室がある。入口の両側には4段に石が積まれ、石室内から須恵器や耳飾りが出土している。当古墳は、大岩山古墳群中最後期の600年頃に築かれたものと考えられる。

なお、かつて国道8号線沿いに宮山1号墳があったが現存していない。

宮山2号墳から北へ約300m行くと、国道8号線に出る。国道を左手に300mほど進むと、JR東海道新幹線の高架との間の大岩山丘陵先端に、円山古墳・

甲山古墳

野洲市をめぐって

甲山古墳・天王山古墳がある。現在この3基の古墳は、桜生史跡公園として整備・保存され、石室内部まで公開されている。円山古墳は、6世紀初頭の円墳で直径約28m・高さ約8m、西側に羨道があり、奥には長さ4.5m・幅2.0m・高さ2.5mの横穴式石室がある。中には2つの石棺(せっかん)が収められていた。入口側の家形石棺は、熊本県の宇土(うど)半島の凝灰岩(ぎょうかいがん)を刳(く)り貫いたもので、蓋(ふた)の長辺に各2個、短辺に各1個の縄掛突起(なわかけとっき)がある。奥の石棺は、大阪府と奈良県の境にある二上(にじょう)山から運ばれたものである。円山古墳の頂上からは、野洲平野だけではなく、琵琶湖を越えて比良(ひら)山系まで一望できる。甲山古墳は、直径約34m・高さ約10mの円墳で、6世紀前半につくられたと考えられる。羨道を入っていくと、中には長さ6.6m・幅2.6m・高さ3.2mの玄室があり、大きな凝灰岩を刳り貫いた家形石棺が収められている。この石棺も熊本県の宇土半島のもので、表面には朱が塗られ、蓋には6個の縄掛突起がついている。1995(平成7)年には、日本最古の金糸(きんし)が発見された。天王山古墳は、全長約50m、前方部の長さ約24m、後円部径24m、高さ8m、前方部に横穴式石室をもつ前方後円墳(ぜんぽうこうえんふん)である。

平野部には、大塚山古墳・古冨波山古墳・亀塚古墳・冨波古墳がある。大塚山古墳は、甲山古墳の約400m北東の野洲市健康福祉センター南側にある、5世紀中頃に築かれた古墳である。現在は、直径約45m・高さ約5.4mの円形の墳丘が残っているにすぎないが、周囲にめぐらされた溝(周濠(しゅうごう))から、小さな前方部をもつ帆立貝式(ほたてがい)古墳であることがわかる。

冨波乙湖州平(こしゅうだい)の児童公園の中にあるのが古冨波山古墳である。4世紀初頭の古い古墳の1つであり、1896(明治29)年の記録によると、高さ2.3m・直径約18mを測り、鏡3面が出土(1896年)、周囲には朱が認められたという。1974(昭和49)年、保存のための調査を行い、直径約26mの周濠をもたない円墳であることが確かめられた。鏡は三国時代(3世紀前半)製の陳氏作四神二獣鏡(ちんししんにじゅうきょう)(京都府木津川(きづがわ)市椿井(つばい)大塚山古墳出土鏡と同笵(どうはん))・王氏作四神四獣鏡(おうししんししじゅう)・三角縁三神五獣鏡(さんかくぶちさんしんごじゅう)(奈良県天理(てんり)市黒塚(くろづか)古墳出土鏡と同笵)である。

古冨波山古墳の北側にあるのが、亀塚古墳である。生和神社(いくわ)(本

殿〈附 棟札, 末社春日神社本殿〉は国重文)の北西約100mにある帆立貝式古墳とみられ, 現在は, 直径約30m・高さ3.5mの円形の部分が残っており, 前方部は削られて存在しない。墳丘から採集された円筒埴輪から, 大塚山古墳について5世紀後半につくられたものと考えられる。

亀塚古墳の約50m南東の田圃の中に, 冨波古墳がある。1982年の調査によって全長約42m, 後方部の長さ約22m・幅20.7m, 周濠幅約6mの前方後方墳がみつかった。墳丘は大きく削られていたが, 前方後方という珍しい形をなし, 墳丘も本来低い古墳であったとみられる。また古墳時代前期の高杯や甕など, 多数の土器も出土している。現在では完全に削られて, 整地されている。

大笹原神社 ㉝ 〈M▶P.114〉野洲市大篠原2375 P
JR東海道本線(琵琶湖線)野洲駅🚌村田製作所行大篠原
🚶15分

大篠原バス停で下車し, すぐ東側にある国道8号線の大篠原交差

大笹原神社本殿

山麓の木立の中にたたずむ国宝の神社

点を右折して東に入り，集落を抜けて光善寺川を渡ると，杉並木の向こうに大笹原神社の朱塗りの鳥居がみえる。当社は986(寛和2)年，越智諸実が社領を寄進し，社殿を造営したことが始まりと伝えられる。祭神として須左之男命・櫛稲田姫命ほか6神をまつる。本殿(国宝)は3間四方・一重入母屋造・檜皮葺きで向拝1間がつき，蟇股・両脇障子・格狭間などに華麗な彫刻が施されている。棟札(本殿の附指定で国宝)によると，1414(応永21)年に再建されたもので，「上神主馬淵殿」「神主代山川藤九郎久幸云々」と記されている。しかし，1501(文亀元)年の屋根葺き替えの願主は，馬淵氏の被官永原重秀の名となり，この地域の支配者の変遷がうかがえる。

神社境内は鏡山山麓の湧水地帯で，本殿右の池は寄倍の池とよばれる底なし沼である。その昔，水不足から神輿を2基沈めて降雨を祈願したところ，日照りが続いても涸れず，たえず満水になっていると伝えられる。神社に残る「牛頭天王　万事覚」には，数多くの雨乞い神事がなされたことが記録されている。

また，境内社の篠原神社(本殿は国重文)は，餅の宮・餅宮明神と称し，鏡餅の元祖であるという。平安時代より篠原は東山道の宿駅であり，この地方でとれる米は良質で，よく旅人らの食事に供していたといわれる。また，鏡餅を朝廷に献上してきたことでも名高く，餅米に感謝して，餅の宮が建立された。

御上神社 ㉞　〈M▶P.114, 155〉野洲市三上838　P
077-587-0383　JR東海道本線(琵琶湖線)野洲駅🚌北山台センター行御上神社前🚶3分

古代から信仰の中心的役割をはたした神社

野洲駅で降りると，東側のビルの合間に，秀麗な姿から「近江富士」とよばれる三上山(432m)がみえる。三上山の山頂には，巨大な自然の岩石が露頭し磐座となり，奥宮も建てられている。古代か

御上神社本殿

らの原始的な信仰の場である。また、平将門の乱(931〜940)を平定した藤原(俵〈田原〉藤太)秀郷のムカデ退治の逸話でも有名である。三上山麓の国道8号線沿いに御上神社がある。御上神社前バス停からは、100mほど東に行って三上交差点を右折すると着く。『古事記』開化天皇の条に登場する、天御影之命をまつる『延喜式』式内社であり、祭祀集団は「近淡海国之安国造」であったといわれる。その系譜は、湖西に勢力をもつ和邇氏と湖北に勢力をもつ息長氏両方に由来すると記されている。

国道側の鳥居から参道の木立を抜けると、正面に楼門(国重文)がみえる。楼門を入ると拝殿(国重文)、さらにその奥に本殿(附厨子、国宝)がある。本殿は、桁行3間・梁間3間、向拝1間、入母屋造・檜皮葺で、連子窓など仏堂的要素が融合した神社建築で、簡素ではあるがすぐれた形をしている。建築様式から鎌倉時代の建立と推定される。このほか、摂社若宮神社本殿(国重文)・摂社三宮神社本殿(県文化)・木造狛犬1対(国重文、京都国立博物館寄託)、日本最古の木造相撲人形(県文化、県立琵琶湖文化館寄託)、絹本著色両界曼荼羅図(県文化、野洲市歴史民俗博物館寄託)など、多くの文化財を有する。なお、御上神社には、国道と反対側の鳥居から入る参道もある。こちらの参道は、正面に三上山の山頂を仰ぎ、中山道にも近いことから、この参道のほうが古いと考えられる。

祭礼は毎年5月第3日曜日の春祭、10月第2月曜日の秋祭がある。秋祭はずいき祭(国民俗)とよばれ、五穀豊穣を感謝してずいき(サトイモの茎)などで5基の神輿をつくり、奉納する。

また、三上山裏登山道入口の駐車場横には、天保義民碑・保民祠が立っている。1842(天保13)年、野洲川流域の甲賀・栗太・野洲3郡の農民が一揆をおこした(近江天保一揆)。指導者であった三上村(現、野洲市三上)庄屋土川平兵衛らへの尊敬の念から建てられた

野洲市をめぐって

ものである。

宗泉寺 ㉟
077-587-1298

〈M ▶ P.114, 155〉野洲市妙光寺234
JR東海道本線（琵琶湖線）野洲駅🚶25分

廃寺となった古代寺院の仏像を安置する寺院

野洲駅南口から駅前の通りを約900m直進し、突き当りの野洲駅口交差点を右に折れ、国道8号線を550mほど進んで、妙光寺交差点から小道に入ると、妙光寺山麓にかすかに小堂がみえる。山麓に向かって約10分歩くと、宗泉寺（浄土宗）がある。本堂の前の急な階段をのぼると薬師堂があり、中に平安時代作の木造薬師如来坐像・木造毘沙門天立像、鎌倉時代作の木造不動明王及両童子立像（いずれも国重文、非公開）がある。

宗泉寺薬師堂

　かつてこの山麓には、多くの古代寺院が建立されたことが、御上神社文書の「三上古跡図」に示されている。その中の1つで、御上神社の神宮寺でもある東光教寺は、『興福寺官務牒疏』によると、元興寺（奈良県奈良市）の僧道智の開基と伝えられる。この東光教寺が廃寺となり、仏像は宗泉寺の客仏となったと考えられる。また、薬師堂の前には、鎌倉時代の石造灯籠も残されている。なお、毎年8月8日に薬師千日会法要が行われ、この日のみ仏像が一般に公開される。

円光寺 ㊱
077-587-0172

〈M ▶ P.114, 155〉野洲市久野部266 P
JR東海道本線（琵琶湖線）野洲駅🚶5分

幾度の戦禍をくぐり抜けた文化財を保有する寺院

　野洲駅北口を出て、駅前通りを北東へ約5分歩くと、久野部交差点のすぐ西に円光寺（天台真盛宗）がある。正式には、観喜山長福院円光寺と称し、この地にあった長福寺と円光寺が合併したもので、「久野部の観音さん」と近郷の人びとに親しまれている。長福寺（廃寺）は最澄が開創した寺といわれ、聖観音菩薩を本尊とし、円光寺は阿弥陀如来を本尊とした寺である。この2寺が、隣接する大

158　湖南

円光寺本堂と石塔

行事神社(本殿は国重文)
の神宮寺として奉仕してい
たといわれている。

本堂(国重文)は,以前は
江戸時代の入母屋造・本
瓦葺きの外観であったが,
復元・修理の結果,鎌倉時
代建造時の姿が再現された。
1257(康元2)年に建てられた方5間(約81m²),切妻造・銅板葺き,
正面に1間の向拝をつけた仏堂は,大変珍しいものである。本尊の
木造聖観音菩薩立像は,最澄一刀三礼(仏像などを彫るのに,一刀
入れるごとに三礼すること)の作といわれ,高さ1.14mの一木造で,
後深草天皇の念持仏であったと伝えられている。両脇壇には,木造
毘沙門天立像と木造不動明王坐像が,左右に安置されている。円光
寺本尊であった木造阿弥陀如来坐像(国重文)は,高さ87cm,寄木
造・皆金色・来迎相で,円満な顔や浅い衣文線が,平安時代後期の
様式を示している。

　境内にある石造の九重塔(国重文)は,もともと13重であったが,
今は9重になり,9重目は宝塔の笠を流用している。高さは3.94m,
基礎2面だけに格狭間があり,初重軸部の四方仏は,3面は像容,
1面は梵字の「タラーク」で,金剛界四仏と古調を示す像容である。
梵字の両側にある刻字に,康元年間(1256～57)の年号があり,鎌倉
時代中期の石塔であることを示している。近くの市三宅にある安楽
寺(浄土宗)は,もと天台系寺院であり,不動堂の中央に安置され
る木造聖観音立像(国重文)は,平安時代末期作の寄木造である。そ
のほか,鎌倉時代作の木造阿弥陀如来坐像(国重文)もある。

常念寺 ㊲　〈M ▶ P.114,155〉野洲市永原690
077-588-1791　　JR東海道本線(琵琶湖線)野洲駅🚌木部循環永原住宅前🚶3分

永原城の遺構を残す寺院

　野洲駅北口よりバスに乗り,永原住宅前バス停で下車すると,左
手に常念寺(浄土宗)の大きな森がみえる。寺を取り囲む石垣は永原
城の遺構である。

　寺伝によると,寺は聖徳太子が創建し,その後,円仁によって

野洲市をめぐって

常念寺山門

開かれ、天台宗となったといわれている。南北朝時代には兵火に罹り焼失したが、1396(応永3)年、常誉真巌上人によって再興され、このときより浄土宗となった。1506(永正3)年、領主の永原越前守重秀が檀那となり再建に取りかかり、以後、永原氏の菩提寺となった。常念寺本尊の木造阿弥陀如来立像(国重文)、「正応元(1288)年」銘のある石造層塔はともに鎌倉時代のものである。

菅原神社 ❸
077-587-2003
〈M ▶ P.114, 155〉野洲市永原1041 [P]
JR東海道本線(琵琶湖線)野洲駅🚌木部循環江部🚶10分

奇祭の火渡り神事が行われる神社

常念寺から西に向かうと、菅原神社への参道が伸びている。10分ほど歩くと切妻造・檜皮葺きの四脚門である神門(県文化)に至る。室町時代には当社で、「永原千句」という連歌興行が行われ、宗祇らが招かれた。また、毎年2月25日には、護摩が焚かれ、その残り火の上を素足で歩く「火渡り神事」が行われる。

菅原神社の北側の竹藪は、永原御殿(御茶屋)跡である。永原御殿は、江戸時代初期に将軍が上洛する際の宿泊地として、1日で京都にのぼることのできるこの地に建てられた。初代将軍徳川家康が、1601(慶長6)年に最初に宿泊し、その後6回、2代秀忠が2回、3代家光が2回利用した。1634(寛永11)年の家光の宿泊が最後となり、その後は利用されることなく、1685(貞享2)年に廃止され

菅原神社神門

湖南

た。現在では、石垣の一部を残すのみとなっているが、野洲市歴史民俗博物館に、1634年の永原御殿を復元した模型（縮尺100分の1）が展示されている。

妓王寺 ㊴
077-588-0596

〈M ▶ P.114, 155〉野洲市中北90

JR東海道本線（琵琶湖線）野洲駅🚌木部循環江部🚶7分

『平家物語』の妓王・妓女ゆかりの寺院。

菅原神社から北へ約250m歩き、突き当りを左折して最初の角を右に曲がって200mほど行くと、妓王寺（浄土宗、要予約）がある。『平家物語』で知られる妓王・妓女はこの地の出身といわれ、妓王は旱魃で苦しむ村人を救うため、寵愛を受けた平清盛に水路（現在の祇王井川）を掘らせたという。妓王寺は、妓王に感謝し、その菩提を弔うために建てられたもので、妓王・妓女、その母親、仏御前の像がまつられている。

さらに北へ向かって約5分歩くと、北地区に至る。ここは江戸時代の和学者・俳人である北村季吟の出身地と伝えられ、集落のほぼ中央にある公民館前に句碑が建てられている。門下には有名な松尾芭蕉がいる。

妓王寺

錦織寺 ㊵
077-589-2648

〈M ▶ P.114, 155〉野洲市木部826 Ⓟ

JR東海道本線（琵琶湖線）野洲駅🚌木部循環木部🚶1分

東国武士と関わりの深い真宗木辺派本山。

木部バス停から北へ歩くと、すぐに堂々とした真宗木辺派本山錦織寺の表門（附棟引、県文化）がみえる。錦織寺は、858（天安2）年、円仁の弟子円智によって、毘沙門堂（天安堂）が建立されたことに始まる。寺伝によると、1227（安貞元）年、親鸞が東国に布教をしたおり、霞ヶ浦（茨城県）の湖中から、1尺8寸（約54cm）の金銅阿弥陀如来像を引きあげた。親鸞は以後、この仏像を笈に収めて念持仏とし、東国からの帰路、1235（嘉禎元）年にこの地に到着し、村はずれの小堂のかたわらのマツに笈をかけて休息した。その夜の毘沙門天の夢告により、阿弥陀如来像を安置する阿弥陀堂を建てたという。

野洲市をめぐって 161

錦織寺天安堂(右)と阿弥陀堂

今も境内の天安堂には，平安時代作の木造毘沙門天立像がまつられており，また，「笈掛の松」とよぶマツも伝えられている。書院は東山天皇から，常の御殿を下賜されたものといわれる。

親鸞がこの地にとどまったのは，石畠資長の尽力による。石畠氏は東国の武士で，現在の東近江市瓜生津町に居住した。木部は資長の所領であったため，瓜生津と木部との両門徒の間には，密接な関係があった。資長は親鸞帰洛後，願明と号して寺の跡を継いだ。

親鸞没後120年の祥月命日に慈観が記した『浄土宗一流血脈譜系』によると，「木部開山」慈空によって錦織寺の寺基が定まったという。慈観は親鸞の血脈を引く存覚の末子である。慈観の時代には，錦織寺の勢力範囲は，伊賀・伊勢(ともに現，三重県)・大和(現，奈良県)まで広がったが，その後，慈範の頃から宗義が乱れ，その弟叡尚は門徒と不和になり，叡尚の子勝恵は1493(明応2)年本願寺の蓮如のもとに走り，奈良県吉野郡下市町の願行寺に住むようになる。この頃に本願寺へ転派した錦織寺の末寺は多く，江戸時代前期まで願行寺の配下に入っていた。

蓮長寺・兵主大社 ㊶㊷

077-589-2865／077-589-2072

〈M ▶ P.114〉野洲市比留田934／野洲市五条566 🅿

JR東海道本線(琵琶湖線)野洲駅🚌吉川線あやめ浜行さざなみホール前比留田🚶10分／JR野洲駅🚌吉川線あやめ浜行兵主大社前🚶5分

平安時代の優美な観音像のある寺 紅葉の美しい庭園のある渡来系神社

さざなみホール前比留田バス停から約150m南東に歩くと，比留田の集落に入る。ここには，蓮長寺(浄土真宗)がある。延文年間(1356～61)，錦織寺の末寺として創建された。境内の収蔵庫に，優美な作風の木造十一面観音立像が安置されている。ヒノキの一木

造で，平安時代中期の作と考えられる。

　蓮長寺からさざなみホール前比留田バス停に戻り，北西に500mほど歩くと，兵主大社前バス停に至る。両側にクロマツの並木のある兵主大社の参道がみえる。参道は300mも続き，湖国街路樹10選に選ばれた道である。参道を行くと，朱塗りの楼門（県文化）と翼廊(よくろう)（楼門の附指定で県文化）が神社の正面にみえる。祭神は八千矛神(やちほこのかみ)（大国主神(おおくにぬし)）である。この神は，大津市の日吉大社(ひよしたいしゃ)からカメに乗って琵琶湖を渡り，シカに乗って当社にきたと伝えられる。元来，「兵主」の神は中国の八神信仰に由来し，渡来人が崇拝し各地にまつった。しかし，「つわものぬし」と読むことにより武将の信仰も篤く，源頼朝・足利尊氏らが多くを寄進し，神宝となっている。そのうち，白絹包腹巻(しろぎぬつつみはらまき)（附鍍銀籠(とぎんこ)手金具(てかなぐ)ほか6点）は重要文化財に指定されている。

　また，庭園（国名勝）からは近年の発掘調査により，平安時代後期の遺構・遺物も多く発見され，庭園中央の中の島(なかのしま)では，水の流れを利用して祭祀(さいし)が行われていたことが裏づけられている。庭園は回遊(かいゆう)式になっており，コケやモミジが美しい。とくに紅葉の時期はライトアップされ，夜の紅葉を楽しむことができる。

蓮長寺

兵主大社楼門

野洲市をめぐって

Kōka 甲賀

甲賀流忍術屋敷

信楽焼のタヌキ

◎甲賀散歩モデルコース

湖南三山コース　　　JR草津線石部駅_10_吉御子神社_5_宿場の里・東海道石部宿歴史民俗資料館_5_常楽寺_10_長寿寺_15_ウツクシマツ自生地_7_JR草津線甲西駅_10_正福寺（湖南市）_5_善水寺_10_JR三雲駅_15_永照院_9_妙感寺_10_JR草津線三雲駅

東海道を水口から土山コース　　　JR草津線三雲駅_10_天保義民碑_20_横田の常夜灯_10_水口城資料館_5_水口歴史民俗資料館（曳山の館）_3_水口神社_10_旧水口図書館_15_垂水斎王頓宮跡_5_土山歴史民俗資料館_10_常明寺_5_土山宿本陣跡_3_東海道伝馬館_5_田村神社_20_JR草津線貴生川駅

①吉御子神社	⑲土山宿
②宿場の里・東海道石部宿歴史民俗資料館	⑳土山宿本陣跡
	㉑常明寺
③常楽寺	㉒田村神社
④長寿寺	㉓鈴鹿峠
⑤ウツクシマツ自生地	㉔加茂神社
	㉕清凉寺
⑥廃少菩提寺	㉖若宮神社
⑦正福寺	㉗正福寺
⑧善水寺	㉘新宮神社
⑨永照院	㉙甲賀流忍術屋敷
⑩妙感寺	㉚檜尾寺
⑪天保義民碑	㉛大鳥神社
⑫横田の常夜灯	㉜櫟野寺
⑬水口城跡・水口城資料館	㉝阿弥陀寺
	㉞油日神社
⑭水口歴史民俗資料館(曳山の館)	㉟飯道神社
	㊱史跡紫香楽宮跡
⑮旧水口図書館	㊲信楽窯元散策路
⑯大池寺	㊳滋賀県立陶芸の森
⑰垂水斎王頓宮跡	㊴玉桂寺
⑱瀧樹神社	㊵MIHO MUSEUM
	㊶小川城跡

忍者の里コース　　JR草津線甲南駅　10　正福寺(甲南町)　5　新宮神社　8　甲賀流忍術屋敷　8　檜尾神社・檜尾寺　8　忍者村　5　大鳥神社　10　櫟野寺　4　阿弥陀寺　8　油日神社　8　JR草津線油日駅

紫香楽宮から信楽コース　　信楽高原鐵道紫香楽宮跡駅　20　史跡紫香楽宮跡　20　紫香楽宮跡駅　5　信楽高原鐵道玉桂寺前駅　2　玉桂寺　30　滋賀県立陶芸の森　30　信楽伝統産業会館　2　新宮神社　60　信楽窯元散策路　15　信楽高原鐵道信楽駅

① 石部から水口へ

石部や水口は東海道の宿場として繁栄した。周辺には湖南三山とよばれる常楽寺・長寿寺・善水寺など名刹も多い。

吉御子神社 ❶ 〈M ▶ P.166, 168〉 湖南市石部西1-15-1 P
0748-77-2246
JR草津線石部駅🚶10分、または🚌コミュニティバスめぐるくん吉御子神社🚶2分

京都上賀茂神社から移築された本殿

　吉御子神社バス停のそばに、田楽茶屋とよばれる休憩所がある。休憩所横のやや細い道を西に50mほど進むと、左手に鳥居がみえてくる。左折して参道を100mほど行くと**吉御子神社**(祭神鹿葦津姫命・吉姫命・吉彦命ほか)の拝殿と、一段高くなった所に**本殿**(附棟札、国重文)がある。当社は、神社の南東約1kmにある吉姫神社(祭神茅葦津姫命・吉姫命ほか)と1社をなした『**延喜式**』式内社で、石部鹿塩上神社と称した。811(弘仁2)年の災害が原因で2社に分かれ、現在地にまつられたといわれる。吉御子神社には平安時代中期につくられた神像の**木造吉彦命坐像**(附木造随神坐像、国重文)がある。本殿は、上賀茂神社(京都府京都市)の旧本殿を

湖南市の史跡

1865(慶応元)年に移築したものである。三間社流造・檜皮葺きで,流造社殿建築の典型的な建物である。

吉御子神社は,旧東海道石部宿の西の入口付近にあり,東に300mほど進むと,大名らが宿泊した小島本陣跡の石碑がある。この辺りは,旧東海道の面影を残す町並みである。さらに東に約800m進むと吉姫神社があり,東隣のあけぼの公園には宮の森古墳がある。5世紀頃につくられた全長約100mの前方後円墳であるが,現在は後円部のみが残っている。後円部は直径約55m・高さ約10mで,北側は一部削平されている。1958(昭和33)年の発掘調査では,家形埴輪や円筒埴輪などが発見された。

宿場の里・東海道石部宿歴史民俗資料館 ❷
0748-77-5400

〈M ▶ P.166, 168〉湖南市雨山2-1-1　P

JR草津線石部駅🚌10分,または🚌コミュニティバスめぐるくん雨山文化運動公園🚶5分(日曜日・祝日のみ運行)

東海道51番目の宿駅 石部宿を再現

東海道51番目の宿駅として,1601(慶長6)年に設置された石部宿は,小島本陣や三大寺本陣を始めとして,19世紀中頃には,商家が216軒・旅籠が62軒あり,大変賑わった。雨山文化運動公園バス停で降りて,坂道を南へ100mほどのぼると,石部宿場の里と東海道歴史資料館からなる,東海道石部宿歴史民俗資料館に着く。関所を模した石部宿場の里の入口を入ると,旅籠や商家・茶店・農家などを再現した建物が立ち並んでいる。宿場の里の奥には東海道歴史資料館がある。文久年間(1861～64)の石部宿内模型,小島本陣の20分の1の模型,大名が使用したと推定される網代駕籠などが展示されている。

石部宿場の里

石部から水口へ

常楽寺 ❸
0748-77-3089

〈M ▶ P.166, 168〉 湖南市西寺6-5-1　**P**

JR草津線石部駅🚍12分，または🚍コミュニティバスめぐるくん西寺🚶5分

国宝の本堂と三重塔　躍動的な二十八部衆像

　西寺バス停から南へ100mほど行くと，右手に常楽寺の駐車場がみえてくる。駐車場前の参道をさらに100mほど進むと，常楽寺(天台宗)の境内に至る。

　常楽寺は湖南三山の1つで西寺ともいわれ，栗東市と湖南市にまたがる阿星山(693m)の麓にある。寺伝によれば，和銅年間(708～715)に金粛菩薩によって創建された阿星寺が始まりという。金粛菩薩は，東大寺(奈良県奈良市)の建立に力を尽くした良弁であるといわれ，金勝寺(栗東市)や廃少菩提寺(湖南市)など，近隣には金粛菩薩の創建と伝える寺が多い。当寺は1360(延文5)年，落雷のためすべての堂塔を失った。観慶を中心に勧進を進め，あまり時を経ずに再建されたのが現在の本堂(国宝)である。本堂は入母屋造・檜皮葺きの建物で，桁行7間・梁間6間の，湖南市では最大規模のものである。内部は礼堂(外陣)・内陣・後戸(後陣)の3つに分かれ，内陣には本尊の木造千手観音菩薩坐像(国重文，非公開)を収める厨子(本堂の附指定で国宝)がある。本尊は30年に1度開帳される。厨子の左右脇壇には，木造二十八部衆立像と雷神立像(ともに国重文)あわせて28軀がまつられている。いずれの像も寄木造・玉眼入りの躍動感あふれる見事なもので，二十八部衆立像は，鎌倉時代末期の1308(徳治3)年から1314(正和3)年にかけてつくられたことが，像内納入文書や仏像内の墨書銘からわかっている。後戸には，木造釈迦如来坐像が安置され，錫杖・金銅飯食器・銅飯食器・金銅火舎(ともに平安時代作，国重文)が展示されている。

常楽寺本堂と三重塔

常楽寺にはそのほか，絹本著色浄土曼荼羅図(鎌倉時代)・絹本著色仏涅槃図(鎌倉時代，京都国立博物館寄託)・絹本著色釈迦如来及四天王像(鎌倉時代)・紙本墨書常楽寺勧進状(附銅仏餉器，鎌倉～南北朝時代，いずれも国重文)がある。

本堂の左手奥には三重塔(附丸瓦及び平瓦，国宝)がある。1400(応永7)年に建立されたもので，塔内部には釈迦説法図などが描かれているが，非公開である。境内には「応永十三(1406)年」銘が残る石灯籠(国重文)が立つ。なお，仏像の拝観は，春と秋の特別公開期間以外は事前予約が必要である。

長寿寺 ④
0748-77-3813

〈M ▶ P.166, 168〉湖南市東寺5-2-27　P
JR草津線石部駅🚌15分，またはコミュニティバスめぐるくん長寿寺🚶5分

国宝の和様本堂と丈六の阿弥陀仏

長寿寺バス停から山のほうに約100m進むと，右手に長寿寺(天台宗)がある。奈良時代に良弁によって開かれたと伝えられ，湖南三山の1つで東寺ともよばれる。山門を過ぎると，参道の両側はモミジの並木になっており，晩秋になると見事な紅葉となる。参道の右手には，鎌倉時代の石造多宝塔があり，さらに進むと正面に本堂(国宝)がある。鎌倉時代初期の建造で，桁行・梁間ともに5間。寄棟造・檜皮葺きの和様建築である。本堂正面には3間の向拝があり，桟唐戸の入口で，左右は連子窓となっている。本堂の内部は，内陣が礼堂より一段低くなる平安時代の様式を残している。本尊の子安地蔵菩薩は秘仏で，厨子(本堂の附指定で国宝)に収められている。厨子は春日厨子で，墨書から1480(文明12)年に建立されたことがわかる。厨子の向かって右側に，像高1.42mの木造阿弥陀如来坐像，左側に像高1.77mの木造釈迦如来坐像(ともに平安時代作，国重文)が安置されており，ともにふくよかな顔立ちである。さらに，本

長寿寺本堂

石部から水口へ　　171

堂右手奥の小高い所に収蔵庫があり，像高2.85mで寄木造の木造阿弥陀如来坐像(平安時代作，国重文)がまつられている。本堂の右側の池の中にある小さな祠は弁天堂(国重文)で，室町時代に建てられた1間四方，入母屋造・檜皮葺きの建物で唐破風がついている。仏像の拝観は事前予約が必要で，団体のみの受付となっている。

長寿寺では，毎年1月の成人の日の頃に，子どもが鬼の面をつけて，本堂内を走る「鬼走り」という行事が行われる。正月に1年の平安を祈る「修正会」と悪鬼を追い払う「追儺」の行事，さらには，成人になる通過儀礼もかねたものである。同様の行事は，常楽寺でも行われる。

本堂の左側の一段高くなった所に，白山神社(祭神白山比咩神)がある。拝殿(国重文)は3間四方の入母屋造・檜皮葺きで，室町時代後期の建造である。格子戸によって囲われただけの造りで，建物の高さと屋根の形が調和した軽快な感じのものである。拝殿から左手に行くと，織田信長によって安土の摠見寺(安土町下豊浦)に移されたと伝えられる三重塔跡が残っている。

ウツクシマツ自生地 ❺

〈M ▶ P.166, 168〉湖南市平松　P
JR草津線甲西駅🚶30分

江戸時代から知られていたウツクシマツ

甲西駅南口の前の道路を北西に約100m進み，家棟川を渡った所で左折，川沿いに約200m行くと旧東海道と交差する。右折して旧東海道を平松の集落方向(北西)に200mほど進み，左折して道なりに美松山(228m)の山道を1km余りのぼって行くと，東南斜面にウツクシマツ自生地(国天然)がある。ウツクシマツは約200本あり，すべてアカマツであるが，地表40～50cmの所で幹が何本も枝分かれし，落下傘のような珍しい樹形になる。美松山の自生地は，古来，東海道を旅する人にも知

ウツクシマツ自生地

られていたようで，1797(寛政9)年の『伊勢参宮名所図会』などに紹介されている。また，近くの松尾神社の神木とされている。

廃少菩提寺 ❻

〈M ▶ P.166, 168〉湖南市菩提寺
JR草津線石部駅🚌10分，またはJR草津線甲西駅🚌コミュニティバスふれあい号菩提寺線菩提寺公民館🚶10分

鎌倉時代の石造多宝塔と石造地蔵尊像

少菩提寺は，奈良時代に大菩提寺とよばれた金勝寺(栗東市)とともに，奈良時代の731(天平3)年，良弁によって創建されたと伝えられる。中世には37の僧坊をもつ大寺院であったが，1571(元亀2)年の織田信長と近江守護佐々木六角氏との戦いのとき，兵火に遭い廃寺となった。

少菩提寺跡は廃少菩提寺と称され，現在，廃少菩提寺の石多宝塔および石仏として，国の史跡に指定されている。廃少菩提寺へは，菩提寺公民館バス停から西へ約700m進み，菩提寺地区の山側の民家が途切れる辺りの，右手の山に入る小道を行くと着く。少しわかりにくいが，注意すると右奥に石造の地蔵尊像がみえる。民家の裏の竹藪との間に石造の多宝塔(国重文)がある。高さが約4.5mあり，下部の角柱の部分に，「仁治二(1241)年辛丑七月」の銘文をもつ貴重なものである。多宝塔から，山のほうへ少し入ると，右手に3軀の石造地蔵尊像が並んでいる。いずれも舟形光背を含む高さ2mを超えるもので，ともに南北朝時代の作とされる。いずれの地蔵も周辺の住民によって手厚く守られている。さらに，約50m山の中に入ると，将棋の駒の形をした高さ約1.6mの石があり，閻魔王坐像など5軀が刻まれている。

廃少菩提寺石造多宝塔

正福寺 ❼
0748-72-0126

〈M ▶ P.166, 168〉湖南市正福寺409　Ⓟ
JR草津線甲西駅🚌10分，または🚌コミュニティバスふれあい号菩提寺線 東 正福寺🚶3分

東正福寺バス停から200mほど西に進むと，正福寺と刻まれた石

石部から水口へ　173

正福寺観音堂内部

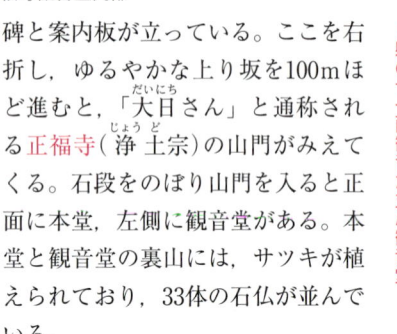

薬師如来や4軀の十一面観音が並ぶ観音堂

　碑と案内板が立っている。ここを右折し、ゆるやかな上り坂を100mほど進むと、「大日さん」と通称される正福寺（浄土宗）の山門がみえてくる。石段をのぼり山門を入ると正面に本堂、左側に観音堂がある。本堂と観音堂の裏山には、サツキが植えられており、33体の石仏が並んでいる。

　正福寺は、733（天平5）年に聖武天皇の勅願で、良弁により創建されたという。甲賀六大寺の1つとして栄えたが、1571（元亀2）年の織田信長による兵火で、ことごとく焼失した。しかし、本尊の木造大日如来坐像（国重文）を始めとする多くの仏像は村人が運び出し、土蔵の奥や土中に隠したため、焼失を免れた。承応年間（1652～55）に寂誉により再興され、浄土宗寺院となった。1756（宝暦6）年、火災で再び仏殿や僧坊などが全焼したが、仏像は難を免れた。現在の本堂は、1757年に再建されたものである。本堂は瓦葺きで、内陣中央の須弥壇の厨子の中に、木造大日如来坐像が安置されている。この像は、平安時代の10世紀末頃につくられた像高92.5cmの胎蔵界大日如来像で、非公開であるが、30年に1度開帳される。

　観音堂は、1969（昭和44）年に建てられた収蔵庫をかねた堂である。堂内には、正福寺の塔頭で、1947（昭和22）年に合併された永厳寺伝来の仏像が須弥壇一面に並んでおり、壮観である。中央に4軀の木造十一面観音立像（いずれも国重文）があり、彩色が剥落し、すべて木の地肌がみえる仏像である。とりわけ中央の十一面観音立像は像高2.15mで、県内の十一面観音立像では最大である。穏やかな表情とふくよかな体軀をもつ一木造の仏像で、11世紀前半の作といわれる。左端に木造薬師如来坐像、右端に木造地蔵菩薩半跏像（ともに平安時代作、国重文）を安置している。仏像の拝観には、事前予約が必要である。

善水寺 ⑧
0748-72-3730

〈M ► P.166, 168〉湖南市岩根3518 P
JR草津線甲西駅🚌コミュニティバスふれあい号下田線岩根🚶20分、またはJR草津線三雲駅🚗10分

国宝の本堂に多くの重要文化財の仏像が並ぶ

　岩根バス停から南東に100mほど進み、思川に架かる岩根橋の手前を左折し150mほど進むと丁字路になっている。ここを右折して農協の前を左折し、北に120mほど行くと、善水寺の参道入口に至る。急勾配の参道を10分ほどのぼると、丈六の聖観音像をまつる観音堂がある。観音堂から少しのぼると左手に本堂、右手に元三大師堂がある。車の場合は、十二坊温泉からまわったほうが便利である。

　善水寺(天台宗)は岩根山(405m)の中腹にあり、同山は、通称「十二坊」とよばれ、天正年間(1573～92)には、12の僧坊があった。寺伝によれば、和銅年間(708～715)、元明天皇の勅願で開かれた。平安時代初期、最澄が桓武天皇の病気平癒祈禱を当寺で行い、薬師仏の水を天皇に献上したところ病気が治ったことから、「善水寺」という寺号を賜ったと伝えられる。

　本堂(国宝)は、桁行7間・梁間5間、入母屋造・檜皮葺きで向拝はなく、正面中央間だけ桟唐戸、ほかは内開きの蔀戸が嵌められている。南北朝時代の1366(貞治5)年に建立された。内部は、礼堂と菱格子戸で仕切られた内陣、後戸からなっている。礼堂の左右に木造金剛二力士立像(平安時代作、国重文)がある。2軀の立像はいずれも像高2.8mを超える大きな像である。内陣に入ると、中央に入母屋造・柿葺きの大きな厨子(室町時代作、本堂の附指定で国宝)がある。厨子の中には、像高1.03m・一木造・皆金色の本尊木造薬師如来坐像(国重文)が安置されている。像内に収められていた籾と紙片から、993(正暦4)年作の像であることが判明した。

善水寺本堂内陣の諸仏像

石部から水口へ

制作年代を特定できる像として貴重であるが，秘仏であるため拝観できない。厨子を囲んで木造梵天立像，帝釈天立像，木造四天王立像(ともに平安時代作，国重文)，前方に十二神将像(鎌倉時代作)などがある。また，後戸にも多くの仏像が安置されている。左端の木造増長天立像，右端の木造持国天立像(ともに国重文)は鎌倉時代の作で，躍動感あふれるものである。そのほか，木造兜跋毘沙門天立像，木造僧形文殊坐像，木造不動明王坐像(いずれも平安時代作，国重文)，金銅誕生釈迦仏立像(奈良時代作，国重文)などがある。善水寺は国宝の本堂や重要文化財の仏像が15軀ある古刹であり，常楽寺や長寿寺とともに，湖南三山とよばれる。

1994(平成6)年，善水寺の約2km北に十二坊温泉が湧出し，湖国十二坊の森内に温泉施設「十二坊温泉ゆらら」が開館した。湖南市平松から甲西大橋を渡り岩根山を越え，下田に抜ける道路が開通し，十二坊温泉や善水寺に簡単に行けるようになった。また，江戸時代に彫られたといわれる像高4.3mの岩根花園の磨崖不動明王へは，「十二坊温泉ゆらら」から徒歩10分余りで行くことができる。

永照院 ❾
0748-72-0474
〈M▶P.166,168〉湖南市三雲1201-1 P
JR草津線三雲駅🚶15分，または🚌コミュニティバスふれあい号甲西南線三雲公民館🚶5分

幾多の受難を乗り越えた「くろ観音」

三雲公民館バス停で下車して三雲公民館交差点を左折し，100mほど行くと，右手奥に永照院(浄土宗)がある。車の場合は，さらに直進して永照院の墓地を迂回し，裏手の駐車場を利用するとよい。

永照院は，奈良時代に行基が開いたと伝えられる。もと三雲寺と称したが，1571(元亀2)年，織田信長によって隣接する三雲城とともに焼き払われた。1628(寛永5)年に祐

永照院木造十一面観音立像

本が再建し，真言宗から浄土宗となった。

　江戸時代に火災や山津波によって，堂宇は幾度も倒壊したが，平安時代初期作の木造十一面観音立像(国重文)は村人が運び出し，完全な姿で残されている。現在，本堂右手奥の収蔵庫に安置されている。像高は1.1mで，小さいが均整のとれた美しい像である。もとは彩色されていたが，護摩の火によってか，全体が黒くなっていることから「くろ観音」ともよばれている。仏像の拝観には，事前予約を要する。

妙感寺 ⑩
0748-72-7640

〈M ▶ P.166, 168〉湖南市三雲1758　P
JR草津線三雲駅🚌コミュニティバスふれあい号甲西南線妙感寺🚶3分

万里小路藤房ゆかりの寺

　妙感寺バス停から荒川に沿って，山のほうへ続く道を約100mのぼると，右手の小高い所に，延元年間(1336〜40)に万里小路(藤原)藤房によって開かれたと伝えられる妙感寺(臨済宗)がある。

　万里小路藤房は，後醍醐天皇の近臣で建武の新政(1333〜35年)に参画，恩賞方筆頭となったが，天皇との対立により政治から身を引いた。その後，出家し京都の妙心寺(京都府京都市)に参禅したが，病気のため三雲の地に住み，晩年をすごしたと伝えられる。本堂の裏手に藤房の墓といわれる五輪塔が立つ。

　また，開山堂は，徳川秀忠の娘で後水尾天皇の中宮となった東福門院(徳川和子)が水口(現，甲賀市)で宿泊するために建てられ，1661(寛文元)年に移築したものである。本堂(観音堂，国登録)には，木造千手観音坐像がまつられている。像高1.64mで室町時代の作である。本堂と開山堂の間を抜けて，小さな滝に沿って山道を100mほどのぼると，地蔵菩薩像をまつる祠があり，花崗岩の岩壁に地蔵菩薩立像が半浮彫りされている。顔や衣文，蓮華座の蓮弁の様式などから，鎌倉時代後期の作といわ

妙感寺本堂

石部から水口へ　　177

れる。仏像の拝観には，事前予約を要する。

天保義民碑 ⓫ 〈M ► P.166, 168〉湖南市三雲 P
JR草津線三雲駅 🚶10分

天保一揆の犠牲者を顕彰する石碑

　三雲駅から駅前の道を200mほど東に行くと，左手に石造で高さ約2.5mの常夜灯がある。江戸時代，東海道が野洲川を越える横田の渡しがあり，三雲側に設置された常夜灯である。ここを右折し，JR草津線の踏切を越えて左手の坂道を80mほどのぼると広場があり，天保義民碑が立っている。

　1841(天保12)年12月，江戸幕府は天保の改革の一環として，琵琶湖岸と仁保(日野)川・野洲川・草津川の新開地などの検分(検地)を開始した。年貢増徴を企図したものであったが，彦根藩など大藩の領地は素通りしたり，賄賂によって検分がかわるなど不公正なものであった。このため，野洲郡三上村(現，野洲市三上)庄屋土川平兵衛や甲賀郡柚中村(現，甲賀市水口町柚中)前庄屋黄瀬文吉らは密かに集まって一揆を計画し，つぎのような決定をした。甲賀郡の農民は横田河原に，野洲郡・栗太郡の農民は野洲河原に集結する。検分役人の幕府勘定役市野茂三郎らに代表が検分の中止を申し入れ，聞き入れられないときは，強訴におよぶというものであった。

　1842年10月14日夜，甲賀郡森尻村(現，甲賀市甲南町森尻)の矢川寺の鐘を合図に，数千の農民が矢川神社に集まり，下流の横田河原を目指した。横田河原に集まった甲賀郡の一揆勢が，野洲・栗太両郡の一揆勢と野洲河原で合流し，三上村の陣屋に宿泊していた市野らをおそった。その数，4万人といわれる。この結果，市野らは検分を10万日延期することを約束したが，幕府はその後，一揆の参加者を捕らえて苛酷な取調べを行った。首謀者の土川平兵衛・田島治兵衛(市原村〈現，甲賀市甲南

天保義民碑

178　甲賀

町市原》)・黄瀬平次郎(杣中村庄屋)ら11人は、江戸で取調べが行われ、ほとんどが獄死した。

　1898(明治31)年、この一揆の犠牲者を義民として顕彰するため、甲賀郡内有志によって伝芳山中腹に高さ10m・幅1.5mの碑が建てられた。ここからは、一揆の結集地の横田河原が見下ろせる。毎年10月15日には慰霊祭が碑の前で行われており、一揆から150年目にあたる1991(平成3)年には、甲賀市甲南町森尻の矢川橋の袂に、天保義民メモリアルパークがつくられ、記念碑も建てられた。

横田の常夜灯 ⓬　〈M ▶ P.166, 168〉甲賀市水口町泉 Ⓟ
JR草津線三雲駅 🚶 15分

横田の渡しを見守った石灯籠

　三雲駅から国道1号線に出て右手に進み、野洲川に架かる横田橋を渡り、朝国交差点を右(水口方面)に向かって進む。湖南市と甲賀市の境の泉西交差点を右に折れ、野洲川に沿って約500m進むと、横田の常夜灯がある。

　この辺りは野洲川と支流の杣川の合流地点で、野洲川は横田川と称され、水流が激しく、常夜灯の所に設置された「横田の渡し」は、東海道の難所の1つであった。江戸幕府は、木曽川・天竜川などの渡しとともに横田の渡しを十三渡しの1つとして、軍事的に重視し、架橋を許さなかった。3月から9月は4艘の船での船渡しとし、10月から翌2月までは土橋(仮橋)を架けて通行させた。横田の常夜灯は、高さが10.5mあり、東海道では最大級のもので、1822(文政5)年に、地元だけでなく、京都や大坂などの商人の寄付によって建てられた。

横田の常夜灯

水口城跡・水口城資料館 ⓭　〈M ▶ P.166, 180〉甲賀市水口町本丸4103
0748-63-5577(水口城資料館)
近江鉄道水口城南駅 🚶 3分

水口城を復元した資料館

　水口城南駅前の道を北に約200m進み、左に折れると水口城跡(県史跡)に着く。

石部から水口へ

水口町周辺の史跡

水口城は，1634（寛永11）年に，江戸幕府3代将軍徳川家光の命で建てられた。将軍が上洛する際の将軍専用の宿泊施設として使用されたもので，通常の城ではなかった。築城は幕府の手で行われ，作事奉行（築城の責任者）には小堀政一（小堀遠州）があたった。水堀に囲まれた本丸御殿は，京都の二条城を小型にした将軍家宿館としてつくられ，当初は幕府が任命した城番が管理する「番城」であった。1682（天和2）年，水口藩（2万石のち2万5000石）が成立すると，藩主加藤氏がこの維持・管理に努めた。本丸御殿は家光のとき1度使用されただけで，その後は使用されず，正徳年間（1711～16）には施設の老朽化と維持費がかかることを理由に，おもな舎殿は撤去されたという。現在，本丸跡は県立水口高校のグラウンドとなり，本丸の東の凸部にあった番所跡には角櫓が復元され，水口城資料館となっている。資料館には水口城の模型や水口藩に関する資

水口城資料館

水口祭

コラム

祭

水口がもっとも活気づく祭　軽快な水口囃子

水口祭（水口曳山祭、県民俗）は、水口神社（甲賀市水口町宮の前）の春の例大祭で、毎年4月19日に宵宮、20日に本祭が行われる。水口祭の特徴は、曳山巡行と水口囃子である。最初に曳山巡行が行われたのは1735（享保20）年で、このとき、9基の曳山が町内を練り歩いた。曳山は最盛期の19世紀初めには30基余りあったが、現在は16基となっている。

曳山は、四輪の御所車をもつ車台部、囃子方が乗る屋台部、「ダシ」とよばれる人形を乗せる露天部からなり、祭が終わった後も分解せずに、そのまま町内の山蔵に格納している。曳山は白木造で派手さはないが、組み物や彫刻、見送り幕など、装飾もすぐれている。露天部に飾られるダシも、人びとの目を楽しませる。

また水口祭では、水口囃子とよばれる囃子が、曳山巡行を盛り上げる。横笛・大太鼓・小太鼓・鉦によって、あるときは軽やかな、あるときは力強い調子で奏でられる。水口囃子は、東京の神田囃子の流れを汲むものといわれる。

宵宮では、曳山をもつ町内では山蔵の扉を開け、提灯を飾る。宵宮囃子が町に流れ、曳山やダシを見物する人で賑わう。翌日の本祭では御旅所（水口町松栄）に曳山が集まり、午前11時から神社に巡行する。神社に曳山や纏田楽（御幣と町名を書いた扇形や四角い灯籠が竿の先についたもの）が揃うと神事があり、神輿が町内に繰り出す。その間、曳山は境内で囃子を奏で、人びとを楽しませる。夕刻、提灯に火を入れ、順番に各町内に曳山が帰る「かえり山」となる。提灯が灯った曳山は、昼とはまた違った風情がある。

水口祭かえり山

料が展示されている。

水口歴史民俗資料館（曳山の館） ⑭

0748-62-7141

〈M▶P.166, 180〉甲賀市水口町水口5638　🅿
近江鉄道水口城南駅🚶3分

水口祭の曳山を展示　宿場町水口を知る

水口城南駅の南隣に、水口歴史民俗資料館がある。資料館は曳山の館ともよばれ、水口祭で実際に使用する曳山が展示されており、軽快な水口囃子が流れている。また、古代から近世までの水口の歴史、山の神祭やオコナイなどの民俗行事が紹介されている。館内に

石部から水口へ

は，水口出身の巌谷一六・小波父子の記念室が併設されている。巌谷一六は明治時代を代表する書家で，小波は児童文学の先駆者として明治時代から大正時代にかけて活躍した。数々の童話を創作したほか，「桃太郎」などの民話や伝承を平易な表現のお伽噺につくりあげ，広めた人として有名である。

水口歴史民俗資料館から100mほど南東に行くと，水口神社（祭神大水口宿禰）がある。水口神社には，鎌倉時代につくられた彩色の木造女神坐像（国重文）がまつられている。『延喜式』式内社であったが，戦国時代に1度衰退した。江戸時代初めに水口を治めた幕府代官小堀仁右衛門や，水口藩4代藩主加藤嘉矩らの助力によって社殿が再建され，現在の姿になった。

旧水口図書館 ⓯

0748-86-8026
（甲賀市教育委員会歴史文化財課）

〈M ▶ P.166, 180〉甲賀市水口町本町1-2-1
JR草津線貴生川駅🚌甲賀市コミュニティバス和野・中畑ルート，または八田ルート平町🚶5分，または近江鉄道水口石橋駅🚶8分

ヴォーリズ建築の珠玉の小品

平町バス停から北に約150m行き，本正寺で右折して少し進むと水口小学校があり，正門の脇に旧水口図書館がある。1928（昭和3）年，水口出身の実業家井上好三郎の寄付により水口町立図書館が建てられた。宗教家・建築家であったウィリアム・メレル・ヴォーリズの第二次世界大戦前の建造物として，珠玉の小品とたたえられる。イオニア式円柱を配した玄関の上には，オリーブと燭台・本をあしらったドーム形のレリーフが添えられている。縦長の窓と小さなバルコニーがアクセントになり，屋上のランタンとともに昭和時代初期の水口ではひときわモダンな建物であった。1970年まで図書館として使われ，その後，2003（平成15）年まで水口教科書センター（教科書を選定するための見本

旧水口図書館

展示と保管場所)として使用された。2001(平成13)年，国の登録有形文化財に登録され，2004年の保存改修工事以降，一般公開されている。

大池寺 ⓰
0748-62-0396

〈M ▶ P.166, 180〉甲賀市水口町名坂1168 Ｐ
JR草津線貴生川駅🚌甲賀市コミュニティバス広野台ルート大池寺🚶3分，またはJR草津線三雲駅🚗10分

小堀遠州作と伝える蓬萊庭園

　三雲駅から車で国道1号線を水口方面に進み，西名坂交差点を左折し，大池寺の案内標識に従って北東に900mほど進むと，広い駐車場がある。駐車場の北側の山道を少し歩くと，静かなたたずまいの大池寺(臨済宗)の山門がみえてくる。大池寺は，奈良時代，行基によって創建されたと伝えられる。1577(天正5)年，兵火に遭い，境内全域が焼き払われ，一時荒廃したが，1667(寛文7)年，瑞鳳寺(宮城県仙台市)の丈巖によって再興された。

　寺には小堀遠州が寛永年間(1624〜44)につくったと伝えられる蓬萊庭園がある。サツキの大きな刈り込みが特徴の枯山水庭園である。サツキが咲く5月末から6月はとくに美しい。

大池寺蓬萊庭園

石部から水口へ　　183

② あいの土山を行く

三重県との境に接する土山は、古くから交通の要衝として機能し、旧東海道沿いでは宿場町の風情が感じられる。

垂水斎王頓宮跡 ⑰

〈M ▶ P. 167, 186〉 甲賀市土山町頓宮
JR草津線貴生川駅🚌甲賀市コミュニティバス土山本線白川橋🚶5分

斎王群行の宿泊地の1つで国史跡

垂水斎王頓宮跡(国史跡)は、白川橋バス停から西へ約5分歩いた丘陵上にあり、現在は鬱蒼とした木々に覆われている。斎王とは、歴代天皇の名代として伊勢神宮(三重県伊勢市)の祭祀を司る未婚の皇女(内親王)・女王のことで、その制度は飛鳥時代から南北朝時代まで続いた。斎王が都から伊勢国の斎宮(斎王の居所、現、三重県明和町)まで向かう道中を群行といい、平安京遷都後、伊勢への官道があらたに整備され、886(仁和2)年からは鈴鹿越えの官道(阿須波道)が群行路として利用された。三十六歌仙に数えられる斎宮女御(徽子女王)は、かつて自身が斎王となり、のちに斎王に選ばれた娘(規子内親王)に付き添い伊勢へと向かう際に、「世にふればまたも越えけり鈴鹿山　昔の今になるにやあるらん」と詠んでいる。

群行時の宿泊施設のことを頓宮といい、群行路には、近江国の勢多・甲賀・垂水(いずれも現、滋賀県)、伊勢国の鈴鹿・壱志(ともに現、三重県)に頓宮が設けられていた。現在、垂水頓宮の史跡地内には、石碑と遙拝所が設けられているのみで、当時の様子をうかがえるものはないが、井戸跡と伝えられる場所が残っている。頓宮跡から東に100mほど行った林の中には、伊勢神宮の創始伝承に登場する、倭姫命をまつった甲可日雲宮がある。

垂水斎王頓宮跡

甲賀

瀧樹神社 ⑱ 〈M ▶ P.167, 186〉 甲賀市土山町前野155 Ⓟ
0748-67-0533
JR草津線貴生川駅🚌甲賀市コミュニティバス土山本線 東 前野
🚶5分

斎王伝承が残る野洲川河畔の神社

東前野バス停から南に向かい旧東海道へ出ると，眼前に瀧樹神社の社叢がみえてくる。神社へと続く木立の道を行くと，野洲川近くに社殿がある。神社付近の野洲川には，斎王が禊を行ったという伝承が残っている。

瀧樹神社は，速秋津比古命・速秋津比咩命を主祭神とし，旧岩室郷(現，甲賀町岩室，土山町頓宮・前野・市場・徳原・大澤)の産土神として信仰されてきた。毎年5月3日の祭礼に奉納されるケンケト踊り(近江のケンケト祭り・長刀振りで国選択)では，8人の踊り子たちが，大きな羽根冠に鮮やかな衣装をつけ，太鼓や鉦の囃子にあわせて踊る。また，病気予防や厄除けに利益があるとして，花傘に飾られた花を奪い合う花奪い行事や神輿の巡行も行われる。境内の西側にある公園には，鎌倉時代後期頃の建立とされる石造宝篋印塔がある。

瀧樹神社宝篋印塔

土山宿 ⑲ 〈M ▶ P.167, 186〉 甲賀市土山町北土山・南土山
JR草津線貴生川駅🚌甲賀市コミュニティバス土山本線土山西口
🚶5分

街道の風情が残る東海道49番目の宿

瀧樹神社から旧東海道を東へ20分ほど歩くと，野洲川の渡河地点となる。川を越えると土山宿に入る。土山は鈴鹿峠(甲賀市・三重県亀山市)の西麓に位置し，古くから近江と伊勢(現，三重県)を結ぶ交通の要地として開けた。1601(慶長6)年に，東海道の整備にともない宿駅に定められ，水口宿(現，甲賀市)まで2里半7町(約10.5km)，坂下宿(現，三重県亀山市)まで2里半(約10km)の行程であった。宿は，西の松野尾川(野洲川)から東の田村川板橋までの22町55間(約2.5km)に連なり，1843(天保14)年の『東海道宿村

あいの土山を行く　　185

土山宿周辺の史跡

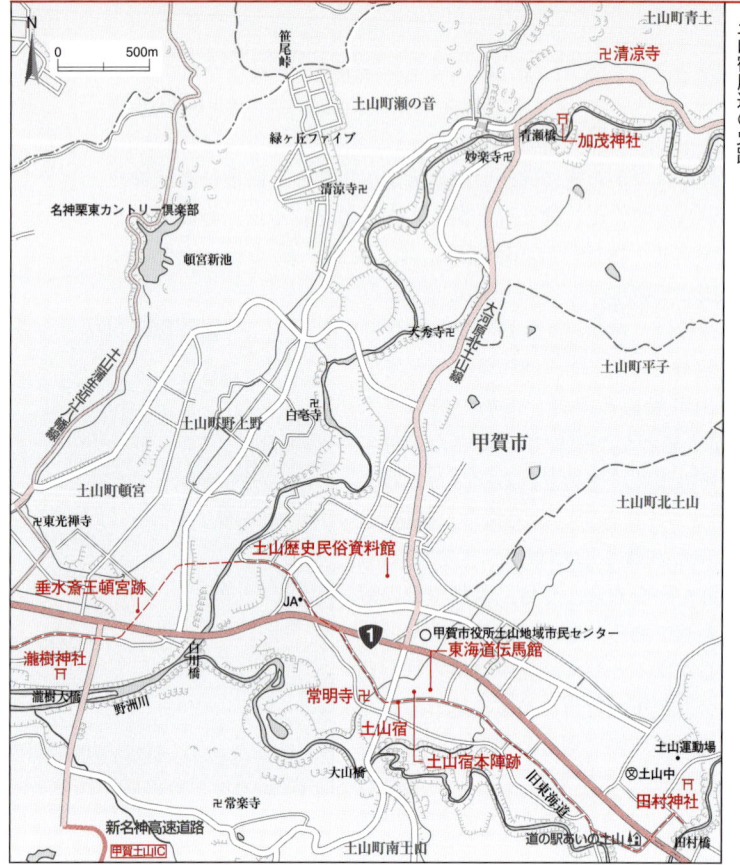

大概帳』によると，宿高1348石余・家数351軒・人数1505人・本陣2軒・旅籠44軒の規模とある。

　土山西口バス停から国道1号線を東へ500mほど進み，南土山交差点を右折すると旧東海道に入る。ここから左右に，土山宿の家並みが連なっている。宿の中心は，おもに中町から吉川町にかけてで，本陣・問屋場・幕府代官の陣屋・高札場が設けられていた。また，土山宿は東海道と御代参街道の分岐点にあたり，多賀大社（多賀町）への参詣や近江商人発祥地が連なる商いの道としても利用された。現在，旧東海道と国道1号線との南土山交差点の北側に，分岐点を示していた1788（天明8）年と1807（文化4）年の道標が残る。

土山宿では、旧東海道沿いに旅籠や宿場の施設跡の石柱が立てられており、また、家々には屋号を記した看板がかけられているので、それらをみつけながら、宿場町の風情が残る町並みを、ゆったりと散策することができる。

土山宿本陣跡 ⑳
0748-66-0007
〈M ▶ P.167, 186〉甲賀市土山町北土山1628
JR草津線貴生川駅🚌甲賀市コミュニティバス土山本線近江土山🚶5分

宿帳や関札などの本陣資料を公開

　近江土山バス停横の道を南へ約400m進み、旧東海道との交差点を右へ約50m進むと、ひときわ目を引く大きな建物がみえてくる。土山宿本陣跡である。土山宿に2軒あった本陣の1つで、1634(寛永11)年、江戸幕府3代将軍徳川家光上洛の際に、初代土山喜左衛門が本陣職に任命され、明治時代に至るまで代々世襲された。

　本陣跡には、上段の間や庭園など施設の一部が保存され、宿帳や関札などの本陣関係資料も展示されている。また、土山氏は熊本藩(現、熊本県)細川家の家来として苗字・帯刀を許されており、細川氏ゆかりの品々も残されている。

　本陣跡から東へ約50m行くと、左手に東海道伝馬館がある。明治時代の古民家を改築した館内では、土山宿の宿場模型や東海道に関する映像展示がみられる。また、旧東海道から県道を約1km北へ行った、あいの丘文化公園内には土山歴史民俗資料館があり、古代から現代まで「道」とともに歩んできた土山の歴史を紹介している。

土山宿本陣跡

常明寺 ㉑
0748-66-0030
〈M ▶ P.167, 186〉甲賀市土山町南土山甲531 🅿
JR草津線貴生川駅🚌甲賀市コミュニティバス土山本線市役所土山支所🚶10分

東海道に隣接する森鷗外ゆかりの寺

　土山宿本陣跡から旧東海道を西へ5分ほど歩くと、南土山の家並みの奥に常明寺(臨済宗)がある。和銅年間(708〜715)の創建と伝え

あいの土山を行く　　187

常明寺

られ、1349(貞和5)年に鈍翁了愚により中興された。天正年間(1573〜92)に兵火により焼失したが延宝年間(1673〜81)に再建された。1807(文化4)〜24(文政7)年に、当寺の住持であった松堂慧喬(号虚白)は、俳人としても活躍し、門前には句碑が建てられている。本尊は木造阿弥陀如来坐像で、当寺所蔵の大般若経(国宝)は、奈良時代に長屋王の発願により書写されたものである。また、境内には松尾芭蕉の「さみだれに鳰のうき巣をみにゆかむ」の句碑がある。

　常明寺は、森鷗外ゆかりの寺でもある。鷗外の祖父森白仙は、津和野藩(現、島根県津和野町)の藩医であったが、江戸から帰郷する途中に土山宿で客死し、この地で埋葬された。後年、鷗外が土山を訪れた際、常明寺の墓地に祖父の墓を移した。現在は津和野町へ移され、常明寺の旧墓所には供養塔が建てられている。

田村神社 ㉒　〈M▶P.167, 186〉甲賀市土山町北土山469　P
0748-66-0018　JR草津線貴生川駅🚌甲賀市コミュニティバス土山本線田村神社🚶5分

厄除け神として有名 参道の一部は旧東海道

　常明寺から旧東海道を東へ30分ほど歩くと、土山宿の家並みが途切れ、道の駅あいの土山がみえてくる。この付近から旧東海道は北東へと直角に折れ、国道1号線と交差して田村神社の参道へと延びる。田村神社バス停すぐの第一鳥居から参道を5分ほど行くと、田村神社の境内に着く。田村神社(祭神 坂上田村麻呂・嵯峨天皇・倭姫命)は、812(弘仁3)年の創建と伝えられ、高座田村大明神と称したとされる。のち、兵火により焼失したが、江戸時代に復興され、1887(明治20)年に現在の社名に改められた。

　田村神社は厄除け神として人びとの信仰を集め、『東海道名所図会』などの名所記にもみえる。社伝によると、坂上田村麻呂が鈴鹿山道の悪鬼を退治した後、悪鬼のたたりで作物が実らなくなり、病

田村神社本殿

も流行したので厄除けの大祭を行ったところ、災いが収まったという。この伝承を起源として毎年2月17～19日に行われる厄除祭には、多くの人が訪れる。

田村神社第二鳥居前で旧東海道はまた南東方向に折れ、田村川を渡る。現在の田村橋は下流の国道1号線に架けられているが、江戸時代にはこの道の延長上に田村川板橋が架けられていた。2005(平成17)年、板橋が架かっていた場所にあらたに歩行用の海道橋が取りつけられ、旧東海道をつなぐ橋として利用されている。

海道橋を渡って旧東海道を東へ約1.5km行くと、蟹坂の集落を抜けた細い旧道沿いの林の中に、蟹塚とよばれる五輪塔がある。『伊勢参宮名所図会』には、昔、この谷に大ガニが住みついて人を害したので、旅僧が教えを説いて退治し、この塚を築いたという伝説が記されている。また、付近を荒らしていた山賊が討たれ、この墓に葬られたという説も伝わる。

この大ガニの伝説にちなんでつくられたとされるのが「かにが坂飴」で、江戸時代から東海道の名物として街道筋で売られていた。畳表でつけた表面の模様は、カニの甲羅を模したものといわれ、現在も昔ながらの方法でつくられている。

鈴鹿峠 ㉓

近江と伊勢を結ぶ峠越えの難所

〈M▶P.167〉甲賀市土山町山中
JR草津線貴生川駅🚌甲賀市コミュニティバス土山本線近江土山乗換え山内巡回線熊野神社🚶20分

蟹坂集落から国道1号線を南東へ3kmほど進むと、土山町山中に至る。さらになだらかな上り坂を約3.5km行くと、右手に大きな石灯籠がみえてくる。万人講常夜灯である。自然石製で、「金毘羅大権現永代常夜燈」「万人講」の銘文がある。金毘羅宮(金刀比羅宮、香川県琴平町)参詣の講中が、航海と道中の安全を祈願して建てたと伝える。

万人講常夜灯から旧東海道を東へ200mほど行くと、鈴鹿峠に至

あいの土山を行く

万人講常夜灯

る。三子山(568m)と高畑山(773m)の鞍部を通る峠で、杉木立が三重県亀山市へと続く。古くから交通の要衝とされ、886(仁和2)年に新しく開かれた鈴鹿越えの官道(阿須波道)は、斎王群行路として利用された。中世にも伊勢参宮の通行などに利用され、土豪の山中氏が鎌倉・室町両幕府の鈴鹿山警固役をつとめた。近世に入ると街道が整備され、東海道の難所として江戸時代中期の狂歌師・戯作者大田南畝の『改元紀行』など紀行文で紹介された。明治維新後、鉄道の開通などで通行量は減少したが、1924(大正13)年の鈴鹿隧道の開通、第二次世界大戦後の国道1号線の整備によって、現在では自動車交通の要所として機能している。

　土山を称した言葉に「あいの土山」がある。「坂は照る照る鈴鹿は曇る　あいの土山雨が降る」と鈴鹿馬子唄に唄われるこの言葉の語源には、坂(坂下宿)に「相対する」土山(土山宿)という説、坂を野洲川西岸の松尾坂とし、鈴鹿峠との「間にある土山」とする説、北伊勢地方の方言「あいのう」(「まもなく」という意味)とする説など、さまざまな解釈がある。鈴鹿峠は、とくに伊勢側からの上りが急峻で、旅人たちは苦労したようである。このため人や荷物を運搬する馬子が重宝され、活躍するようになった。鈴鹿馬子唄は馬子たちの労働歌として生まれ、のちに人形浄瑠璃などの演目の中で登場し、広く知られた。

加茂神社と清凉寺 ㉔㉕
0748-66-0619(清凉寺)

〈M▶P.167,186〉甲賀市土山町青土1049 P／土山町青土854
JR草津線貴生川駅🚌甲賀市コミュニティバス土山本線市役所土山支所🚶40分

静かな山村に伝えられる中世の美

　市役所土山支所バス停から県道9号線を北へ約3km行き、野洲川に架かる青瀬橋を渡ると土山町青土に至る。青土は早くから開け、

190　甲賀

土山の太鼓踊り

コラム 芸

江戸時代の伝統芸能を今に伝える

甲賀市土山町黒川・山女原・黒滝・青土の4地区では、神社の祭礼時に、太鼓踊り（県民俗）が奉納される。この踊りは、室町時代末期から江戸時代初期にかけて流行した「風流踊り」が原型で、室町時代の「小歌」とよばれる流行歌謡で踊る、一種の仮装踊りである。風流踊りは、西日本に広く分布しており、民衆の娯楽であるとともに、雨乞い祈願や疫病払いという性格をもった信仰と結びつきながら浸透していったと考えられる。

土山の太鼓踊りは、踊りの形態などから三重県の伊賀地域を中心とし、県内では甲賀市（上記の4地区、甲賀町上野・五反田・油日地区、信楽町多羅尾・牧地区）・栗東市の一部、奈良県奈良市東部から京都府相楽郡をおおよその範囲として分布する太鼓踊りのグループに属している。このグループは、中踊りの踊り子に鬼面をかぶった棒振りなどの役があること、中踊りを囲んで踊る側踊りの形態が残ること、「ジュンヤク（順逆・順役・神学など）踊り」という曲目を踊ることが特徴とされている。

現在太鼓踊りは、黒川・山女原地区が4月、黒滝地区が7月、青土地区が10月に行っており、近年休止している地域もあるが、地区ごとに昔ながらの伝統行事を保存していく取り組みがなされている。なお、祭礼日が毎年かわるので、見学の場合は事前に確認されたい。

黒滝の太鼓踊り

中世には頓宮牧に属していた。青瀬橋を渡って県道を300mほど行って細い道を右折し、最初の十字路を左へ折れると、加茂神社（祭神天津彦火瓊瓊杵命）がある。社伝によると、大永年間（1521〜28）に飯塚安斎入道という人物が、山城国加茂（現、京都府南部）よりきてこの土地を開き、村の神としてまつったとされる。1526（大永6）年に建立された本殿（附棟札、国重文）は一間社流造で、牡丹唐草の蟇股や若葉の彫刻を施した木鼻がみられる。現在、本殿は覆屋の中にあり、毎年10月の祭礼時のみ公開される。

加茂神社から県道を東へ200mほど行って左折し、突き当りを右折すると、左手に清涼寺（臨済宗）がみえる。当寺は1265（文永2）年、

あいの土山を行く　　191

加茂神社本殿

法燈円明国師がこの地に居住したときに村人が建立し、国師を開山に迎えたと伝えられる。本堂は1802(享和2)年に再建された。本尊の木造釈迦如来坐像(国重文)は鎌倉時代後期の作で、ヒノキの寄木造、玉眼が入っており、重厚な印象である。

若宮神社 ㉖
わかみやじんじゃ
0748-69-0025

〈M▶P.167〉甲賀市土山町大河原1092 P
JR草津線貴生川駅🚌甲賀市コミュニティバス土山本線若宮神社🚶すぐ

商売繁盛の神様として有名

　若宮神社バス停で下車し、西に歩くと、すぐに若宮神社(祭神月読命)に着く。鈴鹿山麓の山間村落として発展してきた大河原では、鎮守社である若宮神社の神主制度が著名で、現在でも伝統的な行事が受け継がれている。神社の管理や神事をとり行うのは、「社中」とよばれる宮座組織で、神主と5人の氏子で構成される。神主は、社中で経験を積んだ者が1年交代でつとめ、その1年間は精進潔斎の生活を送る。

　神事のなかでも、毎年9月28日に行われる神送りには多くの参詣者が訪れる。神送りは、若宮神社の神を出雲国(現、島根県)に送り出す神事で、神主と社中、旧神主の7人によってとり行われる。祭礼前夜から7人は社務所にこもり、信者の祈禱や神事の準備を行う。

　祭礼当日の午前4時頃、神社の参道上に砂の小山がつくられ、午前5時頃になると砂の小山がならされ、その後提灯と榊をもった神主があらわれて、参道を走り抜けて行く。神主は鳥居をくぐり野洲川に向かって走り、川を渡って山中へと消える。榊に宿った神を出雲国へ送ると、もときた道を神社へと戻り、午前5時半頃には終了する。神主が踏んだ砂は、家の周囲にまくと魔除けになるといわれており、参詣者は砂を集めてもち帰る。また、10月13日には、出雲から戻る神を迎える神迎えの神事が、同様に行われる。

③ 忍者の里, 甲南・甲賀

甲賀市甲南町・甲賀町は, 良質の木材を産出し, 奈良時代より甲賀杣とよばれた。戦国時代には, 忍者を生んだ。

正福寺 ㉗
0748-86-2879
〈M ▶ P. 166, 193〉 甲賀市甲南町 杉谷2928 P
JR草津線甲南駅🚌10分, または🚌甲賀市コミュニティバス西線第二小学校🚶10分

やさしい顔の秘仏十一面観音は年1度開帳

　正福寺へは甲南駅よりバスで行くことができるが, 本数が少ないので, 車で移動したほうが便利である。甲南第二小学校を越え少し行くと, 県道132号線と広域農道が交差する杉谷南交差点がある。この交差点を左折して広域農道を200mほど南に進むと, 右手奥に森と長い石段がみえてくる。杉木立に囲まれた石段をのぼると仁王門があり, さらに進むと右手に八坂神社, 左手に正福寺(臨済宗)の本堂がある。

　<u>正福寺</u>は, 聖徳太子が開基したと伝えられ, 平安時代は天台宗の寺院であった。七堂伽藍を備えた大寺院であったが, 織田信長の兵火に遭いすべて焼失した。地域住民の手により兵火を免れた仏像は100年余り小堂にまつられていたが, 寛文年間(1661〜73)に臨済宗の僧実堂によって寺が再興された。

　当寺では毎年8月10日に千日会が行われ, 本尊で秘仏の十一面観音が開帳される。この日は, 1日の参拝で千日分参詣したのと同じ功徳があるとされる。厨子に収められた<u>木造十一面観音立像</u>(国重文)は像高130.2cm, 一木造, 平安時代後期の作で彩色が施されていたが, 現在はほとんど剥落している。やさしい顔立ちで体

甲南町周辺の史跡

忍者の里, 甲南・甲賀　193

正福寺木造十一面観音立像

軀は細身につくられている。江戸幕府5代将軍徳川綱吉がこの観音に経1万巻をあげて祈願し，子を授かったことから，別名「世継ぎ観音」とよばれている。本尊を囲んで，右に像高1.36mで寄木造，穏やかな表情の木造釈迦如来坐像(平安時代作，国重文)，左に像高1.59mで，口元にほんのりと紅の色が残る木造地蔵菩薩坐像(平安時代作)，さらに四天王像と，本堂には多数の仏像がまつられている。なお仏像の拝観には，事前予約が必要である。

正福寺の前の県道337号線を東に600mほど行くと，新治口の交差点に至る。この北東すぐの丘陵に村雨城跡(国史跡)がある。中世の城郭跡である。入口がみつけにくいが，山をのぼると土塁に囲まれた郭跡が残っている。南北朝時代から戦国時代にかけて，甲賀地域には多くの城館や砦がつくられた。県内に城跡は1300カ所あり，その4分の1にあたる300カ所以上が，旧甲賀郡(現，甲賀市・湖南市)にある。城館の多くは，集落を見下ろせる丘陵上に1辺約50mの正方形の敷地をつくり，堀や土塁をめぐらせ，内部に館を建てる小規模で単純な構造をしていたが，村雨城跡もこのような城館跡の典型的な例である。

新宮神社 ㉘ 〈M ▶ P.166, 193〉甲賀市甲南町新治 P

JR草津線甲南駅🚶20分，または🚌甲賀市コミュニティバス西線善願寺🚶2分

室町時代の素朴な茅葺きの門

新宮神社へはバスを利用することができるが，本数が少ないので徒歩で行ったほうがよい。甲南駅前の道を南西に進み，杣川を越え甲賀市役所甲南庁舎横を抜け，さらに南へ約300m進むと県道4号線と交差する。この野田交差点をさらに南に進み，新治口交差点を右折し磯尾川を越えて5分ほど歩くと善願寺がある。この寺の所を左折すると，すぐに新宮神社(祭神伊弉冉尊 ほか)に着く。当社は，一の宮は天平年間(729〜749)に紀伊国の熊野大明神(現，熊野速

新宮神社表門

玉大社〈和歌山県新宮市〉の分霊を倉治(現,甲南市甲南町新治)にまつり,二の宮は1013(長和2)年,保司の伴光常が,常陸国の鹿島大明神(現,鹿島神宮〈茨城県鹿嶋市〉)の分霊を勧請したと伝えられる歴史のある神社である。参道のなかほどにある表門(国重文)は,大斗に「文明十七(1485)年」の墨書銘が記されている。12本の円柱に支えられた素朴な八脚門で,屋根裏に二階柱があることから,当初楼門として計画されたが,何らかの理由により未完成に終わったものと考えられる。屋根は入母屋造・茅葺きで,門の中央に透彫りの蟇股があり,桐に唐草鳳凰など,室町時代の代表的な技巧を用いた文様が施されている。

甲賀流忍術屋敷 ㉙
0748-86-2179

〈M▶P.166, 193〉甲賀市甲南町竜法師2331 P
JR草津線甲南駅🚶30分,または🚌甲賀市コミュニティバス西線忍の里プララ🚶3分

仕掛けが楽しい忍術屋敷

甲南駅から南に約800m進み,県道4号線の野田交差点を左折して竜法師方面(南東)に約600mの竜法師交差点を右折する。忍の里プララ(公民館)を越えて少し行き,右折して細い道に入ると甲賀流忍術屋敷がある。元禄年間(1688〜1704),有力な甲賀武士の1人であった望月氏の居宅として建てられた。茅葺き屋根で,外見は一般の住宅とかわりないが,内部には外敵に備えてさまざまな仕掛けが施されている。一見,普通の引き戸が回転式の戸であったり,床に井戸が掘られていたり,開くはずのない窓が簡単に開いて外に脱出で

甲賀流忍術屋敷

忍者の里,甲南・甲賀　　195

寺庄の六角堂

きたりする。はしごをのぼると中2階があり、さらにその上に隠し部屋とみられる3階部分がある。

忍術屋敷から竜法師交差点に戻り、県道4号線を南東に300mほど進むと、左手に瀬古薬師堂がある。最澄が薬師仏を彫り、疫病退散の修法を行ったという由緒をもつ。毎年9月12日の夜に「流星の会式」が行われる。流星は花火の一種で、竹筒に火薬を詰め、オガラ（皮を剝いだアサの茎）・ヨシなどで尾をつけたもので、点火すると200mほど飛ぶ。山伏や忍者が用いた狼煙から発達したものといわれる。

瀬古薬師堂から県道4号線を約1km南東に進み、野尻交差点を左折して杣川を渡り少し進むと、交差点に寺庄の六角堂がある。棟札の写しから、1788（天明8）年に建てられたことが明らかな六角形の地蔵堂である。屋根の頂上には宝珠がおかれ、軒は2重になっており、それぞれの軒先には、十二支の意匠をもつ瓦があしらわれている。本尊は極彩色の木造地蔵菩薩立像で、杣六地蔵巡拝の1番札所として地域の信仰を集めている。

檜尾寺 ㉚
0748-86-3765

〈M ▶ P.166, 203〉甲賀市甲南町池田43　P
JR草津線甲賀駅🚶15分

重要文化財の千手観音は男性的

甲賀駅南口を出て右折し、北西に200mほど行くと、左手に杣川に架かる多喜橋がある。橋を渡り約500m進むと、広い道が交差しており、右折すると、すぐに大きな石鳥居がみえてくる。田圃のなかの参道を進むと正面に森があり、檜尾神社（祭神天津彦彦火瓊々杵尊ほか）に着く。檜尾神社は、中世より池田・滝の鎮守社として篤く信仰されてきた。いちばん高い所に立つ本殿（附棟札、県文化）は、三間社流造・檜皮葺きの建物で、正面に唐破風がつく。高欄擬宝珠の銘に「宝永三（1706）年」と書かれており、この頃建造されたことがわかる。彫刻が随所に施され、かなり剝落しているが、

甲賀忍者

コラム

戦国時代を生き抜いた甲賀武士たち

甲賀忍者は、猿飛佐助を始め、芝居・映画・小説などの世界では数多く活躍してきたが、その実態はほとんどわかっていない。

1487(長享元)年、室町幕府9代将軍足利義尚は諸大名の兵を動員し、寺社本所領や幕臣所領を押領した近江守護六角(佐々木)高頼を攻めた(六角征伐)。高頼は居城の観音寺城(近江八幡市)を捨て、甲賀武士を頼って甲賀(現,甲賀市・湖南市)に逃れ、抵抗した。甲賀武士は、将軍の陣所である「鈎の陣」(現,栗東市上鈎の永正寺付近)に夜襲をかけるなど、奇襲戦を展開した。

貞享年間(1684〜88)に書かれた『淡海温故録』に、「世に伊賀甲賀の忍びの衆と名高くいうは鈎の陣に神妙の働きあり。日本国中の大軍眼前に見及し故」と記されており、この戦いで甲賀武士が全国的に「忍びの衆」として知られるようになったと考えられる。この戦いに参加した武士は53人いて、とくに夜襲に手柄をあげた者が甲賀二十一士(家)とよばれた。

甲賀武士の多くの出自は、南北朝時代以降、甲賀各地で名主から小領主に成長し、佐々木六角氏の支配下に入った地侍である。戦国時代、甲賀武士は単独では、大きな力をもたなかったため、同族間で「同名中惣」を、旧甲賀郡(現,甲賀市・湖南市)の武士全体で「甲賀郡中惣」という自治組織をつくり、互いに協議して村落支配を行うとともに、内部の紛争を解決し、対外的な戦乱にそなえた。

1568(永禄11)年に始まる織田信長と近江守護六角氏との戦いは、甲賀武士の運命を大きくかえた。六角氏の家臣団の中枢にいた甲賀武士は激しく抵抗したが、一部は信長の家臣となり、六角氏もまた信長に倒された。豊臣秀吉による全国統一(1590年)の後、甲賀の地に新しい支配者が入ると、甲賀武士の多くは農民となった。一部の者が、江戸幕府や大名の諜報・警備・鉄砲隊などに雇われた。

現在では、甲賀武士の末裔という家に伝わる忍術の秘伝書『万川集海』によって、わずかに「忍者」の活動の一端を知るのみとなった。甲賀市には、甲南町竜法師の甲賀流忍術屋敷のほか、甲賀町隠岐に忍者村があり、手裏剣投げなどの忍術が体験できる。

甲賀流忍術屋敷の内部

忍者の里、甲南・甲賀

檜尾寺木造千手観音立像

彩色された社殿である。また、毎年春分の日に行われる御田植祭は、天狗の姿をした猿田彦神と翁の面をかぶった男性、田植えの子どもが登場し、田起こしから田植え、豊作の祈りなどが単純な所作で演じられる。県内では珍しい神事芸能である。

檜尾神社本殿の東隣に、檜尾寺（天台宗）の観音堂がある。檜尾寺は、853（仁寿3）年、円仁によって創建されたと伝えられ、明治時代初期の廃仏毀釈に至るまで檜尾神社の神宮寺であった。かつては観音堂内に、木造千手観音立像（国重文）が安置されていたが、現在は堂左手下の収蔵庫に収められている。秘仏であるが、毎年1月1～3日・2月1日・8月18日の5日間のみ拝観できる。鎌倉時代前期作で、像高178.5cmとかなり大きい。一般的に観音像は女性的な造形であることが多いが、本像は男性的といえ、重厚な体軀・膝下の衣文の翻波などは、平安時代初期の様式を模している。金箔も鮮やかで、42本の手はすべて造立当時のままに残っており、大変保存状態がよい。

大鳥神社 ㉛
0748-88-2008

〈M▶P.166,203〉甲賀市甲賀町鳥居野783　P
JR草津線甲賀駅🚌甲賀市コミュニティバス大原線大鳥神社🚶2分

大鳥神社バス停を降りた所が、大鳥神社（祭神素盞嗚尊ほか）の参道となっている。当社は、中世、大原荘10カ村（現、甲賀市甲賀町）の産土神として荘内の人びとから篤く信仰され、河合祇園社・大原谷の祇園社・河合社牛頭天王などとよばれていたが、1868（明治元）年に社地の旧称「大原荘鳥居野」にちなんで大鳥神社と改称した。当社には、素盞嗚尊坐像と伝わる、平安時代作の木造神像（国重文）がまつられている。

石灯籠の並ぶ参道をくだると、石造の太鼓橋が架かっている。欄干の擬宝珠の1つに刻まれた銘文から、1744（延享元）年に京都の

京都の八坂神社を模した楼門

大原祇園祭

コラム

灯籠をぶつけ合う宵宮　花奪い神事の本祭

　大原祇園祭(大原の祇園行事、県民俗)は、喧嘩祭として知られている。7月23日の宵宮、24日の本祭の2日間を中心に、大鳥神社(甲賀市甲賀町鳥居野)で行われる。祭は、旧大原村(現、甲賀市甲賀町)の9集落が祇園講を組織してとり行う。宵宮では、各集落10戸が踊り番として、灯籠を出す。紙でつくられた祠形の灯籠を頭上に載せた男性が、拝殿の前で輪をつくり、「インヨーエ　ソーライ　ハーヨー　ハーヨー」という言葉を繰り返しながら、互いに灯籠を激しくぶつけ合う。

　各集落の踊りが終わると、最後に、火取りの神事が行われる。獅子が太鼓・笛にあわせて舞い、獅子の口で10基の灯籠の火を踊るようにして順に消していく。火を全部消すことができれば豊作といわれる。

　本祭では、「花奪い」とよばれる荒々しい神事が行われる。大きな傘(傘鉾)を先頭に、花笠をかぶった子どもたちが腹にくくりつけた太鼓や鼓を叩いて囃し立てる。続いて、大人が多くの飾り花をつけた花蓋(神花ともいう)をかつい で楼門の外に集まる。子どもたちは本殿や拝殿前で、太鼓や鼓を叩きながら輪になってまわり、「インヨーエ　ソーライ」の掛け声で輪の中心に集まり、太鼓や鼓をぶつけ合う。楼門の外では、大勢の大人が背丈ほどの青竹をもって2列に並び、その間を2人が花蓋をもって駆ける。花蓋が青竹によって激しく叩かれ倒されると、先端に飾られた花を見物をしている人びとが奪い合う。

　昔から、神花とよばれる飾り花を家にもち帰り神棚に飾ると、疫病を免れると信じられてきたため、奪い合いも激しいものとなった。「喧嘩祭」とよばれるのも、その激しさからである。各集落から神前に供えられ、神前から楼門外に持ち出された花蓋がすべて奪われると、花奪い神事は終わる。

大原祇園祭宵宮

石工杉本文右衛門がつくったことがわかる。石段をのぼると、八坂神社(京都府京都市)の楼門を模してつくられた朱塗りの楼門がある。楼門から続く回廊、拝殿は整然と配置されており、一段高く透塀で囲まれて立つ本殿は、江戸時代初期の様式を残している。楼門・回廊・拝殿と祝詞殿(中門)・神楽殿・神饌所・神輿蔵・社務所は

忍者の里、甲南・甲賀

大鳥神社楼門

1919(大正8)年につくられたもので、国の登録有形文化財となっている。

櫟野寺 ㉜
0748-88-3890

〈M ▶ P.166, 203〉 甲賀市甲賀町櫟野1359 Ⓟ
JR草津線甲賀駅🚌15分、または🚌甲賀市コミュニティバス大原線櫟野観音前🚶2分

県内最大の十一面観音坐像

櫟野寺(天台宗)は、中世には甲賀六大寺の1つとして繁栄し、現在は「いちのの観音さん」の名で親しまれている。櫟野観音前バス停横の石灯籠と観音の石仏が並ぶ参道を進むと、仁王門がある。室町時代の作で、もとは大鳥神社の別当寺であった河合寺(廃寺)にあったとされる、木造金剛力士像が安置されている。仁王門を入ると、正面に宝形造の本堂、その裏に収蔵庫(大悲閣)がある。

当寺は792(延暦11)年、最澄が比叡山に延暦寺を建てるため良材を求めてこの地にきたとき、イチイの生木に一刀三礼のもと、本尊の木造十一面観音坐像(国重文)を彫刻し、まつったのが始まりと伝えられる。本像は、収蔵庫内の巨大な厨子に収められており、普段は秘仏とされる県内最大の坐像で、像高は3.12mである。一木造、平安時代初期につくられ、目鼻立ちがはっきりした、金箔で覆われた仏像である。

収蔵庫には本尊を始め、重要文化財の仏像20軀、滋賀県や甲賀市指定の文化財の仏

櫟野寺木造聖観音立像

像がある。802年，征夷大将軍坂上田村麻呂は，櫟野寺の観音に戦勝を祈願し，鈴鹿峠（甲賀市・三重県亀山市）の山賊を討伐した。その礼として，806（大同元）年みずから等身大の像を彫り，本尊のかたわらに安置したのが，木造毘沙門天立像（国重文）といわれる。像高1.63m，甲冑に身をかため，右手に宝剣，左手に宝塔を掲げ，忿怒の形相をしている。

　十一面観音坐像の厨子の向かって右に，ふくよかな顔立ちの木造薬師如来坐像（国重文）がある。像高2.22m，寄木造の金色像である。平安時代の作で，もとは末寺である詮住寺（廃寺）の本尊であった。左には「文治三(1187)年」銘をもつ木造地蔵菩薩坐像，さらに本尊を取り囲むように8軀の聖観音立像（いずれも国重文）が立ち並ぶ。なかでも平安時代初期作の，もっとも背の高い像高1.7mの聖観音立像は，ヒノキの一木造，細身でやや腰をひねった姿が目を引く。そのほか，鑿の削り跡が残る鉈彫り像で，足を台座から完全に彫り出していない聖観音立像，同じく鑿の跡を残す木造吉祥天立像（平安時代作，国重文）など，注目すべき像は多い。

阿弥陀寺 ㉝
0748-88-3721

〈M ▶ P. 166, 203〉甲賀市甲賀町櫟野1172　Ｐ
JR草津線甲賀駅🚌15分，または🚌甲賀市コミュニティバス大原線櫟野観音前🚶6分

櫟野寺の末寺の1つかわいらしい誕生釈迦仏

　櫟野寺には7つの末寺があり，その1つに阿弥陀寺（浄土宗）がある。阿弥陀寺は櫟野寺前の道を東に300mほど行くとある。戦国時代に堂宇をことごとく焼失し，1609（慶長14）年道松によって再興され，天台宗から浄土宗に改宗された。現在の本堂は，1959（昭和34）年に改築されたものである。

　本堂の中央に，本尊の木造阿弥陀如来坐像（国重文）がまつられている。像高1.09m，一木造で，塗箔はほとんど剝落して木の素地がみえ，全体は黒色になっている。ふくよかな顔立ちの平安時代初期作の仏像である。左の脇壇には，木造聖観音立像（平安時代初期作，国重文）が安置されている。像高1.03m，一木造の金色像で穏やかな表情をしている。左端には木造薬師如来立像（県文化）がある。一木造で，重厚な体軀などから，平安時代初期の作と考えられている。右の脇壇には銅造誕生釈迦仏立像がある。像高10.6cm，右手を挙

阿弥陀寺木造阿弥陀如来坐像

げたかわいらしい像で、白鳳期から奈良時代前期の作である。仏像の拝観は事前予約が必要。

油日神社 ㉞
0748-88-2106

〈M ▶ P.166, 203〉甲賀市甲賀町油日1042 P
JR草津線油日駅🚌8分、または🚌甲賀市コミュニティバス油日線油日会館🚶3分

今も残る室町時代の神社建築

バスの便があまりないので、車での移動がよい。県道4号線を三重県方面に向かい、油日交差点を左折、県道131号線を約1.7km行くと油日神社(祭神 油日大神ほか)に着く。

油日神社は、平安時代の歴史書『日本三代実録』にその名がみえる古い神社である。神社の東に聳える油日岳(699m)を神体とし、頂上には奥宮(岳大明神)があり、水の神がまつられている。当社は里宮で、油の神をまつっており、全国の油を扱う企業から油缶が奉納されている。

両側に石垣が積まれた参道を進むと、楼門及び廻廊(国重文)がある。楼門は解体修理時に発見された墨書から、1566(永禄9)年に建造されたことが判明している。三間一戸、入母屋造・檜皮葺きで、楼門につなげて東西両側に4間、さらに北に5間の板張りの廻廊が続く。向かって右側の廻廊のみ、1間の土間がある。廻廊も檜皮葺きで、かつての宮座の面影を残している。楼門を入ると拝殿があり、

油日神社楼門

甲賀町周辺の史跡

一段高い玉垣内に本殿(ともに国重文)が立っている。本殿は棟札(本殿の附指定で国重文)より，1493(明応2)年に上棟されたことがわかっている。三間社流造・檜皮葺き，右の蟇股には雲と竜，左には竹と虎，中央には牡丹唐草に勧進者の花押を彫り，脇障子の鏡板には舞楽する人物が彫られている。拝殿は桃山時代のもので，方3間，入母屋造・檜皮葺きで，正面・背面に軒唐破風がついた変化のある外観になっている。

　油日神社の例大祭(油日祭)は毎年5月1日に行われるが，5年に1度奴振りとよばれる行列が行われる。最近では2006(平成18)年に実施された。そのほかに，不定期で雨乞い神事である太鼓踊(国選択)が奉納される。

　楼門の右手奥に甲賀歴史民俗資料館がある。甲賀武士(甲賀忍者)の資料や，甲賀市の地場産業である製薬業と家庭薬配置販売業についての資料，油日神社社殿改修時の棟札18枚などが展示してある。また，油日神社に伝わる「永正五(1508)年」銘がある福太夫面(県文化)と，墨書から福太夫面と同一の作者によって作成されたと考えられる，「ずずい子」とよばれる木製の人形も展示してある。

忍者の里，甲南・甲賀

④ 陶都信楽

信楽には、奈良時代に紫香楽宮が造営された。鎌倉時代に始まった信楽焼は、今も地場産業として盛んである。

飯道神社 ㉟　〈M ▶ P.166, 205〉甲賀市信楽町宮町　P
JR草津線貴生川駅🚶150分、または信楽高原鐵道紫香楽宮跡駅🚶120分、または紫香楽宮跡駅🚌15分、下車後🚶40分

飯道山上にある神社　極彩色の華麗な本殿

　飯道神社(祭神伊弉冉尊ほか)は、甲賀市の中央に位置する飯道山(664m)の南の尾根のかなり高い所にある。貴生川駅からは、飯道寺・三大寺登山口からのぼり、飯道山山頂を経て飯道神社に至り、信楽高原鐵道紫香楽宮跡駅に着くという丸1日のコースとなり、軽登山の準備が必要である。車で行く場合は、信楽町宮町から県道53号線を500mほど北上すると、右手に飯道神社の参道がみえる。参道を1kmほど車で進むと鳥居があり、右奥に休憩所と駐車場がある。ここから徒歩で木製の階段や、かなりきつい山道を40分ほどのぼると、飯道神社に至る。飯道神社は、社伝によれば役行者(役小角)の開基で、714(和銅7)年、熊野本宮(現、熊野本宮大社〈和歌山県田辺市〉)から分霊した神社とされ、奈良時代に造営された紫香楽宮との関連でまつられた神社と考えられる。

　現在の**本殿**(附 宮殿・棟札・銘札・古材・地垂木・天井板裏桟、国重文)は、1975(昭和50)〜78年に解体修理が行われ、建物の部材の墨書から、1650(慶安3)年に再建されたことがわかった。本殿はこの解体修理によって、創建当時の姿に復元され、彩色されて美しい。桁行3間・梁間3間に向拝3間がつく大きな建物である。入母屋造・檜皮葺き、正面に千鳥破風、向拝の庇に唐破風と2種類の破風がつけられている。庇のまわりに、裳腰とよばれる庇がさらにせ

飯道神社本殿

甲賀

飯道山周辺の史跡

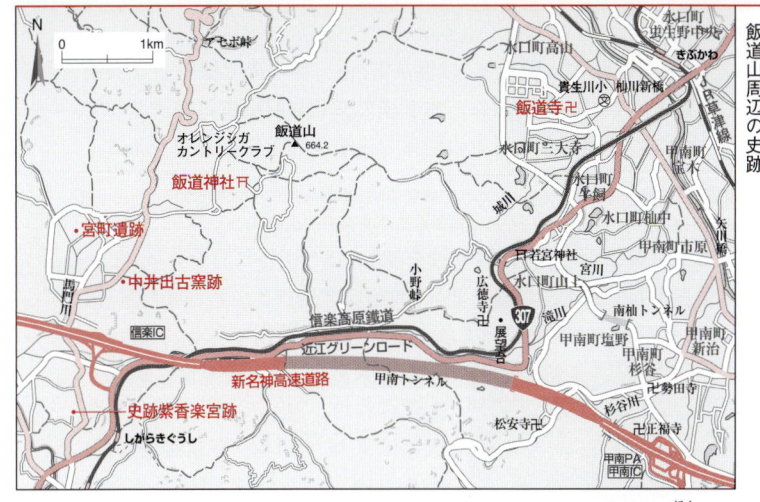

り出しており，本殿のまわりに霜除けの囲いがつけられている。本殿内陣は素木であるが，外側は朱や漆で塗られ，金箔を押し，飾り金具で装飾された極彩色の華麗なものである。

飯道神社の周辺には，飯道寺の坊院（僧侶の住居）跡の石垣が20カ所余り残っている。飯道神社に隣接して建立された飯道寺は，平安時代に神仏習合により創建され，最盛期の室町時代初期には58の僧坊をもち，日本の修験道の中心地の1つであったが，明治時代の神仏分離政策により廃寺になった。

1892（明治25）年，飯道寺の里坊で，三大寺登山口近くにある本覚院を飯道寺（天台宗，甲賀市水口町三大寺）と改称し復興され，修験道の儀式である笈渡しの儀などを継承している。現在の飯道寺の本尊は，木造阿弥陀如来坐像（国重文）で像高86cm，寄木造で平安時代末期の作といわれる。また，木造十一面観音立像（平安時代末期作，国重文）は像高1.1m，彩色されていたがほとんど剥落している。腰をわずかにひねり右足を少し前に出しており，丸顔で穏やかな表情は気品に満ちている。木造地蔵菩

飯道寺木造十一面観音立像

陶都信楽　205

薩立像(鎌倉時代作，国重文)は像高97cm，寄木造で穏やかな表情をしている。これらの仏像は，本堂横の文化財収蔵庫に安置されている。仏像の拝観は5人以上の団体で，事前の予約が必要である。

史跡紫香楽宮跡 ㊱

〈M ▶ P.166, 205〉甲賀市信楽町黄瀬 P
信楽高原鐵道紫香楽宮跡駅🚶20分

明らかになってきた紫香楽宮の姿

紫香楽宮跡駅から国道307号線を600mほど南西に行き，牧東交差点を右折して県道53号線を北に300mほど進むと，紫香楽宮跡(国史跡)に着く。アカマツに囲まれた静かな史跡公園である。

紫香楽宮は，聖武天皇によって造営された。740(天平12)年，聖武天皇は平城京(現，奈良県奈良市)から東国行幸の旅に出発し，そのまま平城京には帰らず恭仁京(現，京都府木津川市)・難波宮(現，大阪府大阪市)・紫香楽宮と都を遷した。紫香楽宮は，742年離宮として建設が始まった。翌年には大仏造立の詔により，信楽の甲賀寺(甲可寺，廃寺)で盧舎那仏の造立が始められた。745年元旦には「新京」と称されたが，4月に山火事や地震が続いたため，5月には紫香楽宮は廃止となり，都は平城京へ戻された。大仏造立は東大寺(奈良県奈良市)で引き継がれ，752(天平勝宝4)年，開眼供養が行われた。

宮町遺跡から発見された大型建物跡

史跡紫香楽宮跡

信楽町黄瀬から牧にかけての丘陵は，古くから「内裏野」「寺野」とよばれ，

206　甲賀

信楽町周辺の史跡

多くの礎石があることが知られていた。1930(昭和5)年，最初の学術的な紫香楽宮跡発掘調査が行われた結果，西側の区画に中門・金堂・講堂が一直線に並び，講堂の北に僧坊があり，東側の区画に塔を配する東大寺に似た伽藍配置をもつ寺院跡であることが判明した。史跡紫香楽宮跡は，甲賀寺跡か近江国の国分寺跡であるという説が有力視されている。

　史跡紫香楽宮跡から北に約2km行った信楽町宮町に，宮町遺跡がある。1971(昭和46)年頃，田の区画整備の工事中に3本の柱根が発見され，調査の結果，743(天平15)年頃に伐採された木材を使用していることがわかった。1984(昭和59)年から宮町遺跡の発掘調査が始まり，奈良時代中期の建物跡・土器・木簡などが多数発見された。2000(平成12)年には，信楽町宮町公民館の西側で南北100m以上・東西約12mという長大な建物跡がみつかり，翌年にはその東側でも対になる建物跡が発見された。これらは紫香楽宮の朝堂(政務を執行した所)跡とみられ，宮町に紫香楽宮の中心部分があったことが証明された。2005年，宮町遺跡で主要な遺構が出土した範囲19.3haが，国史跡紫香楽宮跡に追加指定された。

　宮町遺跡近くの宮町遺跡調査事務所の一角に，宮町遺跡の写真や出土品の展示室があり，平日のみ見学ができる。また，調査事務所から東に徒歩約5分の県道53号線沿いに，中井出古窯跡(県史跡)が

陶都信楽

ある。室町時代後半の穴窯跡である。斜面を利用した長さ約16m，最大幅約4mの大型の窯で，信楽焼の歴史を知ることができる貴重な遺跡である。

信楽窯元散策路 ㊲

〈M ► P.166, 207〉 甲賀市信楽町長野 P
信楽高原鐵道信楽駅 徒5分，またはJR東海道本線（琵琶湖線）石山駅 バス信楽方面行信楽駅 徒5分

登り窯や窯元をゆっくり散策

　信楽駅を出ると，左手に高さ5mを超える大きなタヌキが迎えてくれる。駅前の道の両側には，信楽焼を並べた店が続く。駅から国道307号線を越えて450mほど西に行くと，信楽伝統産業会館がある。紫香楽宮跡から出土した約1250年前の瓦や，室町時代から現代に至るまでの信楽焼の陶器が展示されている。信楽伝統産業会館のすぐ北に新宮神社（祭神素盞嗚尊ほか）があり，この地域の産土神として篤く信仰されている。鳥居の左右にある狛犬は陶器でできており，焼き物の里であることを実感させる。

　新宮神社横のゆるやかな坂道は窯元散策路になっており，陶器の道標や，道路中央に埋め込まれた，ろくろや壺などがデザインされた陶板がその目印になっている。坂道を徒歩で10分ほどのぼると二本松地蔵堂があり，ここを左に折れる。この分岐点に，現在も使われている登り窯がある。少し行くと，ポケットパーク（休憩所）があり，そこから下におりる散策路と，さらにのぼる散策路に分かれる。後者をたどると，陶器の製造工場や窯元，今は使われなくなった登り窯などを通り，丁字路に行き当る。ここまでが窯元散策路で，左に折れて7分ほど歩くと国道307号線に出る。国道を左に進むと，信楽駅方面に戻る。

滋賀県立陶芸の森 ㊳
0748-83-0909

〈M ► P.166, 207〉 甲賀市信楽町勅旨2188-7 P
信楽高原鐵道信楽駅 徒20分，またはJR東海道本線（琵琶湖線）石山駅 バス信楽方面行陶芸の森前 徒5分

陶芸の多面性・奥深さを知る

　信楽駅より国道307号線に出て北へ1.5km行き，陶芸の森交差点を左折して坂をのぼると，すぐに陶芸の森に至る。

　滋賀県立陶芸の森は，丘陵を利用した3つの施設からなる。丘の麓にあるのが管理事務所と創作研修館で，国内外の陶芸家を招いて作品の制作や研修が行われており，一般の人は利用できない。丘

信楽焼

コラム

産

土の味わいが残る陶器　炎の芸術

信楽焼は、甲賀市信楽町で生産される陶器であるが、その歴史は古く、日本六古窯の1つに数えられる。六古窯とは、鎌倉時代・室町時代から焼き物をつくり、今もその伝統を受け継いでいる焼き物の生産地で、常滑・瀬戸（ともに愛知県）・信楽・越前（福井県）・丹波（兵庫県）・備前（岡山県）の6窯をいう。

信楽焼の特徴は、陶土の特性をいかした大物造りであり、1m以上の大きな製品がつくられてきた。また、穴窯や登り窯での焼成時に、炎や灰によってつくられる「火色」「ビードロ」「焦げ」とよばれる独特の色や素朴な土の風合などもあげられる。

信楽で本格的な焼き物の生産が始まったのは、鎌倉時代中期（13世紀後半）以降といわれる。最初は、甕・鉢（すり鉢）・壺を生産していたが、室町時代末期から茶の湯（茶道）が流行すると、信楽焼の素朴な風合が茶道具として人気を集め、茶陶の窯としても知られるようになった。しかし、信楽焼のおもな生産品は生活雑器であり、それは人びとの生活様式にあわせて、時代とともに変化してきた。江戸時代には灯明皿や急須・徳利・茶壺が、明治時代には火鉢・植木鉢が大量に生産された。現在は、花器や食器・庭園陶器、さらには建築用タイルなど、その種類は多岐にわたっている。信楽焼といえばタヌキの置物が有名であるが、現在のようなタヌキが生産されるようになったのは、昭和時代に入ってからである。

信楽焼

の中腹に信楽産業展示館と太陽の広場がある。信楽産業展示館は、信楽焼の産業製品を幅広く展示・紹介している。建築用のタイル・食器・花器・庭園陶器・植木鉢などが展示されており、斬新なデザインのものも多い。また、全国から公募した陶芸展が開かれることもある。太陽の広場の南角には、登り窯と穴窯が築かれている。信楽町黄瀬で発見された16世紀後半の穴窯（金山遺跡2号窯）も復元されており、自由に見学できる。丘のいちばん高い所にあるのが陶芸館である。全国でも数少ない陶芸専門の美術館である。日本だけでなく国外の陶芸家の作品も展示し、企画展も行われている。

陶都信楽

陶芸館の西に続く尾根の頂上に「星の広場」とよばれる野外展示場があり、創作研修館などで制作された大きな作品が展示されている。星の広場に登ると信楽の中心の町並みが一望できる。

玉桂寺（ぎょっけいじ）㊴
0748-83-0716
〈M ► P.166, 207〉 甲賀市信楽町勅旨891 Ⓟ
信楽高原鐵道玉桂寺前駅 🚶 2分

境内には巨大な不動明王が立つ

玉桂寺前駅から大戸川に架かる鉄製の吊り橋（保良の宮橋）を渡ると、すぐに玉桂寺（真言宗）がある。寺伝によれば奈良時代末期に創建され、文徳天皇や後花園天皇らが帰依したといわれる。山門を入ると、右手にたくさんの石造の地蔵があり、後方には巨大な不動明王像が立っている。一段高い所に本堂があり、途中の石段脇には、コウヤマキ（県天然）が生い茂っている。

玉桂寺には、木造阿弥陀如来立像（国重文）が安置されていた。像高98cmの寄木造で、鎌倉時代初めに快慶がつくったといわれる。目鼻立ちが整った美しい仏像である。1979（昭和54）年の解体修理の際、像内から造像願文や結縁交名など、多数の像内納入品（阿弥陀如来立像の附指定で国重文）が発見された。願文から、浄土宗の開祖法然の遺徳を偲び、弟子の源智が全国の信徒によびかけて、1212（建暦2）年につくったことがわかった。結縁交名は、源智のよびかけに応じた人びとが、法然と同じように極楽往生できることを願って名を記したもので、数万人の名前が記されている。この阿弥陀像および像内納入品は、2010（平成22）年に玉桂寺から源智ゆかりの浄土宗（総本山知恩院、京都市）に譲り渡された。

玉桂寺とコウヤマキ

MIHO MUSEUM ㊵
0748-82-3411

〈M ▶ P.166〉甲賀市信楽町桃谷300 P
JR東海道本線（琵琶湖線）石山駅🚌MIHO MUSEUM行終点🚶すぐ

桃源郷をイメージした美術館

　MIHO MUSEUMは、アメリカの建築家イオ・ミン・ペイの設計で、1997（平成9）年に開館した美術館である。MIHO MUSEUMバス停で降りると、すぐレセプション棟があり、300mほどゆるやかな坂をのぼると美術館に至る。4月上旬から中旬には、この道の両側にシダレザクラが咲き、見事である。トンネルを抜け深い谷に架かった全長約120mの非対称の吊り橋を渡ると、入母屋風の屋根をデザインした入口がみえてくる。美術館の建物は、その面積の約80％が地下にあり、正面からはあまりみえないが、内部は明るく斬新な設計で、建物自体がすぐれた美術品であるといえる。

　常設展示は、中国・西アジア・南アジア・ギリシア・ローマの古代美術が中心である。2世紀頃のガンダーラの仏陀立像、紀元前1世紀から1世紀頃のローマのフレスコ画、古代エジプトの大型木造ナクト像、紀元前9世紀頃のアッシリアのレリーフなど、質量ともにすぐれたコレクションが展示してある。企画展は、年に2・3回行われる。なお、開館期間が通年ではないため、注意が必要である。

MIHO MUSEUM

小川城跡 ㊶

〈M ▶ P.166〉甲賀市信楽町小川
信楽高原鐵道信楽駅🚌甲賀市コミュニティバス多羅尾ルート小川口🚶25分、または信楽駅🚌15分、下車後🚶15分

徳川家康が一夜をすごした城

　県道138号線を信楽町江田から約2km南西に行くと、信楽町小川に着く。小川口バス停より南に約250m進み、大光寺と刻まれた石碑の所を右折すると、約500m先に奈良時代に行基によって開かれたと伝えられる大光寺（真言宗）がある。寺には、鎌倉時代この地に

陶都信楽

小川城跡

住んだ関白近衛家基と子の経平,経平の子高山太郎師俊の墓がある。高山師俊は,戦国時代にこの地を支配した多羅尾氏の祖といわれる。

　小川口バス停から南に約150m行き,城趾登山口の案内板の所を左折,東に約400m進み小川城入口の案内板の所を右折して山道を800mほどのぼった城山頂上に, 小川城跡(県史跡)がある。信楽荘(現,甲賀市信楽町)の荘官であった鶴見氏が,14世紀頃に築城した城を,天正年間(1573～92)に多羅尾氏が改築・拡張したものと考えられている。9カ所の郭跡のほか,郭を囲む土塁や空堀・門跡などが確認されている。

　1582(天正10)年の本能寺の変のとき,徳川家康は大坂の堺(現,大阪府堺市)から少数の部下を伴い,国元の三河(現,愛知県)へ向かった。途中,家康は小川城で1泊し信楽を通過したが,このとき,多羅尾光俊父子が助力したことから,江戸時代には多羅尾氏が代官に任じられた。その職は明治維新まで世襲された。現在の信楽町多羅尾に代官信楽陣屋という役所がおかれ,近畿一円の幕府直轄領の支配が行われた。この役所を「多羅尾代官所」「信楽御役所」とよんでいる。

　小川城跡から県道138号線をさらに南へ4kmほど進むと,多羅尾に着く。茶屋出の交差点を西に向かい,川沿いの道を約1kmほど進み,多羅尾上出バス停付近の西の小高い森が多羅尾代官陣屋跡である。入口の石垣にわずかに面影が残るが,内部は私有地のため立ち入ることはできない。茶屋出の交差点を東に約100m行くと,左手に滝ノ脇の磨崖仏がある。大小21体の石仏や五輪塔が陽刻され,中央の阿弥陀如来坐像の右側の光背面に「正中二(1325)年」の年号が刻まれている。さらに4kmほど東に行くと,三重県との県境に御斉峠がある。眼下には伊賀上野(三重県伊賀市)の盆地が一望で

きる。御斉峠の手前約300mには多羅尾代官陣屋の仕置場(処刑場)跡が残り，「南無阿弥陀仏」「南無妙法蓮華経」と彫られた2基の石碑が立っている。

【滋賀県のあゆみ】

原始・古代

　滋賀県は本州のほぼ真ん中に位置し，その中央には琵琶湖が存在している。柿本人麻呂の「淡海の海　夕浪千鳥　汝が鳴けば　情もしのに　古思ほゆ」(『万葉集』巻三)のように，琵琶湖は，古くは淡海の海，淡海，鳰の海などと記されていた。国名の近江は，浜名湖(現，静岡県)のある「遠つ淡海」(遠江)に対して，平城京に近い淡水の湖という意味の「近つ淡海」から転訛したものであった。

　400万年ほど前に，三重県の伊賀地方に数km四方の小さな湖が誕生した。この湖が琵琶湖の原型といわれている。のち，土砂などで何度も埋まりながら，徐々に北に移動し，30～40万年前にほぼ現在の位置に至り，1万～1万5000年前にほぼ現在の姿になったといわれている。琵琶湖は数十万年以上の歴史をたどることができる，世界でも有数の古代湖である。

　江戸時代に，大津市伊香立南庄町で発見されたトウヨウゾウの化石を始め，1950(昭和25)年に大津市小野でシガゾウ，犬上郡多賀町からは1万～20万年前のナウマンゾウや，150～200万年前のアケボノゾウの化石が発見されている。また，1万数千年前に使用されたナイフ形石器や掻器・尖頭器などが，散発的ながら県内各地から出土しており，早くから人びとの活動があったことをうかがわせている。

　縄文時代に入ると，現在は琵琶湖底となっている場所にも，人びとの生活がおよんでいたことが判明する。縄文時代早期の遺跡としては，大津市石山寺近くの石山貝塚が著名であり，縄文土器を始め，セタシジミやコイ・シカなどの骨がみつかっており，当時の人びとの生活を知ることができる。大津市の粟津湖底遺跡には，縄文時代早期から中期にかけての3つの貝塚が連なっており，セタシジミを主とする貝層と，トチ・ドングリ・クルミなどの堅果類を主とする植物遺体層が，交互に重なって発見された。このほか，湖底遺跡として守山市の赤野井湾遺跡や彦根市の松原内湖遺跡も知られている。また，奥琵琶湖の長浜市湖北町葛籠尾崎湖底遺跡は水深70mの地点にある。遺跡が形成された理由については，祭祀の場所であったとする説や，何らかの理由で水没したとする説などがあり，謎が多い。

　縄文時代後期の正楽寺遺跡(東近江市)には，直径1.3mの大型炉を中心に，6つの大型柱穴が円形に並ぶ，巨大木柱遺構とよばれる柱穴列が存在し，祭祀の広場跡と考えられている。また，大津市穴太遺跡からも，豊饒を祈る祭祀で使用されたとみられる1対の男女の生殖器をかたどった木製品が出土している。縄文時代晩期の北仰西海道遺跡(高島市)からは，土器棺墓96基・土壙墓100基前後が密集した，西日本で最大規模の墓地が発見された。

　弥生時代の遺跡は，湖東と湖北に多く存在する。1964(昭和39)年に発見された大中の湖南遺跡(近江八幡市安土町)は，大量の木製農具や石包丁が発見され，

矢板で囲まれた湿田などの遺構をもつ，弥生時代中期のわが国の農耕集落を代表する遺跡の１つである。その後，多くの遺跡が発見され，稲作は水田化しやすい琵琶湖岸の低湿地から始まったことが明らかになった。縄文時代晩期から鎌倉時代にかけての小津浜遺跡(守山市)は，滋賀県でもっとも初期の農耕集落であり，近くの服部遺跡(守山市)からも，弥生時代前期の水田跡が発見された。また，同じ守山市の弥生時代中期後半の下之郷遺跡や，弥生時代後期の伊勢遺跡は環濠集落である。下之郷遺跡では，柵や物見櫓・高殿風の建物遺構が検出されている。伊勢遺跡では，独立棟持柱建物が立ち並ぶ「王の居館」とみられる区画が存在している。また，下鈎遺跡(栗東市)からも，弥生時代後期の棟持柱付大型建物が２棟みつかっている。野洲市の大岩山では，1881(明治14)年に14個，さらに1962(昭和37)年には10個の銅鐸が発見された。いずれも，２世紀後半〜３世紀前半のものである。なぜ大量の銅鐸が山の中に埋められたのかは，わかっていない。

　古墳時代の遺跡は数えきれないほど多い。前期（３世紀末〜４世紀）の前方後円墳である雪野山古墳(東近江市)は未盗掘であり，埋葬当時の状況が詳細にわかる貴重な古墳である。竪穴式石室からは三角縁神獣鏡など，豊富な副葬品が出土した。古墳時代後期の６世紀前半につくられた稲荷山古墳(高島市)には，奈良県二上山産出の凝灰岩でつくられた家形石棺が横穴式石室に安置され，金銅製の冠や沓・馬具などの副葬品に，大陸文化の影響が強くみられる。

　渡来人によって朝鮮半島から伝えられた大陸文化は，日本海側の若狭(現，福井県南部)・越前(現，福井県北部)を経由して，近江一円に広がっていった。鬼室氏一族は，東近江市や蒲生郡日野町に百済の石造文化の影響を残し，愛知郡には依智秦氏が定住した。大津市の坂本から錦織までの一帯は，「志賀漢人」と総称される渡来人たちの本拠地であった。この地域には，春日山古墳群(200基以上)・穴太野添古墳群(約180基)・百穴古墳群(約150基)など，古墳時代後期の群集墳が30カ所以上，合計1000基以上も発見されている。これらの群集墳は横穴式石室の玄室をドーム状につくり，入口に小型水炊具一式(竈・甕・甑・鍋)が副葬されるという渡来人独特のものであった。『日本書紀』垂仁天皇３年の条に新羅の王子天日槍が日本に移り住み，近江の「阿名村」でしばらく滞在し，彼の従者の一部が「鏡村」に住み着き，須恵器をつくったという伝説が記されている。蒲生郡竜王町鏡では，６世紀後半から８世紀にかけての100基を超す須恵器の窯跡が発見されている。近江は多くの渡来人が移り住み，大陸の先進的な文化が摂取された所である。

　近江の古代豪族は継体天皇の擁立など，当該期の政局とも深くかかわってきた。最初の遣隋使となった小野妹子は，滋賀郡小野(現，大津市小野)を本拠地とした小野氏の出身であり，妹子の子孫には，小野篁・小野道風ら有能な人物が輩出した。また，630年に第１回遣唐使に任命された犬上御田鍬は，犬上郡の出身だったといわれている。

大化改新(645年)で政権を握った中大兄皇子は，積極的な政治改革を行った。都は難波(現，大阪市)に遷されたが，数年で飛鳥(現，奈良県)に戻った。667(天智天皇6)年には近江の大津宮に遷され，翌年，中大兄皇子は天皇(天智天皇)に即位し，近江令や最初の戸籍である庚午年籍をつくった。これより先，日本は百済救援のために朝鮮半島に出兵するが，663(天智天皇2)年，白村江の戦いで唐・新羅連合軍に敗れた。こうした軍事的緊張が高まるなかで遷都は行われたのである。大津宮の位置については長く不明であったが，1974(昭和49)年に，中枢部が大津市錦織にあったことが判明した(近江大津宮錦織遺跡，国史跡)。しかし，天智天皇の死によって，大友皇子(弘文天皇)と大海人皇子(天武天皇)が，後継者の座をめぐって争った壬申の乱(672年)がおこり，大津宮はわずか5年で廃都となった。

　その後，近江では2度宮都が営まれた。紫香楽宮(現，甲賀市)と保良宮(現，大津市)である。ただし，双方とも正式の首都ではなく，恭仁京や平城京の離宮としての性格が強いものであった。このうち，2000(平成12)年に「朝堂院」の一部とみられる建物跡が発掘された紫香楽宮は，聖武天皇が743(天平15)年に大仏造立の詔を出し，大仏が体骨柱まで組み立てられた場所であったが，造仏は2年余りで中止され，都も平城京に戻された。大仏は752(天平勝宝4)年，奈良東大寺において完成した。また，2002(平成14)年に行われた大津市膳所城下町遺跡の発掘調査の際に，聖武天皇が740(天平12)年に東国に行幸したときにつくられた，禾津頓宮とみられる建物跡が発見された。

　保良宮は，759(天平宝字3)年，当時の最高権力者藤原仲麻呂の主導によって造営が始められた。保良宮の位置についてはまだ確定していないが，大津市の石山国分遺跡辺りという説が有力である。藤原氏と近江との深い関係は，藤原不比等が死後，淡海公と追号されたことにもあらわれている。

　藤原京や平城京造営に必要な材木を近江国内から集めた際，集積地となった所に石山寺が創建された。石山寺は平安時代には，平安京から近い観音霊場として信仰を集め，917(延喜17)年の宇多天皇の参詣を始めとして，紫式部や藤原道綱の母ら，都の貴族や庶民が多く参詣するようになった。

　近江は東海道・東山道・北陸道の3本の官道が通る交通の要衝であり，国境には鈴鹿・不破・愛発の三関がおかれた。平安時代になると，愛発にかわって逢坂の関が三関に数えられるようになり，畿内と畿外を分ける場所として重視された。琵琶湖もまた重要な交通路で，北陸諸国の荷物は，湖上を塩津(現，長浜市西浅井町)から大津に至り，そこから京都に陸送された。

　さらに，近江の古代を彩ったのは比叡山延暦寺の創建(788年)である。桓武天皇による平安京遷都にともなって，御所の鬼門をまもる鎮護国家の道場として繁栄した。開祖である最澄の死後，円仁・円珍・良源・源信らの高僧を輩出して天台宗は大きく発展し，やがて仏教界の大勢力となった。しかし，993(正暦4)年に山

門(円仁派, 延暦寺)と寺門(円珍派, 園城寺)に分裂し, 以後, 鎌倉時代末期に至るまで, 両門が対立・抗争を繰り返すようになった。

東大寺や石山寺の建築用材の提供と深くかかわって, 甲賀地方には良弁開基と伝わる長寿寺・常楽寺・少菩提寺などの寺院が存在した。また, 最澄開基と伝える櫟野寺や善水寺などの寺院があり, 平安時代以降, これらは天台宗寺院として発展し, 観音信仰の対象となった。甲賀地方は, 十一面観音が近江でもっとも多く残る地域で, 重要文化財指定の平安仏が16軀伝えられている。また, 湖北地方にも向源寺(渡岸寺観音堂)の十一面観音立像を始めとする, すぐれた平安時代の観音像が伝えられている。

中世

中世の近江では,「近江源氏」の名で知られる佐々木氏がひときわ重要な役割をはたした。佐々木氏には2つの流れがある。奈良時代から蒲生郡・神崎郡の大領(郡の長官)として活躍した佐々貴山君氏と, 宇多天皇の系譜を引き, 平安時代中期から佐々木荘(現, 近江八幡市安土町・東近江市)に住み着いて勢力を伸ばした佐々木氏である。後者の流れを汲む佐々木秀義とその一族が, 鎌倉幕府の成立に大きな功績をあげ, 近江など13カ国の守護に補任された。しかし, 佐々木氏は承久の乱(1221年)において, 後鳥羽上皇方に加わったため, 守護職を近江・出雲・隠岐の3カ国に削減された。13世紀中頃, 佐々木氏は惣領家で近江守護の六角氏, 坂田郡の大原荘(現, 米原市)を本拠とする大原氏, 高島荘(現, 高島市)の高島氏, 甲良荘(犬上郡甲良町・多賀町)の京極氏に分立する。大原・高島・京極3家は惣領家六角氏の被官とはならず, 直接, 鎌倉幕府と結びついた, きわめて独立性の高い庶子家であった。

佐々木氏一族が割拠するなかで, 近江はふたたび動乱の時代を迎える。鎌倉幕府の滅亡と, それに続く南北朝の内乱である。このとき佐々木高氏(京極導誉)が台頭し, 評定衆や政所執事など室町幕府の重職についた。導誉は『太平記』で, 朝廷や寺社の伝統的権威を恐れず傍若無人にふるまう婆娑羅大名の典型として描かれているが, 一方では, 茶道・花道・猿楽などに精通した文化人でもあった。導誉の活躍によって, 京極氏は六角氏をしのぐようになり, 室町幕府侍所の頭人(長官)を世襲する四職家の1つとなった。

近江には, 大和(現, 奈良県)・山城(現, 京都府)について, 多数の荘園が存在した。その200カ所余りの荘園の7～8割が, 延暦寺(山門)関連のものである。延暦寺と近江守護佐々木氏による荘園をめぐる争いもおこっている。また, 荘園領域の拡大過程においては境界争論が繰り返され, 天台修験道の霊場葛川と伊香立荘(ともに現, 大津市)というどちらも延暦寺に属する荘園の争論は, 史料上確認できるものだけでも10度におよんでいる。

また, 13世紀以降畿内近国を中心に荘園や郷の内部で惣(惣村)という自治的な村

落共同組織が形成された。近江は惣が典型的に発達した地域であった。湖東の今堀村(現,東近江市今堀町)では,1489(延徳元)年に20カ条からなる惣掟(「今堀地下掟書案」今堀日枝神社文書)が作成されて,村人と惣との関係が詳細に規定された。また,菅浦(現,長浜市西浅井町)は隣の大浦との堺相論(境界の訴訟)に延暦寺を味方にすることで勝利した。このような中世の惣の姿を知ることができる貴重な古文書が滋賀県には多く残されており,今堀日枝神社文書を始め,菅浦文書,大嶋神社・奥津嶋神社文書(近江八幡市)など国の重要文化財に指定されているものもある。また,甲賀郡(現,湖南市・甲賀市)では,在地の地侍が形成した自治組織である郡中惣もみられた。

中世になっても,近江の交通上の重要性にはかわりがなかった。湖上交通のほか,湖東を通る東山道沿いには,長野一日市・愛知川五日市(ともに現,愛知郡愛荘町),八日市(現,東近江市)など,多くの市庭(定期市)ができ,賑わった。

得珍保(現,東近江市八日市周辺)とよばれる延暦寺の荘園の住人で,鎌倉時代より商業に従事した保内商人は,石塔・小幡(ともに現,東近江市)・沓懸(現,愛荘町)の商人とともに山越四本商人とよばれて,近江八幡から八日市・永源寺(東近江市)を経て八風峠を越えて三重県桑名に通じる八風街道などを利用して,伊勢(現,三重県)と近江の通商を独占した。一方,北の若狭(現,福井県南部)との通商を独占したのが田中江(現,近江八幡市)・小幡(現,東近江市)・薩摩・八坂(ともに現,彦根市),湖西の高島南市(現,高島市安曇川町)のいわゆる五箇商人であった。16世紀には,守護佐々木六角氏の保護を得て,保内商人が若狭へも進出し,五箇商人と同様の役割をはたすようになった。

宗教の面では延暦寺が強大な権力と化し,僧兵による「神輿振り」とよばれる朝廷への強訴も,13世紀末から14世紀にかけて慢性化するようになった。こうした現状に不満を抱いた法然・親鸞・栄西・道元・日蓮は比叡山を出て,いわゆる鎌倉新仏教を創始した。15世紀中期になると,親鸞の子孫である本願寺8世蓮如が堅田(現,大津市)や金森(現,守山市)などに布教して,近江が真宗(浄土真宗)王国となる基礎を築いた。

応仁の乱(1467〜77年)を契機に室町幕府は弱体化して,戦国時代が始まった。足利将軍は戦乱を避けて,しばしば近江で逃亡生活を送っている。戦国の動乱のなかで,湖北では主家京極氏の内訌に乗じて浅井氏が台頭し,戦国大名としての地位を確立した。しかし,長政の代の1573(天正元)年に,織田信長に滅ぼされた。湖南においては,六角氏が観音寺城を拠点にして信長に対抗したが,結局滅亡した。

県内には中世の城館が約1300あった。近江八幡市安土町と東近江市にまたがる繖山に築かれた観音寺城や浅井氏の小谷城(長浜市湖北町)など大規模なものもあったが,多くは50m四方ほどの敷地に館をつくり,土塁や堀で囲む小規模なものであった。

近世

　1576(天正4)年、織田信長が安土山に安土城を築き始めた。安土城は従来の中世城郭とは一線を画した、豪壮な5層7重の天守閣をもつ「みせる城」であった。また、信長は「安土山下町定」を発して、楽市楽座を実施している。しかし、本能寺の変(1582年)において信長は横死し、安土城も灰燼に帰した。その跡を継いだのは羽柴(豊臣)秀吉で、山崎の戦い(1582年)で明智光秀を、賤ヶ岳の戦い(1583年)では柴田勝家を破り、やがて全国を統一した。豊臣政権にとって、近江は重要な基盤であり、蔵入地とよばれる直轄領が多く設けられている。さらに、石田三成・長束正家・片桐且元・蒲生氏郷・藤堂高虎を始め、近江出身の多数の武将が政権を支えた。

　秀吉の死後、関ヶ原の戦い(1600年)がおこり、徳川家康が石田三成らを破って江戸幕府を開いた。近江には家康の重臣井伊直政が入部し、彦根藩主となった。同藩は石高35万石、近江の総石高84万石の5分の2を占める譜代大名筆頭の大藩で、西国大名の監視と京都守護を任務とした。江戸時代井伊家からは5人の大老が出ている。そのうち幕末の直弼は、内憂外患の多難な時期に政局運営にあたったが、1860(万延元)年桜田門外の変で凶刃に倒れた。また、湖南には、1601(慶長6)年に、同じく京都守護のため膳所藩6万石がおかれ、戸田一西より数代藩主の変遷があった後、1651(慶安4)年に本多俊次が藩主となり、明治維新まで本多氏が世襲した。しかし、この両藩をのぞくと、近江は幕府領・小藩領・旗本領などが錯綜していた地域で、江戸時代後期には、11人の領主をもつ村さえみられた。

　江戸時代に入ると、近江は一層活況を呈した。国内を通る諸街道は旅人で賑わい、大津絵や草津宿の姥が餅といった名産品も生まれた。また、中山道鳥居本宿から分岐して彦根・八幡を経由し、中山道守山宿に至る街道は「朝鮮人街道」とよばれ、将軍の代替わりや慶事の際、江戸に向かう朝鮮通信使が往来した脇街道であった。湖上交通も盛んで、大津には北国の物資が運ばれ、幕府や加賀藩(現、富山県の大部分・石川県)など19の諸藩の蔵屋敷が設けられていた。物資輸送においては、当初大津百艘船仲間が大きな力をもっていたが、江戸時代中期以降、彦根三湊(彦根・長浜・米原)の船仲間なども活躍するようになった。

　江戸時代、全国的に商業活動を行った近江出身の商人を「近江商人」という。おもな出身地は八幡(現、近江八幡市)、高島(現、高島市)、日野(現、蒲生郡日野町)、五個荘(現、東近江市)などである。近江では、麻布・蚊帳・縮緬・合薬などの特産品がつくられた。近江商人がそれらを天秤棒による行商で、おもに北関東や東北に運んで販売し、帰路には現地の産物を仕入れて京都や大坂で売りさばく「鋸商い」を行った。近江商人は、ある程度の資産を得ると、要地に出店を構え、出店の分布が各地に広がると、需要・供給にあわせて出店相互間で商品を回送する「産物回し」の方法をとった。このように合理的な商法で財を成したが、生活は質

素・倹約を心がけ、「売手よし」「買手よし」「世間(に)よし」の「三方よし」の精神で、地域社会への貢献も忘れなかった。

学問・教育・文化の面では、日本陽明学の祖中江藤樹とその門人熊沢蕃山、日朝関係に大きく貢献した雨森芳洲、国学者の北村季吟・伴蒿蹊、鉱石収集家で日本考古学の祖ともいわれる木内石亭、鉄砲鍛冶の国友一貫斎(藤兵衛)ら多彩な人物を輩出した。また、近江は俳諧の盛んな土地柄であり、松尾芭蕉は1690(元禄3)年頃、大津を拠点に活動した。これを契機に、俳諧熱は一層高まって近江俳壇が形成され、彦根藩士森川許六は蕉門十哲の1人に数えられた。18世紀末以降、彦根藩の稽古館(のち弘道館と改称)や膳所藩の遵義堂、水口藩の翼輪堂など藩校の開校があいついだ。さらに、天保年間(1830～44)には450以上の寺子屋や私塾があり、学問・教育の基盤を底辺で支えていた。

18世紀中期になると、江戸時代の制度の諸矛盾が顕在化し、近江でも百姓一揆や村方騒動が増加し始めた。このなかで1842(天保13)年に、甲賀・野洲・栗太3郡の農民が蜂起した一揆では、一揆勢の要望が通り、幕府の検地を断念させている。しかし、首謀者らは江戸で獄死し、「天保義民」として伝承されるようになった。

近代・現代

明治維新の激動のなかで、近江も大きく揺れた。愛知郡愛荘町の金剛輪寺では赤報隊、東近江市五個荘金堂町の弘誓寺では高松実村隊という、倒幕のための草莽隊が結成された。また、膳所藩は累積債務激増のため、城を解体して売却したうえで、藩士を帰農させる「帰田法」を実施した。さらに、新政府が神仏分離令を発したのを契機に、大津市の日吉大社や高島市北部の神社で廃仏毀釈が発生し、多数の仏像・経典・仏具類が失われた。奥琵琶湖に浮かぶ竹生島では、宝厳寺から都久夫須麻神社が強制的につくられた。

1872(明治5)年、旧近江国一国を領域とする滋賀県が成立し、初代県令松田道之はその直後に、全国に先駆けて地方議会の萌芽ともいうべき「議事所」を設置した。その後、滋賀県は一時、現在の福井県若狭地方を管轄し、日本海に面することになったが、1881年に分離し、現在の県域になった。

明治10年代に入ると、滋賀県においても自由民権運動が高まりをみせ、大津自由党が結成された。このなかで1881年の県会は、地方税の増徴などをめぐって紛糾を重ねた。1891年には、来日中のロシア皇太子ニコライが、警備の巡査津田三蔵に襲撃された大津事件がおこり、全国を揺るがせた。また、同年県庁の彦根移転をめぐって、県会が中止となる事態も発生している。

琵琶湖にも新しい波が押し寄せ、1869(明治2)年に大津の一庭啓二が、日本で最初の湖上蒸気船「一番丸」を就航させた。さらに、1883年には日本初の湖上鋼鉄船が運航を開始した。しかし、1889年に東海道線が全通するなど、県内の鉄道網が整備されるにしたがって、琵琶湖を舞台とした貨客輸送は減り始め、かわって湖上

遊覧が主力となった。

1890年には、大津と京都を結ぶ琵琶湖疏水が完成している。疏水は滋賀県令籠手田安定や県民が反対したにもかかわらず、京都府知事北垣国道が強引に政府の許可をとり進められた事業であったが、工事そのものは日本土木史上の一大金字塔となるものであった。また、1896年に未曽有の大水害が発生したのを契機に、琵琶湖の治水対策が本格化し、9年後に大津市南郷の瀬田川に水量を調節する南郷洗堰が完成した。

この大水害を契機に、犬上郡磯田村(現、彦根市)出身者を中心に、北アメリカ・カナダへの移民が急増した。とくに、カナダのバンクーバーには、多くの滋賀県出身者が居住するようになった。あまり知られていないが、滋賀県は全国でも有数の移民県だったのである。

近代になると、近江商人の活動も企業形態に移行し、日本経済に大きな影響を与えるものもあらわれた。滋賀県は後継者育成のために商業教育を重視し、滋賀県商業学校(現、県立八幡商業高校)や大津実業補習学校(現、県立大津商業高校)が創設された。さらに、アメリカ人ウィリアム・メレル・ヴォーリズが設立した近江兄弟社は、キリスト教の伝道や医療活動だけでなく、幼稚園や女学校を設立するなど教育にも力をつくした。

滋賀県の産業構造は長く農業を中心としたが、大正時代末期以降、大津南部地区にレーヨン(人造絹糸)工場群が進出した。湖北や湖東にも鐘淵紡績長浜工場や、戦後の労働争議(1954年)で知られる近江絹糸彦根工場、長浜市高月町出身の山岡孫吉が開いたヤンマーディーゼルの工場などがつくられた。アジア・太平洋戦争中、滋賀県には空襲の被害はあまりなかったが、大阪から多数の児童が学童疎開をしてきている。

戦後、GHQ滋賀軍政部のマートンやジョージ・カワグチの民主化教育の嵐が吹き荒れた。また、糸賀一雄・田村一二らは、戦災孤児・浮浪児・知的障害児などを収容する近江学園を設立し、障害児教育に多大な成果をあげ、今もその伝統が受け継がれている。

1964(昭和39)年、名神高速道路の開通にともない、さらなる工場の進出や、京阪神のベッドタウン化による人口急増により、琵琶湖の汚染が進み、淡水赤潮やアオコが発生するようになった。このため住民の間から、粉せっけん使用運動がおき、1980年には「琵琶湖富栄養化防止条例」が施行された。さらに、第1回世界湖沼会議(1984年)もあり、2000(平成12)年には、主要8カ国(G8)環境大臣会合も滋賀県で開かれた。2006年には「近江八幡の水郷」(近江八幡市)が、日本で最初の国の重要文化的景観に選定され、2008年には「高島市海津・西浜・知内の水辺景観」(高島市)も重要文化的景観に選定された。こうした次世代に美しい琵琶湖を伝える取り組みは、住民も参加して、現在も続けられている。

滋賀県のあゆみ

【地域の概観】

大津北部

　大津市は琵琶湖のまわりをとりまくように存在しているので、北と南ではずいぶん離れているうえに、互いの行き来は京阪電車が一部をつないでいるものの、JR湖西線と琵琶湖線が県外の山科（京都府）での乗り換えが必要であるなど、まったく別の市町村のようでもある。ここでは、湖西線の沿線にあたる大津北部を対象とする。

　大津北部の地域は真水が手に入りやすいこともあって、縄文時代の遺跡に始まり、人びとが早くから住んでいたことが確認されている。古墳は、北の高島から、さらにその先の日本海を経由して大陸から伝わったとみられる、朝鮮式の玄室をもつものが点々と存在している。その石細工の技能が時代を経て穴太衆積みに受け継がれたものと考えられる。

　大津北部が大きく脚光を浴びるのは、667（天智天皇6）年中大兄皇子によって、大津宮に遷都されたときであった。翌年、即位して皇子は天智天皇となり改新を進めていくが、その舞台はこの地であった。2008（平成20）年にJR湖西線西大津駅を大津京駅に変更することが発表され、それによってここに宮（天皇の住居と政治の場）だけが存在したのか、京（役所や道路なども存在する地域）もあったのか、議論が再燃してきている。

　つぎは壬申の乱（672年）の舞台として注目されるが、それは大津宮の存在とともに、大津が交通の要衝であるところに起因している。大津は歴史上、何度も大きな出来事を迎えているが、それもみな、琵琶湖の存在抜きには語ることができない。湖上交通、それは物資を大量に運ぶ手段が船しかなかった昭和時代初期まで重要であった。荷揚げした荷物を京に届ける、馬借とよばれる人びとの存在も、正長の土一揆（1428年）で知られるようになるが、馬借による運送業が成立していたことも交通の多さを示している。織田信長の安土城が対岸に築かれたことや堅田が繁栄したことも湖上交通が大きな理由であった。

　さらに、この地が歴史的に意味をもつのは、宗教によってである。大津宮の頃に崇福寺が築かれたが、788（延暦7）年に比叡山に延暦寺が創建されて以降、比叡山東麓の坂本は日吉大社とともに、信仰の地としても栄えてきたのである。やがて園城寺（三井寺）や浮御堂が建立され、蓮如はこの地で御文を書き、一休禅師も滞在した。しかし、戦国時代末期の信長の焼討ちによって、多くの寺院は失われてしまった。近世には幕府領とされ、年貢米の積み卸しの地として発展していく。逢坂山を越える荷車の通行の便を図るために敷かれた車石の存在は、多くの荷車が行き来したことを示している。

　春のサクラ、秋の紅葉、夏の湖水浴やヨット遊び、冬の雪景色やスキー場への道すがら、と湖西の道は楽しい。堅田から山道をたどれば途中越を経て、京都大原

へ行くことができ、途中(大津市)で道を北にとれば葛川を経て朽木(高島市)に行くことができる。歴史と信仰と季節に彩られ、琵琶湖というゆとりを前にして、湖西の時間はゆったりと流れているようである。

大津中・南部

大津市は南北に長い市域をもっている。ここでは皇子山付近を北の端とし、田上山(主峰太神山、600m)など湖南アルプスとよばれる南部の山岳地帯までの地域を対象とする。

この地域で最初に人の存在が確認できるのは、関津遺跡から出土した角錘状石器で、2万～1万5000年前のもので県内最古級である。約8000年前の縄文時代早期につくられた石山貝塚では、セタシジミを中心とする貝類、コイなど魚類やシカ・イノシシの骨などがみつかっており、食生活の一端をうかがい知ることができる。また、JR東海道本線(琵琶湖線)瀬田川鉄橋の北約200mの琵琶湖の湖底にある粟津湖底遺跡は3つの貝塚からなり、縄文時代早期から中期にかけての遺跡である。この地域は、稲作に適した低湿地があまりなかったためか、弥生時代の遺跡・遺構は少ない。

古墳時代になると、前期の膳所茶臼山古墳、中期の国分大塚古墳などの前方後円墳が、後期には園山古墳群、田上・上田上地域の枝古墳群・新免古墳群などの群集墳が築かれ、この地域の開発が進んだことがうかがえる。

672年の壬申の乱の最後の戦いが勢多(瀬田)橋であったことが『日本書紀』に記されている。この時代から瀬田川には橋が架けられ、承久の乱(1221年)や南北朝の内乱など歴史を決するいろいろな戦いの場となった。大津宮は廃都になったが、奈良の藤原京や平城京造営のため、田上山が杣(材木を切り出す山)に指定され、ヒノキなど多くの用材が切り出された。「正倉院文書」には、奈良に用材を運ぶため、石山に役所を建てて監督したとある。この役所が起源で、石山寺へ発展したことを『石山寺縁起』は伝えている。また、奈良時代中期、国分辺りに離宮として保良宮がつくられたと考えられている。8世紀から10世紀頃にかけて、瀬田川東岸の丘陵上には、国司が政務を行う近江国庁がおかれた。12棟の倉庫群跡の残る惣山遺跡や国司の館と思われる青江遺跡など、国庁関連の遺跡も付近に点在している。

平安時代後期に、膳所・晴嵐地区から対岸の瀬田付近は粟津橋本御厨がおかれ、その住民は供御人とよばれ、朝廷に淡水魚介類を納めていた。膳所の地名は、内膳司に生鮮魚介類を貢進していたことからきているといわれる。中世、粟津橋本供御人は荘園領主の保護により、京都の生鮮魚介市場での独占的な販売権を得、大きな力をもつようになった。中世はまた寺社の力が隆盛な時代であり、西国三十三所観音霊場の札所に組み込まれた石山寺や園城寺(三井寺)などは、多くの巡礼者で賑わった。

近世になり、豊臣秀吉は大津に大津城を築き、「大津百艘船仲間」を組織して湖

上水運を独占的に支配するようになった。大津は北国や東国からの年貢米の集散地として大きな役割をはたした。江戸時代になり、大津城が廃止され、南部にあらたに膳所藩がおかれて、膳所城が湖畔に築かれた。しかし、大津の地理的な重要さはかわらず、江戸幕府は大津を直轄地として代官を派遣し、直接支配した。また、大津は東海道の宿場町としても繁栄した。

明治時代になり湖上蒸気船「一番丸」が就航し、東海道線や大津電気軌道(現、京阪電鉄石山坂本線)の開通などもあり、湖上水運は観光遊覧というあらたな性格を帯びるようになった。大津も商業だけでなく、観光都市としての面をもつようになった。1890(明治23)年に琵琶湖疏水が開削され、1896年の琵琶湖大洪水を契機にした南郷洗堰の建設など、交通・運輸・水利などにおいて近代化が進んだ。戦後は、市民会館・生涯学習センター・歴史博物館などが建設され、豊かな文化都市づくりが進められている。

湖南

この地域は琵琶湖の東南にあたり、草津市・栗東市・守山市・野洲市におよぶ。西に比叡・比良の峰、東に金勝山、そして近江富士とよばれる秀峰三上山(432m)を望むことができる沃野であり、古くから文化の栄えた所である。この文化の基盤となった諸要因を考えながら史跡を探訪するのも、興味深いことである。考えられるいくつかの要因をあげながら史跡をみてみよう。

まず、「水」と「金属」があげられる。現在、守山市と野洲市のほぼ境を流れる野洲川は、かつて守山市の南部(旧野洲郡と栗太郡の境)を流れていたといわれる。この荒れ川が形成した広い沖積平野は、豊かな食料を供給し人びとの生活を支えてきた。また、旧東海道・中山道沿いは野洲川扇状地の扇端にあたり、湧水地となっていた。人びとは「水」に対して崇敬と畏怖の念をもった。金勝山の主峰竜王山(604m)は水と関わりのある竜神信仰を思わせ、勝部神社・住吉神社(ともに守山市)で行われる火祭りの松明も竜に似せてつくられる。この「水」が高度な農耕文化の基礎となった。下之郷遺跡や伊勢遺跡(ともに守山市)からは稲作に関する遺物が多く出土し、弥生時代にムラが形成されたことがわかる。また、この地域は「金属」にかかわる史跡も多い。野洲市大岩山から出土した銅鐸は有名であり、草津市には奈良時代の製鉄遺跡である野路小野山製鉄遺跡・木瓜原遺跡がみられる。

つぎの要因として、「大陸からの進んだ技術」があげられる。この地域の古代文化の担い手は渡来系の人びとであり、栗東市狛坂磨崖仏や野洲市兵主大社などの史跡にも、大陸の影響を色濃く残しているものが多い。

最後に交通についてみてみる。この地域の文化にもっとも大きな影響を与えた要因は、「交通の要地」である。陸路では、東海道と中山道の合流点にあたり、草津宿本陣跡を始め、道中薬を売っていた旧和中散本舗(栗東市)、県内に唯一残る今宿一里塚(守山市)など、街道沿いに多くの史跡を残す。また、琵琶湖の湖上交

通も繁栄し、矢橋港跡や志那の浜周辺史跡、織田信長が湖水奉行に任じた芦浦観音寺(草津市)など、水運にかかわる史跡も多い。

この地域は、農耕に欠くことのできない「水」に恵まれ、早くから「金属」加工など「進んだ技術」が発達し、人や物資の行き交う「交通の要地」であった。この地で、人びとは寺社を建て、戦をおこし、街道を往来し、物を運び歴史を築きあげてきた。この地域の史跡を歩くとき、地域に生きた先人たちの足跡を感じることができる。

甲賀

この地域は滋賀県の最南端にあり、三重県・京都府と境を接する。野洲川とその支流の杣川流域の甲賀谷、大戸川流域の信楽谷に分けられ、山がちな地域である。「平成の市町村大合併」で甲賀市・湖南市が誕生するまで、甲賀郡という行政区画が古代より続いた。甲賀は『日本書紀』などでは、「鹿深」「甲可」などとも表記され、「こうが」と濁らずに「こうか」と読む。

縄文時代早期の油日縄文遺跡(甲賀市甲賀町油日)や寺山遺跡(甲賀市甲南町新治)が発見されたが、多くの遺跡は、古墳時代中期の5世紀以降のものである。この地域の開発は、古墳時代に進められたと考えられる。

甲賀は奈良時代、甲賀杣とよばれた。杣とは材木を切り出す山であり、甲賀は古代より良材を都に提供する地域であった。聖武天皇が紫香楽宮の造営を始めたのも、甲賀杣があったからであろう。東大寺(奈良市)の開基に尽力した良弁や天台宗の開祖最澄が開いたと伝える寺院も多い。甲賀には寺院建築などの用材を求めた都の人びとの影響と思われる、平安時代や鎌倉時代のすぐれた仏像彫刻が多く残されている。杣人の伝統は江戸時代にも受け継がれ、甲賀杣大工が活躍した。

甲賀は都から近く、つねに時代の風を受けてきた地域である。壬申の乱(672年)を始め、源平の戦い・南北朝の動乱・織田信長による全国統一の戦いなどがこの地で戦われた。南北朝時代以後、甲賀の武士たちの多くは、近江守護佐々木六角氏の支配下に入った。強力な武士がいなかったので同族がまとまって「同名中惣」や、郡全体で「郡中惣」を結び、用水争論や境争論など内部のもめ事を協議により解決し、対外的には協力して戦うという独特の態勢をつくりあげた。また、甲賀は中世の城砦跡が300カ所以上みつかっており、滋賀県でもっとも密集して城がつくられた地域である。甲賀武士の戦術はゲリラ戦や諜報による戦いが中心であり、大軍により相手を撃破するものではなかった。修験道の中心地の1つ飯道山(甲賀市・湖南市)の修験者は、布教のため全国を自由に行き来した。戦国時代に、この修験者の行動と大名たちの情報収集の要求とが結びついて、忍者が生まれたという説もある。

江戸時代、甲賀では東海道に、石部・水口・土山の3つの宿駅が設けられた。とくに水口は、加藤氏の水口藩が成立し、郡の中心的な町になった。ただ、水口藩

地域の概観

は2万石の小藩で，郡内は多くの領主により分割支配が行われた。

　明治維新で甲賀郡は10区に分けられ，郡役所が水口に開設された。1890(明治23)年，関西鉄道草津線(草津・上柘植間)が全通し，新しい交通の動脈となった。1954(昭和29)～58年の町村合併で甲賀郡は石部町・甲西町・水口町・土山町・甲南町・甲賀町・信楽町の7町となった。2004(平成16)年10月に石部町・甲西町が合併し湖南市が，水口町・土山町・甲南町・甲賀町・信楽町が合併し，甲賀市が誕生した。甲賀市では2008年，新名神高速道路の草津田上IC・亀山JCT間が開通し，観光や物流のあらたな大動脈となっている。

【文化財公開施設】　　　　　　　　　　　　　　①内容，②休館日，③入館料

石山寺豊浄殿　〒520-0861大津市石山寺1-1-1　TEL077-537-0013　①石山寺の所蔵する宝物，②春と秋の展示期間中のみ開館，③有料

近江神宮時計館・宝物館　〒520-0015大津市神宮町1-1　TEL077-522-3725　①古代から現代に至るさまざまな時計と関連資料，②月曜日(祝・休日をのぞく)，③有料

大津市歴史博物館　〒520-0037大津市御陵町2-2　TEL077-521-2100　①大津の歴史・文化，大型町並み模型の展示，②月曜日(祝日をのぞく)，祝日の翌日(土・日曜日をのぞく)，年末年始，③有料

大津絵美術館　〒520-0036大津市園城寺町33 円満院内　TEL077-522-3690　①江戸時代から現代までの大津絵，②無休，③有料

大津市長等創作展示館・三橋節子美術館　〒520-0035大津市小関町1-1　TEL077-523-5101　①日本画家三橋節子の作品，②月曜日(祝日の場合は翌日)，祝日の翌日(日曜日をのぞく)，③有料

大津祭曳山展示館　〒520-0043大津市中央1-2-27　TEL077-521-1013　①原寸大の曳山模型，ビデオ上映，②月曜日(祝日の場合は翌日)，盆，年末年始，③無料

香の里史料館　〒520-0352大津市伊香立下在地町1223-1　TEL077-598-2005　①農村の民家を再現，昔の生活用品・農具など，②月・火曜日，祝日，年末年始，③無料

史跡義仲寺　〒520-0802大津市馬場1-5-12　TEL077-523-2811　①松尾芭蕉に関する墨書・軸・愛用の椿の杖など，②月曜日(祝日をのぞく)，③有料

湖族の郷資料館　〒520-0242大津市本堅田1-21-27　TEL077-574-1685　①堅田の歴史・文化・民具，②水曜日，年末年始，③有料

滋賀県立近代美術館　〒520-2122大津市瀬田南大萱町1740-1　TEL077-543-2111　①近代日本画，滋賀県ゆかりの美術，アメリカの現代美術，②月曜日(祝日の場合は翌日)，年末年始，③有料

滋賀県埋蔵文化財センター　〒520-2122大津市瀬田南大萱町1732-2　TEL077-548-9681　①県内の埋蔵文化財を紹介，企画展など，②土・日曜日，祝日，年末年始，③無料

財団法人膳所焼美術館　〒520-0837大津市中庄1-22-28　TEL077-523-1118　①古膳所焼を始めとする近江の古窯の作品，とくに茶陶，現在の膳所焼，②月曜日(祝日をのぞく)，年末年始，③有料

建部大社宝物殿　〒520-2132大津市神領1-16-1　TEL077-545-0038　①社宝の木造女神像や春秋の祭礼に使用する御輿，古文書，出土品，②随時開館(要予約)，③有料

田上郷土史料館　〒520-2112大津市牧1-8-32　TEL077-549-0369　①農具，生活用品，「雁皮紙」の資料，江戸時代の古文書，②随時開館(要予約)，③無料

田上鉱物博物館　〒520-2275大津市枝3-8-4　TEL077-546-1921　①田上山や日本全国の山野で採集された結晶鉱物標本，②随時開館(要予約)，③有料

渡来人歴史館　〒520-0051大津市梅林2-4-6　TEL077-525-3030　①近江と渡来人，日本と韓国・朝鮮の関係史資料，②月・火曜日，③有料

比叡山国宝殿　〒520-0116大津市坂本本町4220　TEL077-578-0001　①比叡山延暦寺が所有する仏像・仏画・書籍・美術工芸品など，②無休，③有料

水のめぐみ館アクア琵琶　〒520-2279大津市黒津4-2-2　TEL077-546-7348　①旧洗堰の実

	物大模型，田上山の砂防工事の歴史の写真・パネル，②火曜日(祝日の場合は翌日)，年末年始，③無料
草津市立草津宿街道交流館	〒525-0034草津市草津3-10-4　TEL077-567-0030　①草津宿の町並み模型，旅籠の復元，街道と宿場の資料，②月曜日(祝日の場合は翌日)，祝日の翌日(土・日曜日をのぞく)，年末年始，③有料
草津宿本陣	〒525-0034草津市草津1-2-8　TEL077-561-6636　①草津宿の本陣を公開，②月曜日(祝日の場合は翌日)，祝日の翌日，年末年始，③有料
滋賀県立琵琶湖博物館	〒525-0001草津市下物町1091　TEL077-568-4811　①琵琶湖の自然，琵琶湖と人びとの歴史，淡水魚などの水族展示室，②月曜日(祝日の場合は翌日)，年末年始，③有料
財団法人佐川美術館	〒524-0102守山市水保町北川2891　TEL077-585-7800　①日本画家平山郁夫と彫刻家佐藤忠良の作品，樂吉左衛門作の茶陶，②月曜日(祝日の場合は翌日)，年末年始，1月15〜31日，③有料
守山市立埋蔵文化財センター	〒524-0212守山市服部町2250　TEL077-585-4397　①守山市内の遺跡で発掘された出土品，②火曜日(祝日をのぞく)，祝日の翌日(土・日曜日，祝日の場合は翌日)，年末年始，③無料
下之郷史跡公園	〒524-0013守山市下之郷1-12-8　TEL077-514-2511　①下之郷遺跡出土品や環濠の露出展示など，②火曜日，祝日の翌日，年末年始，③無料
銅鐸博物館(野洲市歴史民俗博物館)	〒520-2315野洲市辻町57-1　TEL077-587-4410　①銅鐸発見の歴史，銅鐸の形・文様・鋳造方法など，②月曜日(祝日をのぞく)，祝日の翌日(土・日曜日・祝日をのぞく)，年末年始，③有料
大角家住宅(旧和中散本舗)	〒520-3017栗東市六地蔵402　TEL077-552-0971　①製薬機械，薬屋の看板，江戸時代の本陣のたたずまいの残る邸宅，②随時開館(要予約)，盆，年末年始，③有料
栗東歴史民俗博物館	〒520-3016栗東市小野223-8　TEL077-554-2733　①栗東市の歴史・民俗に関する資料，②月曜日(祝日をのぞく)，祝日の翌日(土・日曜日・祝日をのぞく)，年末年始，臨時休館日要事前確認，③無料
滋賀県立陶芸の森陶芸館	〒529-1804甲賀市信楽町勅旨2188-7　TEL0748-83-0909　①信楽焼および国内外の現代陶芸家の作品，②月曜日(祝日の場合は翌日)，12月18日〜3月16日，③有料
甲賀市信楽伝統産業会館	〒529-1851甲賀市信楽町長野1142　TEL0748-82-2345　①信楽焼の伝統と歴史を紹介，②木曜日(祝日の場合は翌日)，年末年始，③無料
MIHO MUSEUM (ミホ ミュージアム)	〒529-1814甲賀市信楽町桃谷300　TEL0748-82-3411　①エジプト・ギリシア・ローマ・西アジア・中国などの古代美術，日本の仏教美術，②月曜日(祝日の場合は翌日)，開館期間要事前確認，③有料
甲賀の里忍術村 甲賀忍術博物館	〒520-3405甲賀市甲賀町隠岐394　TEL0748-88-5528　①甲賀忍者に関する資料，②月曜日(祝日の場合は翌日)，年末年始，③有料
甲賀市甲賀歴史民俗資料館	〒520-3413甲賀市甲賀町油日1042　TEL0748-88-2106　①甲賀武士や製薬に関する資料，油日神社の棟札や祭礼用具，②月曜日(祝日をのぞく)，年末年始，開館日要事前確認，③有料

甲賀流忍術屋敷　〒520-3311甲賀市甲南町竜法師2331　TEL0748-86-2179　①望月出雲守旧宅，甲賀忍者の道具や装束，②年末年始，③有料

甲賀市甲南ふれあいの館　〒520-3321甲賀市甲南町葛木925　TEL0748-86-7551　①農具や生活民具，前挽き鋸の製造用具，②月曜日(祝日の場合は翌日)，年末年始，③無料

旧土山本陣　〒528-0211甲賀市土山町北土山1628　TEL0748-66-0007　①大名が宿泊した上段の間，庭園，宿帳など，②随時開館(要予約)，③有料

甲賀市土山歴史民俗資料館　〒528-0211甲賀市土山町北土山2230　TEL0748-66-1056　①土山の歴史と文化，②月・火曜日，年末年始，③無料

東海道伝馬館　〒528-0211甲賀市土山町北土山1570　TEL0748-66-2770　①土山宿の街道模型，東海道の映像資料，②月・火曜日(祝日をのぞく)，年末年始，③無料

旧水口図書館　〒528-0031甲賀市水口町本町1-2-1(甲賀市立水口小学校内)　TEL0748-86-8026(甲賀市教育委員会歴史文化財課)　①ヴォーリズの設計した図書館，②毎月第2・4日曜日のみ内部公開(要予約)，③無料

甲賀市水口歴史民俗資料館(曳山の館)　〒528-0005甲賀市水口町水口5638　TEL0748-62-7141　①水口曳山祭りの曳山，水口の歴史や文化に関する資料，②月曜日，年末年始，③有料

水口城資料館　〒528-0023甲賀市水口町本丸4-80　TEL0748-63-5577　①水口城角櫓を復元，水口藩・水口城の資料，②月曜日，年末年始，③有料

東海道石部宿歴史民俗資料館(石部宿場の里・東海道歴史資料館)　〒520-3116湖南市雨山2-1-1　TEL0748-77-5400　①江戸時代の石部宿の町並みを再現，石部宿の資料，旧石部町の歴史・文化，②月曜日，祝日の翌日(土・日曜日をのぞく)，年末年始，③有料

【無形民俗文化財】

国指定
三上のずいき祭り　　野洲市三上(御上神社)　ずいき祭保存会　10月第2月曜日

国選択(記録作成等の措置を講ずべき無形の民俗文化財)
草津のサンヤレ踊り
　　草津市下笠町(老杉神社ほか)　下笠町参弥礼踊保存会　5月3日
　　草津市矢倉1丁目(若宮八幡宮・立木神社ほか)　矢倉居住組　5月3日
　　草津市志那町(志那神社・蓮海寺ほか)　志那町若者会　5月3日
　　草津市志那町吉田(三大神社ほか)　吉田青年団　5月3日
　　草津市志那中町(惣社神社ほか)　志那中町青年団　5月3日
　　草津市片岡町(印岐志呂神社ほか)　片岡町サンヤレ踊り保存会　5月3日
　　草津市長束町(春日神社・印岐志呂神社ほか)　長束町青年会　5月3日
油日の太鼓踊　　甲賀市甲賀町油日(油日神社)　油日神社奴振太鼓踊保存会　5月1日(不定期)
近江のケンケト祭り・長刀振り
　　守山市杉江町(小津神社)　小津神社長刀踊保存会　5月5日
　　守山市幸津川町(下新川神社)　下新川神社神事保存会　5月5日
　　甲賀市土山町前野(瀧樹神社)　瀧樹神社献鶏頭おどり保存会　5月3日

県指定
大津曳山祭　　大津市中央・京町など　大津祭曳山連盟　10月第2日曜日
水口祭(水口曳山祭)　　甲賀市水口町宮の前(水口神社)　水口祭曳山保存会　4月19・20日
土山の太鼓踊り
　　甲賀市土山町黒川(大宮神社)　大宮神社氏子青年会　4月第3日曜日
　　甲賀市土山町山女原(上林神社)　山女原倶楽部　4月第3日曜日
　　甲賀市土山町黒滝(惣王神社)　黒滝青年会　7月第2日曜日
　　甲賀市土山町青土(加茂神社)　青土区　体育の日の前日
大原祇園祭(祇園行事)　　甲賀市甲賀町鳥居野(大鳥神社)　大原祇園保存会　7月23・24日

県選択(記録作成等の措置を講ずべき無形の民俗文化財)
真野の六斎念仏　　大津市真野(法界寺)　中村会・沢六斎念仏保存会　8月中旬
大津祭　　大津市京町(天孫神社)　大津祭保存会　10月第2日曜日
栗原の八朔踊りと水分神社の祭り行事　　大津市栗原　栗原区　9月1日
栗原の太鼓念仏　　大津市栗原　大念仏講　8月14・24日
老杉神社の頭屋行事(えとえと祭り)　　草津市下笠町　老杉神社頭屋行事保存会　2月10〜15日
渋川の花踊り　　草津市渋川(伊砂砂神社)　渋川花踊り保存会　9月13日
上笠天満宮の講踊り　　草津市上笠(上笠天満宮)　上笠天満宮講踊保存会　10月下旬の日曜日
古高の鼓踊り　　守山市古高町(大将軍神社)　古高鼓踊り保存会　8月下旬(不定期)
勝部の火まつり　　守山市勝部(勝部神社)　勝部神社松明祭保存会　1月第2土曜日
住吉(浮気)の火まつり　　守山市浮気町(住吉神社)　住吉神社火まつり保存会　1月第2土

曜日

小杖祭りの祭礼芸能(花笠踊り)　栗東市下戸山(小槻大社)　小杖祭り保存会　5月5日
御園の太鼓踊り　栗東市御園(大野神社)　御園太鼓踊保存会　不定期
上砥山の太鼓踊り　栗東市上砥山(日吉神社)　田楽踊保存会　9月第1土曜日
牛飼の宮守行事　甲賀市水口町牛飼(総社神社)　牛飼区　7月18日
牧の太鼓踊り　甲賀市信楽町牧(日雲神社)　日雲神社太鼓踊保存会　9月第1土曜日
油日祭(奴振り)　甲賀市甲賀町油日(油日神社)　油日神社奴振保存会　5月1日(5年ごと)
甲賀の祇園花行事
　　甲賀市甲南町竜法師(天満神社)　天王講花ばい行事保存会　4月29日
　　甲賀市水口町和野(八幡神社・津島神社)　和野津島神社奉賛会　7月7日
　　甲賀市甲南町池田(檜尾神社)　八坂神社祇園祭保存会　7月7日
　　甲賀市水口町牛飼(津島神社)　津島神社祇園祭奉賛会　7月7日に近い日曜日
　　甲賀市甲南町柑子(桜神社)　納涼祭行事保存会　7月14日
　　甲賀市信楽町柞原(八坂神社)　八坂神社花振り行事保存会　7月14日
　　甲賀市信楽町長野(新宮神社)　新宮神社花振り行事保存会　7月14日
　　甲賀市甲南町新治(津島神社)　祇園祭行事保存会　7月19日に近い日曜日
　　甲賀市信楽町多羅尾(里宮神社)　里宮神社花とり行事保存会　7月中旬の日曜日
　　甲賀市信楽町神山(神山神社)　神山神社花撒き行事保存会　7月中旬の日曜日
　　甲賀市甲南町上馬杉(油日神社)　豊年踊り保存会　7月24日
　　甲賀市甲南町杉谷(八坂神社)　祇園花ばい保存会　7月28日
　　甲賀市甲南町稗谷(津島神社)　花ばい行事保存会　7月下旬の日曜日
　　甲賀市土山町南土山(白川神社)　土山祇園花傘保存会　8月1日に近い日曜日

【おもな祭り】(国・県指定および選択無形民俗文化財をのぞく)────────
大戸開き　大津市坂本(日吉大社)　1月1日
野蔵神社の午王祝の神事　野洲市南桜(野蔵神社)　1月5日
おこぼ祭り　大津市下阪本(酒井神社)　1月第2土・日曜日
的山のオコナイ　甲賀市水口町嶬峨(八坂神社)　1月7日
仁王会　大津市園城寺町(園城寺金堂)　1月8日
北大路の神縄祭　大津市北大路(御霊神社)　1月9日に近い土・日曜日
鬼走り(修正会)　湖南市東寺(長寿寺)　1月中旬
鬼走り(修正会)　湖南市西寺(常楽寺)　1月中旬
市原(薬師堂)のオコナイ　甲賀市甲南町市原(浄正寺)　1月13日
長等神社の綱打ち神事　大津市三井寺町(長等神社)　1月14日
樹下神社の御の神事(お弓行事)　大津市山中町(樹下神社)　1月第2または第3曜日
真野のさんやれ祭り　大津市真野(神田神社)　1月17日
建部大社の弓の神事　大津市神領(建部大社)　2月4日
田村神社の厄除大祭　甲賀市土山町北土山(田村神社)　2月17〜19日
火渡り神事　野洲市永原(菅原神社)　2月25日

池田のお田植祭り	甲賀市甲南町池田(檜尾神社)	春分の日
山村神社の太太講(神楽)	甲賀市水口町山(山村神社)	3月25日
椿神社の流鏑馬神事	甲賀市甲賀町隠岐(椿神社)	4月第1日曜日
山王祭	大津市坂本(日吉大社)	4月12〜15日
草津宿場まつり	草津市草津(旧草津宿一帯)	4月下旬
日枝神社のお田植え祭	湖南市下田(日枝神社)	5月1日
吉御子神社例大祭	湖南市石部西(吉御子神社)	5月1日
矢川神社例祭	甲賀市甲南町森尻(矢川神社)	5月1日
八坂神社例祭	甲賀市水口町嶬峨(八坂神社)	5月1日前後の日曜日
仰木祭り(仰木太鼓)	大津市仰木町(小椋神社)	5月3日
大橋のどじょう祭り	栗東市大橋(三輪神社)	5月3日
南郷の鯉まつり	大津市南郷(御霊神社)	5月5日
大江の鉾振り	大津市大江(若松神社)	5月5日
神田神社の稚児祭り(あばれ祭)	大津市真野(神田神社)	5月5日
下新川神社のすし切りまつり	守山市幸津川町(下新川神社)	5月5日
兵主大社例祭(兵主祭)	野洲市五条(兵主大社)	5月5日
千団子まつり	大津市園城寺町(園城寺)	5月16〜18日
蝉丸祭	大津市逢坂(関蝉丸神社)	5月24日
青鬼まつり	大津市石山寺(石山寺)	5月第4日曜日
御上神社のお田植まつり	野洲市三上(御上神社)	5月第4日曜日
牛飼の麦酒祭り	甲賀市水口町牛飼(総社神社)	7月18日
太鼓まわし	大津市葛川坊村町(葛川息障明王院)	7月18日
愛宕神社(陶器神社)の火祭り	甲賀市信楽町長野(陶器神社・新宮神社)	7月第4土曜日
みたらし祭	大津市唐崎(唐崎神社)	7月28・29日
佐久奈度神社のみたらし祭	大津市大石中(佐久奈度神社)	7月31日
ぽんのこへんのこ祭り	湖南市平松(松尾神社)	7月31日
平野神社の蹴鞠祭り	大津市松本(平野神社)	8月9日
虫干し会	大津市比叡辻(聖衆来迎寺)	8月16日
船幸祭	大津市神領(建部大社)	8月17日
瀬古の流星	甲賀市甲南町竜法師(瀬古薬師堂)	9月12日
若宮八幡神社の放生会	大津市杉浦町(若宮八幡神社)	9月15日
多羅尾の太鼓踊り	甲賀市信楽町多羅尾(里宮神社)	10月1日
八所神社の秋祭り(囃子奉納)	大津市伊香立下在地町(八所神社)	10月9日
天保義民祭	湖南市三雲・野洲市三上	10月15日
大宝神社の相撲祭	栗東市綣(大宝神社)	10月18日に近い日曜日
野神祭り	大津市今堅田(野神神社)	10月第3日曜日
飯道寺の笈渡し	甲賀市水口町三大寺(飯道寺)	11月3日
時雨忌	大津市馬場(義仲寺)	11月第2土曜日
酒井神社のまいどこ神事	大津市下阪本(酒井神社)	11月22・23日
叡山の鬼追い	大津市坂本本町(延暦寺)	12月31日

おもな祭り

【有形民俗文化財】

国指定
近江甲賀の前挽き鋸製造用具及び製品　　甲賀市甲南町葛木925(甲南ふれあいの館)　甲賀市

県指定
参籠札　　大津市葛川坊村町　葛川息障明王院
貫井の木地屋用具と製品　　大津市京町4-1-1　滋賀県
八日市の柄屋用具及び製品　　大津市京町4-1-1　滋賀県
大岩助左衛門日記　附蛭谷村系図, 日記逸文　　大津市大門　小椋正清
下笠のサンヤレ踊り衣装　附衣装箱・包紙　　草津市下笠町3007-2　下笠町参弥礼踊保存会

【無形文化財】

国指定
常磐津節浄瑠璃(音楽)　　明田昭(常磐津一巴太夫)　大津市

県指定
雁皮紙(手漉和紙)　　成子ちか　大津市
竹工芸(木竹工)　　杉田春男(杉田静山)　野洲市
信楽焼(陶芸)　　上田直方　甲賀市
信楽焼(陶芸)　　高橋昭二(高橋春斎)　甲賀市

【重要伝統的建造物群保存地区】

国選定
大津市坂本　　大津市

【散歩便利帳】

[県の文化財担当部署・観光担当部署など]

滋賀県教育委員会文化財保護課　〒520-8577大津市京町4-1-1　TEL077-528-4670・FAX077-528-4956

滋賀県埋蔵文化財センター　〒520-2122大津市瀬田南大萱町1732-2　TEL077-548-9681・FAX077-548-9682

滋賀県文化財保護協会　〒520-2122大津市瀬田南大萱町1732-2 滋賀県埋蔵文化財センター内　TEL077-548-9780・FAX077-543-1525

滋賀県商業観光振興課　〒520-8577大津市京町4-1-1　TEL077-528-3731・FAX077-528-4871

びわこビジターズビューロー　〒520-0806大津市打出浜2-1 コラボしが21　TEL077-511-1530・FAX077-526-4393

滋賀県観光物産情報センター　〒520-0055大津市春日町1-3 おおつステーションセンター1F　TEL・FAX077-521-4288

[県外での問い合わせ]

滋賀県東京観光物産情報センター　〒100-0006東京都千代田区有楽町2-10-1 東京交通会館2F　TEL03-5220-0231・FAX03-3211-4689

滋賀県名古屋観光物産情報センター　〒460-0008愛知県名古屋市中区栄4-1-1 中日ビル4F　TEL052-261-4255・FAX052-263-7313

滋賀県大阪観光総合インフォメーションコーナー　〒530-0001大阪市北区梅田1-12-17 梅田第一生命ビル2F　近江鉄道(株)大阪観光案内所内　TEL06-6341-0035・FAX06-6341-4393

[市町村の文化財担当部署・観光担当部署]

大津市教育委員会文化財保護課　〒520-0037大津市御陵町2-3　TEL077-528-2638・FAX077-522-7630

大津市埋蔵文化財調査センター　〒520-0006大津市滋賀里1-17-23　TEL077-527-1170・FAX077-527-1171

大津市観光振興課　〒520-8575大津市御陵町3-1　TEL077-528-2756・FAX077-523-4053

びわ湖大津観光協会　〒520-0055大津市春日町1-3 JR大津駅2F　TEL077-528-2772・FAX077-521-7330

滋賀県大津市志賀観光協会　〒520-0514大津市木戸130-3　TEL077-592-0378・FAX077-592-1002

草津市教育委員会文化財保護課　〒525-8588草津市草津3-13-30　TEL077-561-2429・FAX077-561-2488

草津市商工観光労政課　〒525-8588草津市草津3-13-30　TEL077-561-2351・FAX077-561-2486

草津市観光物産協会　〒525-8588草津市草津3-13-30 草津市商工観光労政課内　TEL・FAX077-566-3219

甲賀市教育委員会歴史文化財課　〒520-3393甲賀市甲南町野田810 甲賀市役所甲南庁舎　TEL0748-86-8026・FAX0748-86-8216

甲賀市商工観光課　〒528-8502甲賀市水口町水口6053 甲賀市役所水口庁舎

TEL0748-65-0708・FAX0748-63-4087
甲賀市観光協会　〒528-8502甲賀市水口町水口6053 甲賀市役所水口庁舎 甲賀市商工観光課内　TEL0748-65-0708・FAX0748-63-4087
水口町観光協会　〒528-8502甲賀市水口町水口6053 甲賀市役所水口庁舎 甲賀市商工観光課内　TEL0748-65-0708・FAX0748-63-4087
土山町観光協会　〒528-0211甲賀市土山町北土山1715 甲賀市役所土山庁舎内　TEL0748-66-1101・FAX0748-66-1564
甲賀町観光協会　〒520-3435甲賀市甲賀町相模173-1 甲賀市役所甲賀庁舎内　TEL0748-88-4101・FAX0748-88-3104
甲南町観光協会　〒520-3393甲賀市甲南町野田810 甲賀市役所甲南庁舎内　TEL・FAX0748-60-2690
信楽町観光協会　〒529-1851甲賀市信楽町長野1142 信楽伝統産業会館内　TEL0748-82-2345・FAX0748-82-2551
湖南市教育委員会生涯学習課文化振興担当　〒520-3195湖南市石部中央1-2-3 石部文化総合センター内　TEL0748-77-6250・FAX0748-77-6253
湖南市商工観光課　〒520-3288湖南市中央1-1　TEL0748-71-2331・FAX0748-72-7964
湖南市観光物産協会　〒520-3288湖南市中央1-1 湖南市商工観光課内　TEL0748-71-2331・FAX0748-72-7964
守山市教育委員会文化財保護課　〒524-8585守山市吉身2-5-22　TEL077-582-1156・FAX077-582-9441
守山市商工観光課　〒524-8585守山市吉身2-5-22　TEL077-582-1131・FAX077-582-1166
守山市観光協会　〒524-8585守山市吉身2-5-22 守山市商工観光課内　TEL077-582-1131・FAX077-582-1166
野洲市教育委員会文化財保護課　〒520-2492野洲市西河原2400 野洲市役所分庁舎　TEL077-589-6436・FAX077-589-5444
野洲市商工観光課　〒520-2492野洲市西河原2400 野洲市役所分庁舎　TEL077-589-6316・FAX077-589-2439
野洲市観光物産協会　〒520-2492野洲市西河原2400 野洲市役所分庁舎 野洲市商工観光課内　TEL077-589-6316・FAX077-589-2439
栗東市教育委員会生涯学習課文化財保護係　〒520-3088栗東市安養寺1-13-33　TEL077-551-0131・FAX077-551-0149
栗東市出土文化財センター　〒520-3011栗東市下戸山47　TEL077-553-3359・FAX077-553-3514
栗東市商工観光労政課観光振興室　〒520-3088栗東市安養寺1-13-33　TEL077-551-0126・FAX077-551-0148
栗東市観光物産協会　〒520-3088栗東市安養寺1-13-33 栗東市観光振興室内　TEL077-551-0126・FAX077-551-0148

【参考文献】

- 『江戸時代人づくり風土記25 滋賀』 石川松太郎ほか編 農山漁村文化協会 1996
- 『近江・大津になぜ都は営まれたのか――大津宮・紫香楽宮・保良宮』 大津市歴史博物館編 大津市歴史博物館 2004
- 『近江から日本史を読み直す』(講談社現代新書) 今谷明 講談社 2007
- 『近江観音の道』 淡海文化を育てる会編 淡海文化を育てる会 1999
- 『近江路散歩24コース』 池田宏編 山川出版社 2001
- 『近江路の観音さま』 滋賀県立近代美術館ほか編 滋賀県立近代美術館 1998
- 『近江城郭探訪』 滋賀県教育委員会編 滋賀県文化財保護協会 2006
- 『近江戦国の道』新版 淡海文化を育てる会編 淡海文化を育てる会 2006
- 『近江東海道』 淡海文化を育てる会編 淡海文化を育てる会 1996
- 『近江中山道』 淡海文化を育てる会編 淡海文化を育てる会 1998
- 『近江の遺跡』 滋賀県文化財保護協会編 滋賀県文化財保護協会 1990
- 『近江の街道』 小林博・木村至宏編 サンブライト出版 1982
- 『近江の考古学』 小笠原好彦 サンライズ出版 2000
- 『近江の城下町を歩く』 淡海文化を育てる会編 サンライズ出版 2005
- 『近江の城』 中井均 サンライズ印刷出版部 1997
- 『淡海の博物館』 滋賀県博物館協議会編 サンライズ出版 1999
- 『近江の連歌・俳諧』 木村善光 サンライズ印刷出版部 1990
- 『淡海万葉の世界』 藤井五郎 サンライズ出版 2000
- 『近江万葉の道』 淡海文化を育てる会編 淡海文化を育てる会 2002
- 『近江山の文化史』 木村至宏 サンライズ出版 2005
- 『近江輿地志略』 寒川辰清著・宇野健一改訂校注 弘文堂書店 1976
- 『近江・若狭・越前寺院神社大事典』 平凡社編 平凡社 1997
- 『大岩山古墳群とその周辺』 野洲町立歴史民俗資料館編 野洲町立歴史民俗資料館 1993
- 『大津京』 林博通 ニュー・サイエンス社 1984
- 『大津の文化財』 大津市教育委員会編 大津市教育委員会 1998
- 『大津 歴史と文化』 大津市歴史博物館編 大津市歴史博物館 2004
- 『街道の日本史31 近江・若狭と湖の道』 藤井譲治編 吉川弘文館 2003
- 『角川日本地名大辞典25 滋賀県』 「角川日本地名大辞典」編纂委員会編 角川書店 1979
- 『京都滋賀 鉄道の歴史』 田中真人ほか 京都新聞社 1998
- 『近代の滋賀』 滋賀民報社編 滋賀民報社 2002
- 『草津市史』全7巻 草津市史編さん委員会編 草津市 1981-92
- 『甲賀市史』第1巻 甲賀市史編さん委員会編 甲賀市 2007
- 『甲賀町史』通史編・史料編 甲賀町史編纂委員会編 甲賀町 1994
- 『甲賀町歴史散歩 鹿深路 解説編』 荒川代平治監修 大原治ほか編 甲賀町教育委員会 2000
- 『甲西町誌』 甲西町誌編さん委員会編 甲西町 1974
- 『甲南町史』 甲南町史編纂委員会編 臨川書店 1987

『湖国の街道』　淺香勝輔編　ナカニシヤ出版　1989
『湖西湖辺の道』　淡海文化を育てる会編　淡海文化を育てる会　1997
『湖賊の中世都市　近江国堅田』　横倉譲治　誠文堂新光社　1988
『古代近江の遺跡』　林博通　サンライズ出版　1998
『古代を考える　近江』　水野正好編　吉川弘文館　1992
『小堀遠州物語──日本のレオナルド・ダ・ヴィンチ』　田中館哲彦　汐文社　1996
『祭礼事典・滋賀県』　滋賀県祭礼研究会編　桜楓社　1991
『滋賀県史　昭和編』全6巻　滋賀県史編さん委員会編　滋賀県　1974-86
『滋賀県市町村沿革史』全6巻　滋賀県市町村沿革史編纂委員会編　滋賀県市町村沿革史編纂委員会　1960-67
『滋賀県神社誌』　滋賀県神社庁編　滋賀県神社誌編纂委員会　1987
『滋賀県中世城郭分布調査』1-10　滋賀県教育委員会編　滋賀県教育委員会　1983-92
『滋賀県年表』　滋賀県史編さん室編　滋賀県　1985
『滋賀県の近世社寺建築』　滋賀県教育委員会編　滋賀県教育委員会　1986
『滋賀県の百年』　傳田功　山川出版社　1984
『滋賀県の歴史』　畑中誠治ほか　山川出版社　1997
『滋賀県百年年表』　滋賀県史編さん室編　滋賀県　1971
『滋賀県百科事典』　滋賀県百科事典刊行会編　大和書房　1984
『志賀町史』全3巻　志賀町史編集委員会編　志賀町　1996-2002
『滋賀の学校史』　木全清博　文理閣　2004
『滋賀の20世紀　ひと・もの・こと』　滋賀の20世紀編集委員会編　サンライズ出版　2001
『滋賀の百祭』正・続　大塚虹水　京都新聞社　1990・98
『滋賀百年』　松村英男編　毎日新聞社　1968
『しがらき　やきものむかし話』　冨増純一編著　信楽古陶愛好会　1998
『12歳から学ぶ滋賀県の歴史』　滋賀県中学校教育研究会社会科部会編　サンライズ出版　2005
『聖武天皇の夢と謎』　甲賀市教育委員会編　新人物往来社　2005
『縄文人の淡海学』　植田文雄　サンライズ出版　2000
『城と城下──近江戦国誌』　小島道裕　新人物往来社　1997
『新近江史を歩く　近代編』　京都新聞滋賀本社編　京都新聞社　1985
『新・史跡でつづる古代の近江』　大橋信弥・小笠原好彦編著　ミネルヴァ書房　2005
『新修石部町史』通史編　『新修石部町史』編さん委員会編　石部町　1989
『新修大津市史』全10巻　林屋辰三郎ほか編　大津市　1978-87
『壬申の乱』　遠山美都男　中央公論社　1996
『壬申の乱　増補版』　直木孝次郎　塙書房　1992
『新版　滋賀県の歴史散歩』　滋賀県高等学校歴史散歩研究会編　山川出版社　1990
『図説近江古寺紀行』　木村至宏編　河出書房新社　1995
『図説大津の歴史』上・下　大津市歴史博物館市史編さん室編　大津市　1999
『図説滋賀県の歴史』　木村至宏編　河出書房新社　1987
『大仏はなぜ紫香楽で造られたのか──聖武天皇とその時代』　滋賀県文化財保護協会ほか

編　滋賀県文化財保護協会　2005
『「朝鮮人街道」をゆく』　門脇正人　サンライズ印刷出版部　1995
『テクノクラート小堀遠州』　太田浩司　サンライズ出版　2002
『天智天皇』　遠山美都男　PHP研究所　1999
『天平の都紫香楽』　「天平の都紫香楽」刊行委員会編　ナカニシヤ出版　1997
『銅鐸の研究』　梅原末治　木耳社　1985
『渡来人』　井上満郎　リブロポート　1987
『日本歴史地名大系25　滋賀県の地名』　平凡社地方資料センター編　平凡社　1991
『芭蕉を歩く──東海道・中山道』　芭蕉探遊会編　日本交通公社出版事業局　2000
『比叡山　その宗教と歴史』　景山春樹ほか　日本放送出版協会　1970
『比叡山史──闘いと祈りの聖域』　村山修一　東京美術　1994
『琵琶湖疏水』　織田直文　かもがわ出版　1995
『琵琶湖の船』　大津市歴史博物館編　大津市歴史博物館　1993
『仏像集成4　日本の仏像　滋賀』　久野健編　学生社　1987
『仏像を旅する──東海道線』　清水眞澄編　至文堂　1990
『ふるさと大津歴史文庫』1-10　大津市歴史博物館ほか編　大津市　1985-93
『湖の国の中世史』　高橋昌明　平凡社　1987
『湖の国の歴史を読む』　渡辺誠編　新人物往来社　1992
『守山市史』全3巻　守山市史編纂委員会編　守山市　1974
『守山市誌』全6巻　守山市誌編さん委員会編　守山市　1996-2006
『野洲町史』全2巻　野洲町編　野洲町　1987
『野洲の歴史と文化』　銅鐸博物館編　銅鐸博物館　2004
『弥生のなりわいと琵琶湖──近江の稲作漁労民』　守山市教育委員会編　サンライズ出版　2003
『栗東町史』第1巻　栗東町史編さん委員会編　栗東町　1980
『栗東の歴史』全5巻　栗東町史編さん委員会編　栗東町　1988-95

※各自治体史は，おおむね1970(昭和45)年以降に刊行されたものを掲載した。ただし刊行されていない自治体のものは，それ以前に刊行されたものを記載した。

【年表】

時代	西暦	年号	事項
縄文時代	前6500年頃	早期	大津市石山貝塚・粟津湖底遺跡,守山市赤野井湾遺跡,長浜市葛籠尾崎湖底遺跡
	前3200年頃	前期	大津市粟津第1・第2貝塚
	前2500年頃	中期	大津市粟津第3貝塚,守山市下長遺跡,長浜市醍醐遺跡
	前1400年頃	後期	東近江市正楽寺遺跡・今安楽寺遺跡,大津市穴太遺跡,近江八幡市水茎遺跡
	前800年頃	晩期	高島市北仰西海道遺跡,大津市滋賀里遺跡,近江八幡市長命寺湖底遺跡
弥生時代	前300年頃	前期	守山市小津浜遺跡や長浜市川崎遺跡など,琵琶湖岸や低湿地に農耕集落
	前100年頃	中期	近江八幡市大中の湖南遺跡,草津市烏丸崎遺跡,野洲市湯ノ部遺跡など。守山市下之郷遺跡では環濠集落を営む
	200年頃	後期	守山市伊勢遺跡,栗東市下鈎遺跡,高島市針江川北遺跡などで地域首長の居館が出現。野洲市大岩山に銅鐸24個埋納。東近江市神郷亀塚古墳（日本最古級の前方後方墳）が築造される
古墳時代	300年頃	前期	東近江市雪野山古墳,近江八幡市瓢箪山古墳,大津市皇子山古墳,長浜市古保利古墳群
	400年頃	中期	この頃,各地域に小型の前方後円墳や大型円墳を中心とする古墳群が築造。栗東市新開古墳,長浜市黒田長山4号墳などで大量の鉄製武器・武具を副葬
	500年頃	後期	この頃,大津市坂本から錦織にかけ,渡来系氏族が大規模な群集墳を築造。高島市稲荷山古墳,野洲市丸山古墳・甲山古墳・木部天神山古墳など,大型石室や石棺をもつ首長墓が出現
飛鳥時代	584	敏達13	鹿深臣（甲賀臣）,百済から弥勒石像をもち帰る
	607	推古15	小野妹子,遣隋使となる
	630	舒明2	犬上御田鍬,第1回遣唐使となる
	660	斉明6	百済,唐の侵攻により滅亡
	661	7	百済の遺臣佐平鬼室福信が献上した唐人106人を,近江国の墾田に移す
	663	天智2	白村江の戦いで日本,唐・新羅連合軍に敗れる
	667	6	都を近江の大津宮に遷す
	668	7	中大兄皇子即位（天智天皇）。天智天皇を始め,皇族・重臣揃って蒲生野に猟をする
	669	8	百済の遺臣鬼室集斯ら約700人,蒲生郡に移住
	671	10	近江令施行。天智天皇,大津宮で死去
	672	天武元	壬申の乱,勢多橋で決戦。大友皇子自害。飛鳥浄御原宮に遷都
	700	文武4	この頃,官営製鉄工房の草津市木瓜原遺跡が営まれる

	708	和銅元	近江国で和同開珎を鋳造
奈良時代	740	天平12	聖武天皇、藤原広嗣の乱のさなか、伊勢・美濃・近江・山背に行幸。近江では坂田郡横川頓宮・犬上頓宮、蒲生郡、野洲頓宮、志賀郡禾津頓宮に宿泊する
	742	14	紫香楽宮の造営始まる
	743	15	大仏造立の詔が出され、甲賀寺の造営始まる
	745	17	紫香楽宮廃される
	759	天平宝字3	保良宮の造営開始
	761	5	保良宮を北京とする
	762	6	良弁、石山寺の大改築始める。保良宮廃止される
	764	8	恵美押勝(藤原仲麻呂)の乱。押勝、高島郡勝野で敗死
	767	神護景雲元	この年、最澄、志賀郡古市郷に生まれる(翌年説も)
平安時代	806	大同元	最澄、天台宗を開く
	820	弘仁11	石山にあった定額国昌寺を近江国分寺とする
	822	13	最澄死去。比叡山に大乗戒壇設立の勅許おりる
	823	14	嵯峨天皇より比叡山寺に「延暦寺」の寺号与えられる
	838	承和5	円仁、入唐する
	862	貞観4	円珍、園城寺(三井寺)の別当職となる
	993	正暦4	比叡山で円仁派と円珍派が対立、円珍派は園城寺(三井寺)に移る(山門と寺門の分裂)
	1017	寛仁元	近江国分寺・国分尼寺焼亡
	1035	長元8	この頃から山門と寺門の抗争激化
	1036	9	近江国百姓数百人、京都御所陽明門で国司の不正を訴える
	1095	嘉保2	延暦寺の衆徒、日吉社の神輿を根本中堂へ振り上げる(最初の神輿振り)
	1180	治承4	平氏打倒のために挙兵した以仁王、園城寺(三井寺)に入る
	1184	元暦元	源(木曽)義仲、源範頼・義経軍に敗れ大津・粟津で戦死
鎌倉時代	1187	文治3	この頃、佐々木定綱、近江守護(国惣追捕使)となる
	1191	建久2	佐々木定綱ら、延暦寺衆徒の強訴で流罪となる
	1221	承久3	承久の乱おこる。佐々木氏一族は後鳥羽上皇方として参戦したため、守護職を7カ国から3カ国に削減される
	1242	仁治3	近江守護佐々木信綱死去、のちに信綱の庶子がそれぞれ一家をおこして独立する(惣領家六角氏と京極・大原・高島氏の始まり)
	1262	弘長2	蒲生郡奥嶋荘民、隠規文を定め、惣村の団結を強める
	1269	文永6	滋賀郡葛川の住民と伊香立荘民、境界問題で争う
	1295	永仁3	伊香郡菅浦荘と大浦荘の住民、土地支配問題で争う
	1326	正中3	京極(佐々木)高氏、出家して導誉と号する
	1330	元徳2	後醍醐天皇、南都の春日社・興福寺・東大寺、北嶺の延暦寺・日吉社を歴訪する

時代	西暦	和暦	事項
	1332	正慶元 元弘2	導誉，幕府の命令で北畠具行を柏原で斬首
	1333	2 3	六波羅探題北条仲時ら，坂田郡馬場蓮華寺で自害
南北朝時代	1338	建武5 延元3	導誉，近江守護になる
	1352	文和元 正平7	幕府，近江など3カ国に半済令を出す
	1354	3 9	足利尊氏，南朝勢力により，京より蒲生郡武佐寺に逃げる
	1379	康暦元 天授5	坂本の馬借，新関停止を要求して祇園社をおそう
室町時代	1405	応永12	将軍足利義満，葛川明王院に参詣
	1428	正長元	近江・山城の住民，徳政を求めて蜂起（正長の土一揆）
	1429	永享元	将軍足利義教，日吉社に参詣
	1441	嘉吉元	嘉吉の土一揆で，坂本の馬借，六角（佐々木）満綱の京宿所を攻撃する
	1448	文安5	得珍保今堀郷で荘民，惣掟を定める
	1465	寛正6	延暦寺の衆徒，大谷本願寺を破却，蓮如は野洲郡金森に逃れる
	1466	文正元	蓮如，金森で報恩講を厳修
戦国時代	1467	応仁元	応仁の乱がおこり，京極氏は東軍に，六角氏は西軍に属し対立
	1468	2	延暦寺の衆徒，幕府の命を受け，堅田の浄土真宗門徒を攻撃，堅田全焼（堅田大責）
	1487	長享元	将軍足利義尚，近江守護六角（佐々木）高頼を討つため坂本に出陣
	1489	延徳元	将軍足利義尚，栗太郡鈎陣で死去
	1491	3	将軍足利義材，佐々木六角氏討伐のため園城寺（三井寺）に出陣
	1502	文亀2	六角高頼，重臣の反乱のため日野城に逃げる
	1516	永正13	浅井亮政，小谷山に小谷城を築く
	1523	大永3	浅井亮政ら，今浜の上坂信光を破り，京極高清は尾張へ逃げる
	1528	享禄元	将軍足利義晴，朽木氏を頼って朽木谷に移る
	1538	天文7	浅井亮政，六角定頼に敗れ，小谷城へ退く
	1560	永禄3	この頃，国友で鉄砲の生産が始まる
	1567	10	六角承貞父子，「六角氏式目」を制定
安土桃山時代	1568	11	織田信長が近江に侵攻し，六角承貞父子は敗れて伊賀国に逃げる。信長，将軍足利義昭を奉じて入京
	1570	元亀元	織田信長，姉川の戦いで浅井・朝倉連合軍を破る
	1571	2	織田信長，延暦寺を焼討ち。近江の一向一揆，各地で信長軍と戦う
	1573	天正元	織田信長，小谷城を攻め，浅井氏は滅亡

	1574	天正2	豊臣(羽柴)秀吉,長浜城の築城を始める
	1576	4	織田信長,安土城の築城を始める
	1577	5	織田信長,安土城下に楽市楽座令を布告
	1579	7	この頃,安土城の天守が完成。安土城下浄厳院で浄土宗と日蓮宗の僧が宗論
	1581	9	安土城下に神学校(セミナリヨ)建設
	1582	10	織田信長,本能寺の変で死去。明智光秀,山崎の戦いで敗死。安土城焼失
	1583	11	豊臣秀吉,賤ケ岳の戦いで柴田勝家を破る。秀吉,近江で検地を行う
	1584	12	豊臣秀吉,比叡山の再興を許可
	1587	15	浅野長吉,大津百艘船仲間に定書発布
	1594	文禄3	豊臣秀吉,大津から柏原まで7駅を設ける
	1595	4	豊臣秀吉,前田利家に今津,石田三成に佐和山,長束正家に水口をそれぞれ与える
	1596	慶長元	石田三成,領内へ9カ条の掟をくだす
江戸時代	1600	5	関ヶ原の戦い。佐和山城・水口城が落城。徳川家康,井伊直政を彦根・佐和山城に転封
	1601	6	戸田一西,大津に入る。徳川家康,諸大名に膳所城築城を命ず
	1602	7	徳川家康,近江一国の検地を実施
	1603	8	井伊直政,彦根城の築城を開始(1622年完成)
	1606	11	内藤信成,長浜に入封
	1607	12	幕府,国友鉄砲鍛冶に鉄砲製作に関する8カ条の条規を定める
	1608	13	幕府,延暦寺へ寺領5000石を寄進し,7カ条の条規を定める。中江藤樹,高島郡小川村に生まれる
	1616	元和2	本多康俊,戸田氏にかわり膳所に入封
	1619	5	分部光信,高島郡大溝に入封。小堀政一(遠州),浅井郡で1万石を領知(小室藩を立藩)
	1620	6	市橋長政,蒲生郡仁正寺に入封
	1621	7	菅沼定芳,本多氏にかわり膳所に入封
	1623	9	天海,坂本の日吉大社に東照宮建立
	1633	寛永10	彦根藩,5万石を加増され30万石になる。徳川家光上洛のため水口城を築城
	1634	11	石川忠総,菅沼氏にかわり膳所に入封
	1647	正保4	小堀遠州死去。「近江国絵図」作成される
	1648	慶安元	藤樹書院設立。中江藤樹死去
	1651	4	本多俊次,石川氏にかわり膳所に入封(幕末まで本多氏が支配)
	1652	承応元	浅見絅斎,高島郡太田に生まれる
	1662	寛文2	寛文の琵琶湖西岸地震で,高島郡など近江各地で被害
	1673	延宝元	北村季吟,『源氏物語湖月抄』を著す

年	元号	事項
1682	天和2	加藤朋友、水口に入封
1690	元禄3	松尾芭蕉、『幻住庵記』を著す
1695	8	鳥居忠英、加藤明英にかわり水口に入封
1698	11	堅田・三上・山上・宮川の各藩おかれる
1711	正徳元	雨森芳洲、朝鮮通信使一行とともに江戸に向かう(1719年も)
1712	2	加藤嘉矩、鳥居忠英にかわり水口に入封
1720	享保5	彦根三湊(彦根・長浜・米原)、大津百艘船仲間との争論に勝つ
1732	17	西日本を中心にイナゴの害・水害が広がる
1734	19	膳所藩士寒川辰清の『近江輿地志略』101巻、完成
1755	宝暦5	雨森芳洲、対馬の厳原で死去
1761	11	彦根藩領で柳川騒動おこる
1772	安永元	木内石亭、『雲根志』前編を著す
1781	天明元	膳所藩領で御用金反対の打ちこわしなどおこる
1782	2	大津で打ちこわしおこる
1785	5	大溝藩、藩校修身堂設立
1786	6	八幡町会所不正騒動おこる
1788	8	小堀政方の不正により百姓一揆おこり、政方は改易される(小室藩廃絶)
1799	寛政11	彦根藩、藩校稽古館(のち弘道館)設立、国産方設置
1802	享和2	琵琶湖周辺大水害
1805	文化2	伊能忠敬、近江国中を測量。日野の豪商中井源左衛門良祐死去、『金持商人一枚起請文』を書き残す
1808	5	膳所藩、藩校遵義堂設立
1811	8	秋里籬島ら、『近江名所図会』を刊行
1826	文政9	北方探検の先駆者近藤重蔵、大溝藩に預けられる。堅田藩廃絶
1830	天保元	近江に御蔭参り流行する
1831	2	幕府、藤本太郎兵衛らの願いで、50年ぶりに瀬田川浚えを許可
1842	13	甲賀・野洲・栗太3郡で検地反対一揆おこり、10万日の日延べを勝ちとる
1850	嘉永3	井伊直弼、彦根藩主となる
1854	安政元	安政東海・南海地震で近江各地に被害
1855	2	水口藩、藩校翼輪堂設立
1858	5	井伊直弼、大老となる。日米修好通商条約調印
1860	万延元	井伊直弼、暗殺される(桜田門外の変)
1865	慶応元	膳所藩、尊王攘夷派の藩士を一斉検挙
1867	3	各地でお札が降り、大津で「ええじゃないか」流行
明治時代 1868	明治元	赤報隊、金剛輪寺で結成される。大津県設置
1869	2	膳所藩主、版籍奉還を願い出る。琵琶湖に蒸気船「一番丸」就航
1870	3	新政府、膳所城の廃城を許可。膳所藩、「帰田法」実施

	1871	明治4	廃藩置県で彦根・山上・宮川・朝日山・膳所・水口・西大路の各県がおかれたが，まもなく大津県と長浜県に合併される
	1872	5	大津県が滋賀県に，長浜県が犬上県に改称。滋賀県，議事所開設。滋賀県と犬上県合併し，現在の滋賀県成立
	1875	8	若狭・越前の4郡，滋賀県に編入(1881年に福井県に移管)
	1877	10	長浜に第二十一国立銀行開業
	1878	11	この年から1881年までに滋賀県在住・出身者より，国会開設建白書が計5点出される
	1879	12	最初の県会開催。県内でコレラ大発生
	1880	13	京都・大津間に鉄道開通(現，JR東海道本線)
	1882	15	大津自由党結成。太湖汽船会社設立
	1883	16	日本初の湖上鋼鉄船「第1太湖丸」「第2太湖丸」進水。長浜・関ヶ原間に鉄道開通(現，JR東海道本線)
	1884	17	長浜・敦賀間に鉄道開通(現，JR北陸本線)。大津・長浜間に鉄道連絡船就航
	1885	18	フェノロサ，園城寺(三井寺)で受戒
	1886	19	滋賀県商業学校(現，県立八幡商業高校)，大津に開校(1901年近江八幡に移転)
	1889	22	県内の東海道線全線開通。大津・長浜間の鉄道連絡船廃止。関西鉄道草津・三雲間開通(翌年，三雲・上柘植間開通。現，JR草津線)
	1890	23	琵琶湖第1疏水完成
	1891	24	大津事件でロシア皇太子負傷。県庁の彦根移転問題おこる
	1894	27	湖南汽船会社，定期遊覧船の運航開始
	1895	28	信楽陶器業組合設立
	1896	29	豪雨で琵琶湖の水位上昇し，県内各地で大水害となる
	1897	30	大津に県内で初の電灯ともる。この年より滋賀県からカナダへの移民急増
	1898	31	天保義民碑，甲賀郡三雲村(現，湖南市)と三上山山麓に建てられる。大津，県内初の市制施行。近江鉄道彦根・愛知川間開通
	1900	33	滋賀県水産試験場，犬上郡福満村(現，彦根市)に設置
	1905	38	ウィリアム・メレル・ヴォーリズ，近江八幡にくる。南郷洗堰完成
	1906	39	大津郵便局で県内初の電話開通
	1907	40	太湖汽船会社，遊覧貸切専用船「八景丸」建造
	1909	42	姉川地震で湖北に大きな被害。フェノロサの遺骨，園城寺(三井寺)法明院に埋葬される
大正時代	1912	大正元	琵琶湖第2疏水完成
	1914	3	荻田常三郎，八日市沖野原で県内初の飛行を行う
	1917	6	湖東・湖北を中心に陸軍の特別大演習実施

	1918	大正7	ヴォーリズ,近江八幡に近江療養院(サナトリウム)開設。近江八幡と信楽で米騒動発生
	1921	10	江若鉄道三井寺下・叡山間開通
	1922	11	京都で開かれた全国水平社創立大会で,滋賀県出身の南梅吉を初代委員長に選出。彦根高等商業学校(現,滋賀大学経済学部)開校
	1923	12	甲賀売薬同業組合設立。この年,県内で小作争議激増
	1925	14	日本農民組合滋賀県連合会結成。大津柳ヶ崎に県内初の公衆水泳場開設。マキノスキー場でスキー大会開かれる
	1926	15	東洋レーヨン滋賀工場創設
昭和時代	1927	昭和2	比叡山坂本ケーブル開通。金融恐慌により近江銀行休業
	1928	3	県立聾話学校が草津に,県立盲学校が彦根に開校。瀬田川汚水問題で沿岸住民,東洋レーヨンに抗議
	1931	6	江若鉄道浜大津・今津間全線開通。県内初のメーデー,大津と彦根で開催
	1933	8	第百三十三銀行と八幡銀行合併し,滋賀銀行誕生
	1934	9	室戸台風,県内各地に大被害。琵琶湖ホテル開業
	1935	10	栗太郡志那村(現,草津市)に淡水真珠養殖株式会社設立
	1936	11	県庁彦根移転問題再びおこる
	1937	12	ヘレン・ケラー来県,県内で講演。彦根市制施行
	1938	13	ヒトラー・ユーゲント,比叡山を観光
	1940	15	滋賀県産業報国連合会発足。近江神宮鎮座祭執行(創建)。大政翼賛会滋賀支部発足
	1941	16	旧制第四高等学校ボート部選手11人,高島郡大溝町(現,高島市)の琵琶湖沖で遭難
	1943	18	長浜市誕生。滋賀県立図書館開館
	1944	19	琵琶湖内湖の入江内湖・松原内湖など,干拓地に決まる。大阪の学童疎開生徒1万人以上が滋賀県にくる
	1945	20	彦根・大津・長浜など県内各地で空襲。敗戦でアメリカ占領軍,大津などに進駐
	1946	21	心身障害児の教育保護施設近江学園開設。滋賀県地方労働委員会・滋賀県教育委員会開設
	1947	22	初の知事選挙実施。大津公民館開館(日本で最初の公民館)
	1949	24	滋賀大学設置。新琵琶湖八景決まる
	1950	25	琵琶湖,日本初の国定公園に指定
	1951	26	大型遊覧船「玻璃丸」就航
	1953	28	高島郡今津町(現,高島市)で,饗庭野米軍基地化反対闘争おこる
	1954	29	滋賀会館開館(日本初の総合県民ホール)。近江絹糸彦根工場で労働争議おこる

1956	昭和31	東海道線米原・京都間電化完成
1958	33	比叡山ドライブウェイ開通
1961	36	滋賀県立琵琶湖文化館，大津に開館（2008年3月休館）
1962	37	この頃から琵琶湖の水質汚染深刻化
1963	38	重度心身障害児医療施設びわこ学園開園
1964	39	名神高速道路の県内部分開通。琵琶湖大橋開通。東海道新幹線営業開始
1966	41	大中の湖干拓地入植式
1968	43	大津でびわ湖博覧会開催。滋賀県とアメリカ合衆国ミシガン州姉妹提携
1969	44	江若鉄道全線廃止
1972	47	草津市の日本コンデンサー工場からポリ塩化ビフェニル大量検出。びわ湖放送，放送開始。琵琶湖総合開発特別措置法成立
1973	48	彦根付近の琵琶湖で淡水赤潮発生
1974	49	湖西線，全通。近江大橋開通
1976	51	滋賀県の人口100万人突破
1977	52	大津市で合成洗剤追放全国集会開催
1978	53	「びわ湖を守る粉せっけん使用推進県民運動」連絡会発足
1980	55	北陸自動車道米原・敦賀間開通。「琵琶湖富栄養化防止条例」施行
1981	56	湖西・湖北で豪雪被害発生。びわこ国体開催
1982	57	滋賀県琵琶湖研究所（現，滋賀県琵琶湖環境科学研究センター）開設。大型外輪船「ミシガン」就航
1983	58	滋賀県と中国湖南省姉妹提携。琵琶湖にアオコ発生。長浜市長浜城歴史博物館開館
1984	59	滋賀県立近代美術館開館。大津市で第1回世界湖沼会議開催
1985	60	「ふるさと滋賀の風景を守り育てる条例」施行
1987	62	彦根城博物館開館。信楽高原鐵道営業開始
1988	63	米原に滋賀県立文化産業交流会館完成
平成時代	1989 平成元	東近江市雪野山で，4世紀後半の未盗掘古墳（雪野山古墳）発見
	1991 3	信楽高原鐵道列車事故発生
	1992 4	「琵琶湖ヨシ群落保全条例」施行
	1993 5	琵琶湖，ラムサール条約に湿地登録決定
	1994 6	甲賀市宮町遺跡，紫香楽宮跡にほぼ断定される
	1996 8	滋賀県立琵琶湖博物館開館
	2000 12	大津市で主要8カ国（G8）環境大臣会合開催。甲賀市宮町遺跡から「朝堂院」の一部とみられる大型建物跡発見
	2001 13	東近江市神郷亀塚古墳，3世紀前半の最古級前方後方墳と判明
	2002 14	大津市膳所城下町遺跡で，聖武天皇の「禾津頓宮」とみられる建物跡発見

年		事項
2003	平成15	外来魚の再放流禁止などを内容とする「琵琶湖レジャー利用適正化条例」施行。大津市,「古都保存法」に基づき古都に指定される
2004	16	大津市の比叡山・坂本など5地区,国の歴史的風土保存区域に指定。甲賀市宮町遺跡が史跡紫香楽宮跡に追加指定。甲賀市(水口町・土山町・甲南町・甲賀町・信楽町が合併),湖南市(甲西町・石部町が合併),野洲市(野洲町・中主町が合併)が誕生
2005	17	高島市(マキノ町・今津町・新旭町・安曇川町・高島町・朽木村が合併),東近江市(八日市市・永源寺町・五個荘町・愛東町・湖東町が合併),米原市(山東町・伊吹町・米原町・近江町が合併)が誕生
2006	18	「近江八幡の水郷」(近江八幡市)が国の重要文化的景観に選定される。蒲生町・能登川町が東近江市に編入合併。浅井町・びわ町が長浜市に編入合併。秦荘町・愛知川町が合併し愛荘町が誕生。志賀町が大津市に編入合併
2007	19	栗東市の東海道新幹線新駅の建設中止。大津で「全国豊かな海づくり大会」開催
2008	20	新名神高速道路草津田上IC・亀山JCT間開通。「高島市海津・西浜・知内の水辺景観」(高島市マキノ町)を国の重要文化的景観に選定。石山寺御影堂・蓮如堂・三十八所権現社本殿・経蔵(大津市)が国の重要文化財に指定される
2010	22	虎姫町・湖北町・高月町・木之本町・西浅井町が長浜市に編入合併。安土町が近江八幡市に編入合併。「高島市針江・霜降の水辺景観」(高島市旭町)が国の重要文化的景観に選定される
2011	23	東日本大震災と福島第1原発事故の発生により,被災者が滋賀県内へも避難
2012	24	滋賀県平和祈念館(東近江市)開館
2013	25	台風18号により信楽高原鐵道の橋脚が流されるなど,県内各地で大きな被害
2014	26	滋賀県の人口は141万6500人で,48年ぶりに減少。「東草野地域の山村景観」(米原市),「菅浦の湖岸集落景観」(長浜市西浅井町),「大溝の水辺景観」(高島市勝野)が国の重要文化的景観に選定
2015	27	琵琶湖の水質や生態系保全のための「琵琶湖保全再生法」成立

【索引】

―ア―

- 青江遺跡 94
- 青地城跡 120
- 明智一族の首塚 13
- 明智塚 14
- 明智光秀 11, 14, 41, 74
- 明智光秀一族の墓 24
- 浅野長政 74
- 芦浦観音寺 126-128
- 芦浦道道標 123
- 足利尊氏 62, 118, 130, 163
- 足利義尚公陣所跡 138
- 穴太廃寺跡 10
- 油日神社 202, 203
- 阿弥陀寺 201
- 禾津頓宮跡推定地 83
- 粟津の晴嵐 82, 88
- 安養寺(立木観音, 大津市石山南郷) 106
- 安養寺(大津市逢坂) 58, 59
- 安養寺(栗東市) 132, 133, 138
- 安養寺(守山市) 142
- 安養寺(野洲市) 159
- 安楽律院 24, 34

―イ―

- 印岐志呂神社 128
- 生和神社 154
- 伊砂砂神社 124
- 石居廃寺跡 110
- 石部宿小島本陣跡 169
- 石薬師堂 10
- 石山貝塚 99
- 石山寺 42, 96, 98, 100
- 石山の秋月 88, 99
- 伊豆神社 39, 40
- 伊勢遺跡 151
- 居初家天然図画亭 41, 42
- 居初氏庭園 42
- 一休宗純 41, 146
- 一遍 60, 144
- 今宿一里塚 143
- 石坐神社 78, 79
- 岩間寺(岩間山正法寺) 105
- 巌谷一六・小波記念室 182

―ウ―

- 浮御堂(満月寺) 38, 39
- 宇佐宮(日吉大社摂社) 15, 16
- 宇佐八幡宮 5
- 宇佐山城(志賀城)跡 5
- 牛尾神社(日吉大社摂社) 15, 17
- ウツクシマツ自生地 172
- 宇和宮神社 138
- 雲住寺 91

―エ―

- 叡山文庫 22, 26
- 永照院 176
- 永正寺 138
- 恵日院慈眼堂 19-21
- 円光寺 158, 159
- 縁心寺 80
- 円珍 32, 58, 63, 65, 67, 111
- 円仁 21, 31, 33, 34, 50, 65, 148, 159, 161, 198
- 役行者(役小角) 204
- 円満院 70
- 延暦寺(東塔・西塔・横川) 5, 11, 12, 14, 16-19, 21, 25-36, 45, 51, 52, 59, 65, 66, 126, 127, 138, 139, 142, 144, 200
- 延暦寺根本中堂 27, 29, 30
- 延暦寺釈迦堂(転法輪堂) 29, 32, 33, 66
- 延暦寺の里坊 11, 15, 20, 22, 24-26, 51
- 延暦寺横川中堂 29, 33

―オ―

- 老杉神社 124
- 追分道標(草津トンネル出口) 116
- 追分道標(立木神社境内) 119
- 追来神社(大宝神社境内社) 137

逢坂山関跡の碑	56, 58
近江国庁跡	93, 94
近江国分寺跡	95, 100, 101, 207
近江湖南アルプス自然休養林	129
近江神宮	4, 5, 9
近江のケンケト祭長刀振り	146, 150, 185
近江八景	9, 37, 38, 64, 66, 82, 88, 91, 99, 122, 133
近江妙蓮公園(大日堂の妙蓮及びその池)	148
大石義民碑	107, 108
大石家屋敷跡(大石久右衛門屋敷跡)	107
大岩山古墳群	153
大笹原神社	155
大角家住宅・庭園・隠居所	134, 135
大津絵	56, 57, 61, 70
大津絵美術館	70
大塚山古墳	153-155
大津事件記念碑	71, 72
大津宿本陣跡	60, 61
大津城跡	74, 75
大津市歴史博物館	61, 64
大津算盤	24, 61
大津宮跡(近江大津宮錦織遺跡, 御所之内遺跡)	4
大津別院	75
大津祭(大津曳山祭, 四宮祭)	73
大津祭曳山展示館	73
大友皇子(弘文天皇)	4, 62, 65, 79, 89, 143
大島神社	198-200
大野神社	130
大原祇園祭(大原の祇園行事)	199
岡遺跡(栗太郡衙跡)	134
小川城跡	211, 212
織田信長	5, 11, 12, 14, 16, 21, 27, 29, 30, 33, 34, 45, 90, 120, 126, 127, 133, 140, 141, 145, 172-174, 176, 193, 197
大路井道標	116
小槻大社	133, 134
小槻大社古墳群	133
小津神社	146
御斉峠	212
オランダ堰堤	111, 112
園城寺(三井寺)	9, 29, 32, 37, 59, 62-66, 70-72

―カ―

香の里資料館	45
春日神社(大津市)	110
春日神社(生和神社末社, 野洲市)	155
春日神社(栗東市)	130
堅田源兵衛の墓	38
堅田の落雁	37, 38, 88
勝部神社	141, 142
金森懸所(道西坊, 金森御坊)	144, 145
金山遺跡2号窯	209
蟹塚	189
甲山古墳	153, 154
亀塚古墳	153-155
加茂神社	190, 191
唐崎神社	9
唐崎の夜雨	9, 88
唐橋遺跡	90
勧学院	69
神田神社(大津市本堅田)	40
神田神社(大津市真野)	42, 44
神田神社(大津市真野普門)	44
桓武天皇	7, 21, 28, 30, 47, 72, 175

―キ―

妓王寺	161
記恩寺	86
北村季吟の句碑	161
義仲寺	37, 38, 77, 78
木川薬師堂(西遊寺)	121
紀貫之の墓	27
旧水口図書館	182
旧和中散本舗	134, 135
行基	120, 176, 183, 211
玉桂寺	210
錦織寺	35, 143, 161, 162

索引 249

ク

- 空海 ················ 106
- 草津宿街道交流館 ················ 118
- 草津宿本陣（木屋本陣） ················ 116-119, 126
- 公人屋敷（旧岡本邸） ················ 26, 27
- 求法寺（走井堂） ················ 15, 18

ケ

- 敬恩寺 ················ 130, 131
- ケーブル延暦寺駅舎 ················ 27
- ケーブル坂本駅舎 ················ 27
- 月心寺 ················ 56
- 幻住庵跡 ················ 101, 102
- 源信（恵心僧都） ················ 23, 24, 38, 39

コ

- 甲賀忍者（甲賀武士） ················ 195, 197, 203
- 甲可日雲宮 ················ 184
- 甲賀流忍術屋敷 ················ 195-197
- 甲賀歴史民俗資料館 ················ 203
- 光浄院 ················ 69
- 光伝寺 ················ 119
- 光徳寺 ················ 37, 38
- 弘文天皇陵 ················ 4, 62
- 国分大塚古墳 ················ 102
- 湖族の郷資料館 ················ 35, 38
- 小茶臼山古墳 ················ 84
- 古冨波山古墳 ················ 153, 154
- 近衛家基・経平の墓 ················ 211
- 小堀政一（遠州） ················ 85, 180, 183
- 狛坂寺跡・狛坂磨崖仏 ················ 131, 132
- 金勝寺 ················ 129-131, 170, 173
- 金胎寺 ················ 130

サ

- 西教寺 ················ 11, 21-23
- 最澄 ················ 13, 18, 21, 22, 25-27, 30-33, 47, 123, 126, 138, 149, 158, 175, 196, 200
- 西方寺（大津市） ················ 100
- 西方寺（草津市） ················ 120
- 最明寺（草津市） ················ 122
- 最明寺（守山市） ················ 142
- 坂上田村麻呂 ················ 188, 201
- 「坂本石積みの郷」公園 ················ 21
- 坂本城跡 ················ 14
- 佐久奈度神社 ················ 108, 109
- 桜生史跡公園 ················ 153, 154
- 佐々木高綱 ················ 149
- 三大神社 ················ 124, 128
- 山王祭 ················ 19, 45
- 三宮神社（日吉大社摂社，大津市） ················ 15, 17
- 三宮神社（御上神社摂社，野洲市） ················ 157

シ

- 滋賀院門跡 ················ 21, 22, 25
- 滋賀県立陶芸の森 ················ 208
- 志賀の石仏 ················ 7, 8
- 志賀廼家淡海 ················ 35, 43
- 信楽窯元散策路 ················ 208
- 信楽産業展示館 ················ 209
- 信楽伝統産業会館 ················ 208
- 紫香楽宮跡 ················ 206, 207
- 信楽焼 ················ 85, 207, 208-210
- 慈眼庵 ················ 47
- 地主神社 ················ 49, 50
- 志那街道 ················ 124, 128, 143, 145
- 志那神社 ················ 125, 128
- 篠津神社 ················ 84, 85
- 篠原神社（大笹原神社境内社，餅の宮・餅宮明神） ················ 156
- 下新川神社 ················ 150
- 下之郷遺跡 ················ 151
- 地山古墳 ················ 134
- 十王寺 ················ 144
- 十二坊温泉 ················ 175, 176
- 樹下神社（日吉大社摂社） ················ 15, 17, 18
- 常教寺 ················ 128
- 勝華寺 ················ 48, 49, 51
- 生源寺 ················ 21
- 浄光寺 ················ 139
- 聖衆来迎寺 ················ 12
- 祥瑞寺 ················ 40, 41
- 常善寺 ················ 118
- 正徳寺 ················ 130

聖徳太子	23, 30, 56, 102, 126, 128, 159, 193
聖徳太子堂	102
浄土寺	107
常念寺	159, 160
正福寺(甲賀市)	193
正福寺(湖南市)	173, 174
常明寺	187, 188
聖武天皇	9, 83, 132, 174, 206
常楽寺(西寺)	64, 170, 171, 176
少林寺	146, 147
白山姫神社(日吉大社摂社)	15, 16
新宮神社(草津市)	120
新宮神社(甲賀市甲南町)	194
新宮神社(甲賀市信楽町)	208
真盛	11, 23, 24
新善光寺	135, 136
新知恩院	45, 46
新羅三郎の墓	63
新羅善神堂	62, 63
親鸞	29, 35-38, 43, 161, 162

―ス―

水位記念碑	91
ずいき祭り	157
崇福寺(志賀寺, 志賀山寺)跡	5, 8, 9
菅原神社	160, 161
杉浦重剛旧宅	87
鈴鹿峠	185, 189, 190, 201
住友活機園(伊庭貞剛記念館・旧伊庭家住宅)	100
諏訪家屋敷	147

―セ―

盛安寺	11
清凉寺	190, 191
石津寺	123
関津遺跡	108
関蟬丸神社上社・下社	58-60
瀬古薬師堂	196
膳所城跡	81, 82
膳所城下町遺跡	83
膳所神社	80, 81, 84
膳所茶臼山古墳	84
膳所藩主本多家歴代の墓	80
膳所焼美術館	85, 86
瀬田城(山岡城)跡	91, 92
瀬田(勢多)駅家跡	96
瀬田の唐橋	82, 89-93, 96, 100, 104, 122
瀬田の夕照	88, 91
瀬田廃寺跡	95
善勝寺	130
善水寺	175, 176

―ソ―

宗泉寺	158
惣山遺跡	94

―タ―

大行事神社	158
大光寺	211
大池寺	183
大日堂(守山市小浜町)	150
大日山古墳群	104
大宝神社(今宮応天大神宮)	137
高穴穂神社	10
高穴穂宮跡	10
高野神社	136
高山太郎師俊の墓	211
宝井其角邸跡	37
瀧樹神社	185
滝ノ脇の磨崖仏	212
建部大社	92, 93, 95
立木神社	118, 119
竜ヶ岡俳人墓地	78
田上鉱物博物館	111
田上不動(不動寺)	111
田村神社	188, 189
多羅尾代官陣屋仕置場跡	212
垂水斎王頓宮跡	184

―チ―

近津尾神社(近津尾八幡宮)	101
長安寺宝塔(牛塔)	60
長寿寺(東寺)	171, 172, 176

―ツ―

- 土山宿 …………………… 185-188, 190
- 土山宿本陣跡 ……………………… 187
- 土山の太鼓踊り …………………… 191
- 土山歴史民俗資料館 ……………… 187
- 椿山古墳 …………………………… 133
- 蝸江神社 ……………………… 147, 148

―テ―

- 寺庄の六角堂 ……………………… 196
- 天海 …………………………… 19, 20, 22
- 天智天皇 …… 4, 5, 7-9, 16, 45, 65, 78, 79, 81
- 天孫神社(四宮さん) ………………… 72, 73
- 天王山古墳 …………………… 153, 154
- 天保義民碑(湖南市) ………… 178, 179
- 天保義民碑(野洲市) ……………… 157
- 天保義民メモリアルパーク ……… 179
- 天武天皇(大海人皇子) …… 4, 62, 65, 83, 89, 124, 143

―ト―

- 東海道石部宿歴史民俗資料館(石部宿場の里・東海道歴史資料館) …………… 169
- 東海道伝馬館 ……………………… 187
- 等正寺 ……………………………… 38
- 銅鐸博物館(野洲市歴史民俗博物館) …………………… 152, 153, 157, 161
- 東南寺 …………………………… 13, 14
- 堂ノ上遺跡 ………………………… 95
- 東福寺 ………………………… 140, 141
- 東方寺 ……………………………… 139
- 東門院守山寺 ……………………… 142
- 徳川家光 …………… 20, 160, 180, 187
- 徳川家康 …… 20, 29, 64, 66, 67, 75, 81, 118, 121, 122, 127, 130, 134, 160, 212
- 徳川秀忠 ………………… 74, 160, 177
- 時計館・宝物館 …………………… 5
- 戸田一西 …………………………… 80, 81
- 冨波古墳 …………………… 153-155
- 富川磨崖仏 …………………… 109, 110
- 巴御前供養塚 ……………………… 77
- 豊臣秀吉 …… 14, 16, 29, 33, 65, 66, 74, 90, 127, 141, 197
- 豊臣秀頼 …………………………… 34, 69
- 鳥居川量水標 ……………………… 91

―ナ―

- 中井出古窯跡 ……………………… 207
- 永原御殿(御茶屋)跡 ……………… 160
- 成子紙工房 ………………………… 112
- 南郷洗堰 …………………………… 103
- 南郷水産センター ………………… 104

―ニ―

- 新川神社 …………………………… 141
- 日蓮 …………………………………… 29, 34
- 日向山古墳 ………………………… 135
- 新田義貞の供養塔 ………………… 21

―ノ―

- 野路小野山製鉄遺跡 ……… 120, 126
- 野路の玉川 ………………………… 121
- 野畑遺跡 …………………………… 95

―ハ―

- 廃少菩提寺 …………………… 170, 173
- 白山神社 …………………………… 172
- 走井の泉 …………………………… 56
- 長谷川藤広の墓 …………………… 24
- 花折峠 ………………………………… 49, 51
- 花摘寺跡(花摘寺遺跡) …………… 128
- 早尾地蔵 …………………………… 18
- 早尾神社 …………………………… 19
- 飯道寺 ………………………… 204, 205
- 飯道神社 ……………………… 204, 205
- 橙木原遺跡 ………………………… 7

―ヒ―

- 檜尾寺 ………………………… 196, 198
- 檜尾神社 ……………………… 196, 198
- 百穴古墳 …………………………… 7, 8
- 兵主大社 ……………………… 162, 163
- 日吉三橋(大宮橋・走井橋・二宮橋) …… 16
- 日吉山王七社 …………… 15, 16, 18, 19, 45
- 日吉大社 …… 9, 14-19, 21, 25-27, 29, 34, 45, 49, 163
- 日吉大社古墳群 …………………… 18

日吉大社西本宮	15-17, 19
日吉大社東本宮	15, 17-19
日吉東照宮(日吉大社摂社)	18-20
比良の暮雪	88
琵琶湖疏水	71

― フ ―

フェノロサの墓	63
ヴォーリズ, ウィリアム・メレル	182
福林寺	149
藤原(俵〈田原〉藤太)秀郷	67, 91, 156
藤原道長	48, 60
武道天神社	147

― ヘ・ホ ―

ペツォルト, ブルーノ	31
法界寺地蔵堂	135
宝光寺(大津市)	11
宝光寺(草津市)	124
法然	29, 46, 210
法明院	63, 64
木瓜原遺跡古代製鉄炉	120
蛍谷貝塚	96
北国街道の碑	10
保良宮跡	101
本福寺	35-38, 41, 43

― マ ―

磨崖不動明王	176
松尾芭蕉	9, 37, 38, 41, 56, 57, 77, 78, 98, 101, 105, 121, 137, 161, 188
松尾芭蕉の墓	78
万里小路(藤原)藤房の墓[伝]	177
円山古墳	153, 154
万人講常夜灯	189

― ミ ―

三井の晩鐘	66, 88
御上神社(三上神社)	35, 156, 157
水のめぐみ館アクア琵琶	104
水口城跡・水口城資料館	179, 180
水口神社	181, 182
水口祭(水口曳山祭)	181
水口歴史民俗資料館(曳山の館)	181, 182

南滋賀町廃寺跡	5, 6
源(木曽)義仲の墓	77
源頼朝	48, 77, 92, 98, 99, 123, 130, 149, 163
源頼義	5, 63
MIHO MUSEUM	211
宮の森古墳	169
宮町遺跡	207
宮山2号墳	153
明王院	45, 49-52
妙感寺	177

― ム ―

鞭崎神社(鞭崎八幡宮)	84, 123
無動寺谷	22, 31
紫式部	21, 33, 98, 99
村雨城跡	194
無量壽寺	120

― モ ―

還来神社	47
森白仙の墓	188
守山宿	123, 124, 142
守山市立埋蔵文化財センター	150
森可成の墓	12
聞光寺	147

― ヤ ―

矢倉道標	119
矢島御所跡	147
益須寺跡	140
矢橋街道	119, 121-123
矢橋港跡	122
矢橋の帰帆	88, 122
山崎宗鑑の句碑	126
山元春挙	85, 86
弥生の森歴史公園	153

― ヨ ―

横田の常夜灯	179
吉田家住宅	125
吉御子神社	168, 169
淀殿(淀君)	74, 98, 99
鎧ダム	112

ラ・リ

- 櫟野寺 …………………………… 200, 201
- 栗東市出土文化財センター …………… 133
- 栗東歴史民俗博物館 ……… 132, 134, 137, 142
- 龍王宮秀郷社（龍王神社） …………… 91
- 両願寺 ……………………………… 38
- 良源 ………………………… 18, 23, 34

レ

- 蓮海寺 …………………………… 126, 128
- 蓮生寺 ……………………………… 145
- 蓮台寺跡 …………………………… 139
- 蓮長寺 ……………………………… 162
- 蓮如 ………… 35-38, 43, 59, 144, 145, 147, 162

ロ

- 良弁 ……………… 96, 118, 129, 132, 170, 174
- 蘆花浅水荘 …………………………… 86
- 六角（佐々木）高頼 …… 88, 132, 138, 146, 197
- 六角（佐々木）義賢 ………………… 21, 121

ワ

- 若宮神社（甲賀市） ………………………… 192
- 若宮神社（御上神社摂社，野洲市） ……… 157
- 和田古墳群 …………………………… 133
- 和田神社 ……………………………… 79, 80

【執筆者】(五十音順)

編集委員・執筆者
池田敏之 いけだとしゆき (元県立膳所高校)
石原宣秀 いしはらせんしゅう (元県立草津高校)
大友暢 おおともとおる (愛荘町立歴史文化博物館学芸員)
鎌田ユリ かまだゆり (比叡山高校)
櫻井信也 さくらいしんや (大谷大学非常勤講師)
水谷孝信 みずたにたかのぶ (県立長浜北星高校)

執筆者
家長隆 いえながたかし (立命館大学非常勤講師)
井上太刀夫 いのうえたちお (元県立膳所高校講師)
居林重麿 いばやししげまろ (元県立伊吹高校)
上平千恵 うえひらちえ (東近江市近江商人博物館)
岡井健司 おかいけんじ (近江日野商人ふるさと館「旧山中正吉邸」)
粂田美佐登 くめだみさと (甲賀市教育委員会歴史文化財課)
澤島博 さわしまひろし (県立膳所高校講師)
中西美香 なかにしみか (県立玉川高校)
萬田敏行 まんだとしゆき (県立八幡商業高校)
宮川弘久 みやがわひろひさ (県立米原高校)
八耳文之 やつみみふみゆき (元県立玉川高校)

【写真所蔵・提供者】(五十音順, 敬称略)

阿弥陀寺
居初寅夫
永照院
近江神宮
近江妙蓮公園資料館
大津市
大津市教育委員会
大津市歴史博物館
元三大師堂
京都国立博物館
草津市商工観光労政課
甲賀市教育委員会
甲賀流忍術屋敷
湖南市教育委員会

湖南市商工観光課
金勝寺
佐藤英世
滋賀県教育委員会
滋賀県立安土城考古博物館
社団法人びわこビジターズビューロー
正福寺(甲賀市)
正福寺(湖南市)
常楽寺
盛安寺
善水寺
善立寺
大池寺

田村神社
土山町観光協会
東福寺
飯道寺
比叡山延暦寺
檜尾寺
MIHO MUSEUM
明王院
守山市
守山市教育委員会
櫟野寺
栗東市環境経済部観光振興室
栗東歴史民俗博物館

本書に掲載した地図の作成にあたっては, 国土地理院長の承認を得て, 同院発行の2万5千分の1地形図, 5万分の1地形図, 20万分の1地勢図を使用したものである (承認番号平19総使, 第47-M036210号 平19総使, 第46-M036210号 平19総使, 第45-M036210号)。

歴史散歩㉕
滋賀県の歴史散歩 上　大津・湖南・甲賀

| 2008年5月25日　1版1刷発行 | 2015年12月10日　1版3刷発行 |

編者──滋賀県歴史散歩編集委員会
発行者──野澤伸平
発行所──株式会社山川出版社
　　　　〒101-0047　東京都千代田区内神田1-13-13
　　　　電話　03(3293)8131(営業)　03(3293)8135(編集)
　　　　http://www.yamakawa.co.jp/　振替　00120-9-43993
印刷所──図書印刷株式会社
製本所──株式会社ブロケード
装幀──菊地信義
装画──岸並千珠子
地図──株式会社昭文社

Ⓒ　2008　Printed in Japan　　　　　　　　　ISBN978-4-634-24625-6
・造本には十分注意しておりますが，万一，落丁・乱丁などがございましたら，
　小社営業部宛にお送りください。送料小社負担にてお取り替えいたします。
・定価は表紙に表示してあります。

滋賀県全図
都道府県界
市郡界
町村界
JR線
高速道路
有料道路
国道
県庁
1:450,000
0
10km
N
敦賀湾
福井県
南越前町
徳山湖
本巣市
敦賀市
つるが
27
小浜線
8
365
417
303
北陸自動車道
金糞山
1317
岐阜県
揖斐川町
美浜町
若狭町
三国山
974
161
小浜市
長浜市
北陸本線
池田町
伊吹山
1377
垂井町
365
21
百里ヶ岳
931
湖西線
8
367
三国岳
959
高島市
米原市
まいばら
米原Jct
関ケ原町
養老町